20 世纪中国图书馆学文库·61

西欧图书情报事业

郑挺 编译

國家圖書館出版社

本书据北京大学出版社 1989 年 11 月第 1 版排印

序　言

　　为了系统地了解外国图书情报事业的发展情况,学习和借鉴外国的经验,全国高等学校图书馆工作委员会决定编译一套介绍外国图书馆事业的书,委托武汉大学图书情报学院编译《苏联图书馆事业》,华东师大图书馆学系编译《美国图书馆事业》,东北师大图书馆学系编译《日本图书馆事业》,北京大学图书馆学情报学系编译《西欧国家图书情报事业》。

　　北京大学图书馆学情报学系将这一任务交给郑挺同志来完成。应该承认,《西欧国家图书情报事业》一书比其他几种书的难度都大。因为西欧牵涉十多个国家,除英、法、德几个大国外,北欧和南欧诸国的图书馆事业各具特点。对这么多国家的图书馆事业进行论述,不仅需具备较好的外文基础,而且要掌握各国图书馆的历史和现状的大量资料,并从中摘选出反映各国图书馆事业的本质情况和主要特点的材料。郑挺同志历时两年,查阅了许多文献资料,从中筛选出近30万字的资料进行编译,写成了这本书。可以说,这本书凝聚着郑挺同志的心血和艰辛。

　　鉴于目前国内还没有一本系统介绍西欧各国图书馆事业的专著,这本书的出版,作为瞭望西欧各国图书馆事业的一个窗口,将使我国图书馆界和图书馆学情报学界从中得到一些启迪和借鉴。

张树华

1988 年 6 月

前　言

1986 年初，我接受了全国高校图书馆工作委员会委托北大图书馆学系编译《西欧国家图书情报事业》一书的任务。当时，心里很惶恐，一是以西欧作为整体，研究其图书情报事业发展的文献资料几乎没有，二是只我一个人承担如此重大的研究项目，深感势单力薄。但在教研室同志的帮助和鼓励下，经过两年的日日夜夜，现在终于完成了这项工作。

我在编写时，采用了比较教育学的"四阶段法"，即把整个研究分析过程分为：记述、解释、并置、比较四个阶段。首先制订了一个记述大纲，以英国、法国、联邦德国和北欧国家的图书馆事业为研究基体，同时也介绍比利时、荷兰等其他西欧国家的图书馆事业。对每个国家的图书馆事业大体上按照：国家图书馆事业、科学图书馆事业、大学图书馆事业、公共图书馆事业、图书馆学教育、图书馆现代化等六个方面作为研究的内容。

原来设想在记述和解释的基础上，再进行并置和比较，即进一步进行因果分析和比较研究，从中总结出各国图书馆事业发展的根本原因、不同特点以及一些规律性的东西。但由于进行并置和比较研究，需要对双边或多边的问题进行比较，而这种比较研究需要有更多的有关各国的政治、经济、文化等方面的背景材料，需要有更多的有关各国图书馆事业的事实和数据。而目前国内能找到的文献资料太少，加以时间所限，这一设想未能实现。因此，本书提供的是对西欧图书情报事业较为详细的描述和初步分析。

在本书即将付梓之际，特别要感谢我读研究生时的导师张树华先生。她对本书的初稿进行了审阅，对各章内容的组织提出了修改意见，并为各章拟了大小标题。此外，在文字上也做了一些修改。还要感谢北京科协的李牧、冯锦两同志，他们帮我初步翻译、整理了希腊和荷兰图书馆事业方面的资料。国家教委联合国教科文秘书处的郭枫同志帮我收集和翻译了法国图书馆事业的资料，使我得以克服法语障碍，完成法国图书馆事业这一章的写作。还要提及的是系资料室和系领导，他们也给了我很多帮助和支持，在此一并表示感谢。

对本书的缺点或不足之处，欢迎读者批评指正。

郑　挺

1988 年 1 月

目　　录

西欧图书馆事业概述

壹　历史和背景

西欧的面积和人口在全世界所占比例并不大,但是西欧在世界政治、经济体系中有着重要地位。图书情报事业在世界图书馆事业中也起着重要作用。西方最早的图书馆产生在西欧,西方的古老藏书,西欧也最多。在西欧,最早出现了大学图书馆,它的体系影响了北美和世界其他地区的大学图书馆。西方最早的专业图书馆也出现在西欧。专业图书馆的发展对西欧科学和经济的发展起过重要的推动作用。世界上第一个成文的图书馆法产生于西欧,它的公共图书馆事业和北美一起成为世界公共图书馆运动的先驱。西欧有世界上古老和规模大的国家图书馆,它也是西欧悠久文明史的代表。

西欧图书馆事业的发展是一个连续的过程。印刷术发明前的几个世纪就有寺院图书馆。12—13世纪在西班牙、英国、法国等地出现了大学图书馆,16世纪以后大学图书馆得到较快的发展,特别是在第二次世界大战以后,新的大学图书馆成为高校图书馆事业的一支生力军,高校图书馆为教育和科学研究的服务产生了巨大的社会效益。

启蒙运动,特别是法国资产阶级大革命,促进了藏书公开,导致公共图书馆的产生。在20世纪开始的年代里,英国、北欧等国出现了大量的"官办"公共图书馆,这些图书馆得到了法律保证。在西欧其他地区,许多社会团体办了大量的"公众图书馆",为传播民主思想,启迪民智发挥了重要作用。

几乎在同一时期,随着科学、技术以及工业化的进展,专业图书馆日益成为国家图书馆事业中的一个重要力量,它的发展,导致现代文献和情报加工技术的普及和应用。

西欧图书馆事业的发展是和印刷术的发展分不开的。印刷术使图书大量增加,进而有了目录的出版、分类法的形成、著录规则的制定以及其他图书馆服务的形式。在近代,西欧图书馆事业的发展是和义务教育的实施、各级各类教育的发展、科学的进步和经济的繁荣分不开的。二次大战后,图书馆事业的发展则受经济和教育两个主要因素的制约。

图书馆事业成为职业的标志,是图书馆协会的产生。在19世纪末20世纪初,西欧各国相继有了图书馆协会,图书馆协会在图书馆学教育和培训,图书馆工作的促进和形成,图书馆学思想的扶植和传播方面起着非常重要的作用,直到今天,图书馆协会对巩固图书馆的职业地位依然起着极为重要的作用。

现代西欧图书馆事业的种种表象是和一些内在因素分不开的。首先,西欧各国的城市化程度和图书馆事业发展成正比。城市化比率高的国家为比利时、丹麦、联邦德国、英国、荷兰、瑞典、法国等,与其他城市化比率低的国家相比,图书馆事业发展水平也相对的高。其次,图书馆事业发达的国家,政治的民主化程度和稳定性程度都比较高。经济和社会生活水平也是图书馆事业发展的一个重要因素。像前述一些图书馆事业发达的国家,在生活标准、人均收入等方面都比其他国家高。还有一个重要因素是气候和日照长度。气候温和的国家人均读书时间比气候低的国家低,因为后者的公众晚上花在火炉旁看书的时间多,如英国和北欧国家就是这样。语言对西欧各国图书馆计算机化的实现程度也有影响。如英、法、德、意、西等国在著录规则、计算机款目格式等方面处理起来同比利时、荷兰、希腊、北欧国家比较就相对容易。

西欧图书馆事业整体水平在世界上是很高的，这是因为它有一个好的社会背景。首先在教育方面，西欧文盲率低，在全部约3.36亿人口中，文盲数不到2%；西欧在校学生人数多，差不多占到总人口的20%，而学生是图书馆最经常的读者。西欧成人教育发达，成人使用图书馆的比率很高。其次在文化方面，西欧的绘画、雕塑、音乐是世界闻名的。在德国、意大利，几乎每一个城市都有大小不一的交响乐队。西欧的博物馆事业发达，博物馆总数超过5000个，甚至在只有2000居民的小市镇有时也有一个博物馆。文化的发达，促进着知识的流动和传播。在经济方面，西欧工业化程度高，特别是像北欧、德国、荷兰、比利时、英国等国家，经济实力雄厚，在图书馆方面的投资也较多。另外西欧各国发达的通信网，众多的大众媒介，发达的科学技术以及信息技术的广泛应用和开放都给图书馆事业提供了扩展的机会。

贰　图书馆系统

西欧国家图书馆在世界上属第一代图书馆，大都成立于19世纪上半世纪。最早的法国国家图书馆建于1840年。国家图书馆前身大都是皇家图书馆，其藏书多是百科全书式的。除系统收藏本国及与本国有关的出版物外，还收集外文出版物，特别在小国家，外文出版物比例很大。在性质上，国家图书馆是为研究服务的学术图书馆。现代的西欧国家馆已不仅仅是收藏书籍的历史文化机构，它在现代图书馆系统中起着重要作用。绝大多数国家编有国家书目和各种形式的联合目录，在全国馆际互借中起着枢纽作用。世界上外借功能最强的要算英国图书馆，其他西欧国家的图书馆大都不是全国总互借中心,它要和其他一些大型馆在图书馆网络中共同起中心作用。在组织形式上,国家图书馆都是独立的,但北欧国家的国家图书馆大多和大学图书馆是联为一体的。在功能上,西欧各国的国家馆都有如下一些功能:a.为科研和教学搜集国外出版物。b.收集和保管本国出版物。c.保管特种形式的记录,诸如地图、乐谱、图片、胶卷等。d.保存有关本国文化遗产的手稿和善本书。e.编辑适用的书目。f.进行出版物国际交换。

目前西欧国家图书馆面临的主要问题是:

藏书:在不可能全面收藏国内外百科全书式的情况下,如何合理地购买外文文献;在出版物类型多样的情况下,如何全面收集本国各类出版物;在经费紧张的情况下,如何合理的采购;在手稿、善本等"文物"日益涨价的情况下,图书馆如何妥善保存和购入。

服务:如何提高馆员素质以开展更多的情报服务。随着参考服务范围的扩大,高水平的、适应现时要求的馆员不易找,由于经费和人力限制,服务无法扩大和精细化。

西欧各国高校图书馆事业是各国图书馆事业的中坚力量。现在西欧共有250多所大学。大多数的大学馆建于法国大革命以后,19世纪末大学图书馆数量大大增加,这些大学图书馆构成了西欧旧的大学图书馆系统,其特征是分散的组织形式,一般没有总馆,每一个分馆都是一个大的专业图书馆,藏书丰富,经费独立。这种系统能够满足各专业学生的特殊要求,但不太适应现代学科发展交叉渗透所产生的需要,分立的系统使整个大学图书馆总体水平降低。二次大战后由于高等教育的发展而产生的新大学则有中心图书馆,各分馆受中心馆领导,集中采购,集中服务。这一体系比较适应现代高等教育发展的要求。但目前新旧两种体系并存。由于历史原因,看法上的不一致,两种体制仍在自行发展。西欧各大学图书馆,经费由大学提供,但行政上是独立的。除了大学图书馆,还有许多其他高等教育机构的图书馆,如音乐学院、艺术学院、函授学院等的图书馆,这些图书馆一般规模较小。高校图书馆很重视采购工作,负责这方面工作的多是学科专家,这些人既懂专业又懂图书馆知识,能够很好地与教员配合,提出选书和购书计划。各类高校馆间的合作采购还处在发展中,这方面北欧做得好些。在服务上,西欧高校图书馆要解决的问题是为教学和科研服务的问题。传统上,西欧高校大都有教学方面的藏书,并且比例较高。战后受美国大学图书馆的影响,以及大学教育方法的改革,为教学方面的藏书逐渐减少,图书馆工作多以为研究服务为主。由于研究的合作性和跨学科性,西欧大学非常重视和依赖合作以及新技术的采用来提高为研究服务的质量。和其他类型的图书馆一样,近来西欧大学馆也面临着经费紧张、人员缺乏等引起的服务无法扩大、深入、新技术不能尽快应用和开发等方面的种种困难。

二次大战后西欧公共馆事业的发展的直接促进因素是义务教育普遍实施,在校人数的增多,它们使公共馆这一教育的重要辅助机构得以迅速发展。公共馆服务的覆盖率几近100%。导致公共馆发展的另一个重要原因是西欧战后经济的复兴,使公共馆发展获得了经费保证。科学技术的发展,使人们劳动强度减少,人们有了更多的闲暇时间读书,也促进了公共馆的使用。战后政治民主化的浪潮,导致公共馆这一政治民主化的象征之一获得了政府的支持和重视。西欧公共馆发展是以社区为中心,公共馆成为社区重要的教育和文化机构。随着通信和交通的发达,公共馆逐渐形成了网络,产生了英国城乡结合的网络模式,德国以城市为中心的图书馆网络,以及北欧以社区为中心的公共馆网络。但在南欧地区,由于多山和多文盲,公共馆事业的发达程度较低。

当前西欧公共馆面临的重要问题是对未来发展方向的选择。一种观点认为公共馆应成为社会的情报传递中心,因为公共馆有为个人服务的传统,有很大的用户群;图书馆已普遍使用了计算机;公共馆拥有众多的分馆,可成为良好的情报传递点;馆员具有情报检索方面的知识,有很强的竞争力。但相反的意见认为随着计算机的应用,个人服务重要性将下降;公共图书馆经费、人力的限制将限制新技术的应用;随着通信技术的发达,公共馆分馆作为情报传递点的作用不大;馆员的竞争能力和学科知识结构并不是最强的;因此公共馆今后的任务是发展大众化的服务,寻找需求的空白点。

西欧的专业图书馆是在私人图书馆基础上发展起来的。二次大战后,随着科学技术和经济的发展,它已成为图书馆事业中一个重要部分。专业图书馆的类型多样,包括政府图书馆、工商业图书馆、学术团体图书馆、大学的院系图书馆等。它们的藏书是专业性的,除一般书之外,还藏有大量的政府报告、专利、缩微资料等情报资料。专业馆一般不是独立的,隶属于上级部门,服务目标是由上级机构的性质决定的。但它的服务范围不限于馆内,它通过参加合作网络、编制书目、发行文摘索引等为公众服务。在藏书获得上注重交换和非正式渠道。专业图书馆馆员大都是学科专家,情报加工能力很强,他们的聪明才智创造了许多现代情报服务的方式。西欧的专业图书馆也是索引、文摘等二次文献的大出版单位。专业图书馆也很注重合作,一般都有专业图书馆协会。由于专业图书馆基本上都已实现了自动化,因此能利用现代通信技术建构网络。近几年来西欧专业图书馆在向情报化发展的同时,也遇到了不少困难。政府经费的削减,使政府图书馆外向功能萎缩。由于社会上出现了许多情报经纪商,一些大公司、工厂不愿意自办图书馆,而转向利用情报经纪商,因此工商业图书馆的数量在减少。学术团体图书馆由于缺乏经费来源,日子很难过,一些学术团体图书馆已并入当地的大学图书馆或公共图书馆。尽管如此,由于社会信息化程度的提高,专业图书馆日益成为情报中心,一些专业图书馆已改名为情报中心,另一些专业馆也开始设情报中心,以适应现代社会的发展要求。

叁 图书馆学教育

西欧各国图书馆学教育大约发展于20世纪初,直至第二次世界大战后才发展成为一个多层次、多形式的教育体系。正式的图书馆学教育由图书馆学校或大学里的图书馆系来担负。此外还有各种成人教育的课程。大部分西欧国家是独立设图书馆学校来培养正规图书馆人才的。这些学校有公立的,有私立的。英、德以大学里设图书馆系为主。正规图书馆学教育都分高、中、低三个层次,和馆员的职业层次相一致。在专业上实行定向培养,分高校图书馆、公共图书馆等专业,在教学内容上紧密结合职业需要,图书馆学课程受图书馆学位的监督。换句话说,西欧图书馆学教育是以职业发展为核心,而不是以学科发展为核心。因此在课程设置上重实践,重基本技能的获得。

近几年来,西欧图书馆学教育面临许多问题,一方面学生来源下降,学生毕业后找不到合适的工作,另一方面图书馆事业的新发展需要新型的图书馆人才。但是有很多人不愿意学习图书馆学。在这种情况下,图书馆学教育需要改革专业设置和课程内容。有人认为图书馆学教育应成为学科教育,打破按职业的专业划分,重点培养学生的基本素质和思想,使他们毕业后能灵活、明智地适应多变的社会。也有人认为图书馆学教育变革应主要减少传统的课程,增加情报类课程的比重,图书馆学校毕业生应是情报管理专家。不管哪一种观点,都认为应该重新考虑图书馆学教育,以使学生能适应未来多变的社会。

肆　图书馆现代化

图书馆现代化在西欧国家的含义是：合作网络化，技术现代化。合作的网络化在北欧、中欧、英、法、德等图书馆事业高度发达国家已经实现。合作实现的原因主要是各类图书馆有合作的愿望，在体制上有灵活性，各馆在服务的选择上有独立性，能够打破地区间框框进行合作，国家对合作好的馆给予物质鼓励，用户也要求图书馆能够合作，以便他们能够通过一个图书馆而得到其他图书馆的藏书。通信技术和电子计算机技术在图书馆中的应用，使网络化成为可能。由于经济、服务方面的应用，各馆需要通过合作来节省经费，增强服务实力，共同对付现代社会的挑战。合作的内容包括馆际互借、合作采购、合作参考、合作开发新技术等。馆际互借是最为普遍的方式。

现代化技术在 60 年代后开始在图书馆中得以应用，首先是贮存方式现代化，馆藏中缩微资料、视听资料大量增加。在服务方面，已经基本实现图书流通、文献检索的自动化，并向一体化的图书馆流通系统迈进。自动化技术在西欧各国图书馆中得以实现的原因是：西欧各国吸收了美国的经验，以书目记录自动化作为突破口，逐渐实现检索等方面的自动化。目前北欧、英、德的图书馆自动化程度比其他西欧国家相对高一些。但是西欧各国的社会信息系统很发达，社会上有各种各样的大小不一的数据库，有很多二次文献的服务社。这些系统的存在使图书馆能够利用它们的技术和服务。图书馆只要有一台微机就能使用这些系统。这是除北美外的世界其他地区所无法比拟的。在实现自动化过程方面，西欧各国很注意计划协调、标准化实施等各种辅助手段的提高。

今后西欧图书馆事业的现代化将是实现西欧一体化的情报传

递和服务系统。

总的讲,西欧图书馆事业有悠久的传统,有许多古老的图书馆机构,有连续数百年的法律保障了书籍的收藏。西欧北部的图书馆事业比南部发达。北部地区对图书馆事业的拨款比南部多。各国馆员的地位与公众对图书馆职业的认识有关,有的国家高,有的国家低。由于语言的不同,西欧各国在工作方法和操作规则上有些不同。合作是西欧图书馆之间的共同要求,也是今后进一步发展的方向。西欧图书馆事业总体水平是很高的,但也存在着各种各样的问题,这些问题的解决方式值得我们借鉴。

英国图书情报事业

英国的图书馆系统由国家图书馆、大学及高校图书馆、专业图书馆为骨干组成。图书馆历史悠久，1000 多年前就有教会图书馆。牛津大学、剑桥大学的图书馆始于 13 世纪。英国也是最早出现公共图书馆的国家之一，1850 年就出现了世界上第一个公共图书馆法，国家呈缴本制度历史可追溯到 1666 年。二次大战以后，在发展经济的过程中，原有的图书馆得以恢复更新，建设了许多新的图书馆，现已形成有大中型各类中心图书馆近一千所、藏书近六亿册、以地区为主体的大小图书馆网络四通八达的国家图书馆系统。与此同时，逐步实现了图书馆从手工向现代化转化。在图书馆学教育、专业建设等方面都达到了世界高水平。

壹　国家图书馆

英国国家图书馆在名称上有英国图书馆、威尔士国家图书馆、苏格兰国家图书馆。但真正起国家图书馆作用的是英国图书馆。

一　不列颠图书馆的基本情况

1972 年以前，英国图书馆是英国博物院图书馆。现在的英国图书馆形成情况是这样的：

10

1967 年，Parry 报告（即大学拨款委员会的图书馆委员会报告）提出：建立国家图书馆，以使国家图书馆系统有一"顶点"。同年，根据当时英国教育科学大臣沃克的建议，成立了以丹顿（F. S. Dainton）为首的国立图书馆委员会，考虑把英国博物院图书馆、国立中央图书馆、国立科学与发明参考图书馆、国立科技外借图书馆以及科学博物馆联合起来，形成一体化的国家图书馆。该委员会于 1969 年发表了一个报告，即著名的丹顿报告。1970 年 4 月，政府采纳了丹顿报告中的大多数建议，并于翌年 1 月颁布了标题为"不列颠图书馆"的白皮书。规定"不列颠图书馆"的任务是：

1. 全面收藏国内出版的图书与期刊，在可能范围内还要收藏海外出版物，至少要保存一本，以备参考之需。它应成为全国图书馆参考服务的总情报源。读者在别处找不到资料，在英国图书馆则有希望找到。

2. 作为中心图书馆，有效地从事外借和复印服务，支持其他图书馆和情报系统。

3. 提供集中编目和其他类型的书目服务。不仅要满足本馆对书目工作的要求，还要满足全国各图书馆和情报中心的要求。同时要与外国的国家图书馆紧密合作。

白皮书还要求组织一个专门委员会来完成建馆任务。该专门委员会的主任为埃克尔斯，另有 16 名委员，他们负责解决建筑、人员、财政、组织结构、新技术应用等问题，对新馆做出规划。1972 年 7 月，不列颠图书馆正式成立。1973 年 4 月，不列颠图书馆理事会成立。1973 年 7 月—1974 年 11 月是新馆和人事调整时期。与此同时，1972 年的《英国图书馆法》还规定，不列颠图书馆要有各类文献的收藏，必须在公共权力机构（即不列颠图书馆理事会）控制和监督下工作。理事会的任务是在不列颠图书馆与国内外其他图书馆和服务机构的关系问题上以及不列颠图书馆作为中心服务机构的性质上提出建议。理事会成员由教育与科学大臣指定，成员不超过 13 人,其中有一人是专职的。理事会在决定不列颠图书馆方针上起重要作用。

二 英国图书馆组织机构

英国图书馆于 1973 年 7 月开始正式工作,它的组织机构图如下:

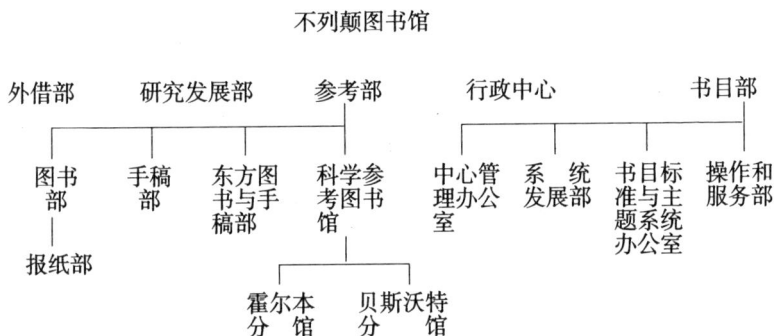

不列颠图书馆

外借部　　　研究发展部　　参考部　　　　行政中心　　　　　书目部

图书部　　手稿部　　东方图书与手稿部　　科学参考图书馆　　中心管理办公室　　系统发展部　　书目标准与主题系统办公室　　操作和服务部

报纸部

霍尔本分馆　　贝斯沃特分馆

1. 参考部

参考部是不列颠最大和最重要的部门,它集中了最大量的图书与手稿。其藏书主要来自原不列颠博物馆的藏书。参考部的功能:a.不仅收集英文的所有图书,还要适当收集英文手稿与论文,同时也尽可能收集世界上各学科最重要的印刷资料和某些专门领域的外国原文手稿。b.以上资料能让读者在各阅览室查阅。c.通过目录、复制、出借和情报服务等手段,为读者提供更大的方便。d.从专家和一般公众的利益考虑,组织以开发藏书资源为目的的展览。1974—1975 年第二个年度报告中又加了一个功能,即:e.保护那些通过最有效办法收集来的资料,发展新的保护手段,但要使藏书保护和藏书充分利用协调一致。

参考部分为:图书部、手稿部、东方手稿与图书部以及科学参考图书馆。

(1)图书部　参考部的图书部保留了原先博物院图书馆的模

样,共分九个室:馆藏和分发室、情报服务室、珍本书库、音乐图书馆、地图图书馆、斯拉夫和东欧室、编目室、采购室、集邮室。它有著名的环形阅览室(建于1857年),是主要的公共查阅场所。北馆是使用珍本书的地方,公众可使用的还有政府出版物图书馆和地图图书馆等。参考部共有座位7000多个。由于书库面积紧张,报纸目前存放在柯林达尔的报纸博物馆,那里有66个座位。图书部的藏书可分为三部分:a.早期的重要图书,包括珍本书。这部分图书占全部藏书的2%,占全部使用的10%。b.呈缴本制度带来的不列颠出版物典藏。这部分书主要是外国读者使用。c.外国文献藏书,主要为英国读者使用。在阅览室使用的有20%是外文书。因为许多外国文献是用英文写的,所以外国文献使用率是很高的。

图书部的三个特藏馆是音乐图书馆、地图图书馆和集邮馆。这里的音乐图书馆有世界上最丰富的和最大的音乐藏书。地图图书馆收藏有世界各地的所有地图,并且有一套完整的军用地形测量和早期的地理和地形图。集邮馆有世界上最完整的邮票收藏,还有科学集邮所需的各种资料藏书,集邮馆是不列颠图书馆最有价值的特藏之一。图书部另一个有趣的地方是图书馆协会图书馆,它为英国的专业馆员提供各种专业资料的借阅、参考和情报等服务。在参考部中唯一能外借的是图书馆协会图书馆所收藏的资料。

图书部现有藏书约一千多万册,每年使用量是100万(册次)。使用者中,大学工作人员占1/3,研究生占1/3,剩下的1/3是记者、作家等。本科生一般不允许使用。图书部的流通仍以闭架为主,只有4%的图书开架。它长期以来面临的主要问题是,组织上如何与参考部中的各馆以及不列颠图书馆中的其他部门搞好协调。1975年以后,基于MARC的新目录代替了原不列颠博物院图书馆的普通目录和索引。为了适应MARC的实施,图书部要在两方面参与数据库的建设和开发：a. 要使本部非英文资料适应数据库的形式和内容。b. 作为参考部分部，它与公众直接联系，其数据库要适应用户的需求。图书部每年出版许多目录，比较著名的有《15 世纪印刷图书目录》，珍本书库编的 1800 年以前珍本书目录等。图书部的工作人员中有许多高级专家，有目录专家、学科专家等，这保证了典藏和服务的质量。图书部的大部分经费花在藏书补充上，1975—1976 年度采购经费是 57.7 万英镑，但实际购到图书的价值是该数字的两倍。非现行资料的购买用去 1/4 的经费（出版 5 年以上的资料都是非现行资料），珍本书主要靠捐赠，国外文献以交换为主，辅以购买。采购人员要经常到国外实地考查，并在国外设专门代理机构购书，采购单最后由部主任决定。以如此少的经费、如此高质量的工作人员，购得如此多而质量高的书，可见图书部的采购效益是很高的。据估计图书部每年的进书量占当年世界出版量的 5%，交换是很重要的渠道，与许多国家的许多机构订有合同，用本国出版物交换，与国际组织也有交换联系，交换来的书占全部进书的 30% 左右。

图书部人文科学和社会科学方面的收藏受人敬仰，社会科学藏书中，政府出版物收藏全面而有价值，图书部和外借部有分工，但英文藏书往往重复交叉。图书部的外文藏书是不列颠图书馆中唯一的，由于外借部需要这部分藏书外借，影响了图书部对外文藏书的管理，为此，现已把外文藏书独立分出，以协调管理和使用之矛盾。

（2）手稿部 不列颠图书馆的手稿部是西方世界中收藏西方手稿最丰富的部门。18 世纪英国博物馆成立时形成的罗伯特·科顿的私人藏书，由牛津两位伯爵赠书而形成的哈雷安藏书，英王乔治二世捐赠的皇家图书馆手稿和汉斯·斯龙爵士收集的手稿特藏等，仍然保留至今。随后通过购买、赠送等手段，手稿藏量逐步增加。目前全部藏量已达 8 万件，这当中有许多契约文书、卷轴、古抄本、玺印等。手稿部是图书部举办展览时的重要伙伴,在不列颠图书馆出版和复制委员会中派有代表,同时它积极参与社会活动,如充当政府部门出口艺术品以及各类手稿专门委员会的顾问。总之手稿部通过其丰富的藏书致力于全馆的合作并参与社会的文化活动。

手稿部没有分属系统,它有三个主任分别负责手稿部的编目和出版、设施(书库、保护、复印等)、展览与外借。该部的工作人员约有60人左右,多才多能,既管行政又管专业,绝大多数是手稿、历史等方面的专家。手稿部目前面临的问题是保证目录的连续生产。由于许多日常杂务(复印、邮寄等)占了很多时间,目录编制的人手不够,许多人认为没有必要花大力气编一个不知有什么用的目录。原来手稿部每年编一次目录,同时还有目录补编(如1936—1945年手稿目录补充)。现在有人提出编一个特藏目录,如科顿藏书目录比编年度目录更有用,这个问题目前还在酝酿解决中。和图书部一样,处理好与集中编目、展览、借阅等服务的关系也成为手稿部的重要问题。手稿部另外一个问题是收藏空间有限,这已导致不愿接收新近馈赠的特藏。经费也紧张,大部分经费花在购买缩微品形式的手稿上。装订、保护经费不足,更不用说花钱开展机读目录等现代技术了。

(3)东方手稿和图书部 1753年博物院图书馆建立时就已经有一部分东方手稿和图书。东方手稿部成立于1867年,1892年扩大为东方手稿和图书部。1973年成立不列颠图书馆时保留该部的名称。1975年,以收集东方政府出版物的东方资料交换组从图书部转入东方手稿和图书部。

该部有4万多件手稿和40万册亚洲及北非语种的图书,每年订有4000多种期刊,东方资料交换组要应付26000多册书和手稿的交换任务。出版有不同语言的手稿和图书目录。工作人员大多数是语言专家,除整理、分编图书和手稿外,还是东方文献的咨询专家,要求知识面宽,在宗教、历史、社会学、艺术、政治和经济学等方面都有造诣。该部设一保护车间,专门处理稀有东方材料,如纸莎草纸手稿,羊皮纸、棕榈叶、绢丝和甲骨手稿。

收藏范围涉及所有亚洲语言和大多数北非及东北非语言的藏书。这里的馆藏是世界上最大的东方手稿资料馆藏之一。有从中东和中世纪欧洲流传下来的犹太教经,大部分藏书是东方基督教徒方面的,包括古叙利亚、科普特基督教徒,还有埃塞俄比亚、阿美尼亚和格鲁吉亚的基督教徒。中东方面有阿拉伯语的古兰经文,波斯语、土耳其语的手稿和图书,有世界上装潢最精美的《古兰经》。南亚方面有梵文以及斯里兰卡、尼泊尔、西藏、缅甸的佛教经文,还有世界上独有的爪哇语资料。远东方面有世界上最早的日文、汉文和朝鲜文的印刷经文以及许多罕见的手稿。图书方面收藏的是和东方国家有关的图书,不论是古书还是现代书,收藏图书的目的是补充手稿使用方面的不足。归入不列颠图书馆后,该部又发展了许多越南语和印尼语的藏书。此外还收藏许多西文写的有关东方问题的专著和期刊。

东方图书和手稿部有自己的阅览室,还有开架的参考书库,世界各地读者可亲来使用或通过函电联系。该部的目标是收集亚洲、北非和东非语的所有重要的人文科学和社会科学方面的资料。选书和编目多由语言学家开列。该部还负责不定期出版各语种目录。这些目录包括世界上最权威的关于某语种的古籍资料。该部还与英国其他有东方资料的图书馆有密切的关系。东方部的主要问题是古代东方资料的保护问题。该部已经发展了许多先进的保护技术。

(4)科学参考图书馆 科学参考图书馆的前身是专利办公室图书馆(后改名为国家科学与发明参考图书馆)。专利办公室图书馆成立于1855年,当时的任务是"收藏各年龄组人员的机械科学著作以供公共使用,收藏对于英国工业发展必不可少的材料"。

由于经费、专利活动的增加，以及专利检查制度的产生，它的收藏只限于西欧语言的著作。这个馆还是英国最早的开架馆。1960年，不列颠博物院将它的科技藏书与专利办公室图书馆的藏书一起组成国家科学与发明参考图书馆，该馆于1966年并入不列颠博物院图书馆，这一合并扩大了该馆的收藏范围，容纳了所有科学和技术文献，而且不限语种，只是收藏的年代限制为50年代以来出版的图书。在此基础上，科学参考图书馆的目标是"成为国家在科学和技术事务上的参考研究和情报服务中心"。

科学参考馆有专著15.3万多册，专利说明书2000多万份，现刊3.4万多种，缩微复制品160万件，它有两个分馆，霍尔本分馆收藏物理、化学、工程、技术、工业产权、（专利、商标等）和相关的法律、技术贸易方面的文献。贝斯沃特分馆收藏数学、地质学、矿物学、天文学、生命科学及相应的应用学科的文献，如公共卫生、医院、食物、农业等。主要是60年代以来的文献，有一部分是30年代发表的作品。贝斯沃特分馆还收藏非拉丁语系的各语种各学科著作。两个分馆都不藏科学史方面的文献，但有科学家自传和技术史方面的资料。据调查，科学参考图书馆的读者主要来自工业领域的研究者和大学、学术机构的研究者，此外还有一些科技记者，市场研究人员等。由于只有204个座位，虽然从早到晚络绎不绝，但每个读者在馆平均使用时间只有2小时。霍尔本分馆的使用量比贝斯沃特馆高。

该馆注意情报的及时传递，书一买来就上架，以架号为登录号。参考服务有当场解答咨询，但大量的问题从邮局、电话和电传中传来。在服务方面以情报服务为特征，现在读者可以得到计算机书目服务，还可进行国际联机检索，检索 MEDLINE、ESA、RECON、DIALOG 等系统的文献，目前它已成为英国的科学数据库中心。科学参考馆也是英国第一个为用户提供终端检索的图书馆。

科学参考部有许多出版物,告诉读者本馆的设施、服务状况,以帮助读者使用好图书馆;告诉科学家和研究者关于出版物的价值,供他们选择文献时参考;还传递关于检索方面的信息。科学参考馆有极为方便的复制服务,复制外国专利是它的主要复制工作,每年专利复制要求有 30 多万起。用户培训自 60 年代末就已开展。开设图书馆使用、技术文献、藏书等方面的课程,特别引人注目的是专利文献使用的课程。还提供有教学录像带,代译、代查也是经常性的服务。科技参考馆已日益成为英国科技情报网络中一个重要的节点。

2. 外借部

1973 年 7 月,国家中央图书馆和国家科技外借图书馆合并形成不列颠图书馆外借部。国立中央图书馆原是英国的馆际互借和馆际交换中心,国立科技外借图书馆也具有很强的馆际互借功能,两者合并使外借部从一开始就具有很强的互借功能。世界其他国家图书馆的功能无法同不列颠图书馆相比,因为没有一个国家馆像不列颠图书馆那样,把外借部放在和参考部同等的地位。也没有一个国家馆有像不列颠图书馆那样专门而集中的供外界使用的藏书。英国目前馆际互借量是世界最高的。

从本质上讲,外借部是综合性的。它主要依赖自己的馆藏,以其他图书馆的资源作为适当补充,它是国家文献提供服务中心。1976 年 3 月,该部书架的总长度是 56 英里。现有工作人员 650 名,每天有 1 万多个需求。国立中央图书馆成立于 1916 年,当时主要为成年学生提供外借服务,后逐渐发展成为馆际互借中心,1931 年改名为国家中央图书馆。它通过各类型图书馆的联合目录开展互借活动,靠购买和赠送建起了馆藏。它主要提供科技文献的互借服务。国家科技外借图书馆成立于 1962 年,它的馆藏特点是科技期刊多,英、俄文语种的期刊和专著多,它弥补了国家中央图书馆在科技文献提供上的不足。

由于外借部的借阅成功率和效率都很高，一些图书即使能在其他馆借到，人们也愿意向外借部求助。外借部之所以能迅速而又廉价地提供服务，主要是：第一，地方图书馆的书可能已被借出，许多急需的书往往是刚买来的，地方图书馆不愿意把刚买来的书借出，即使能借出，地方图书馆也将首先考虑自己的读者。外借部没有上述障碍。第二，因为是中心馆，响应很快，不必像地方馆互借那样，一个互借要求往往在几个馆间传递而毫无结果。有了外借部后，地方互借中心可以更多地考虑地方需求特点，而不必面面俱到，这实际上是一种节约。第三，作为中心互借图书馆，有很强的协调作用，能做地方图书馆因受经济条件约束而做不到的事。同时外借部作为全国外借中心，可以在国际间便利地开展国际互借活动。

外借部虽没有能够获得呈缴本，但能得到所有英文版的重要著作、报告、会议记录，官方出版物、译本及乐谱等。1977—1978年度，外借部有14万种期刊，210万册专著，缩微形式的报告有175万份以上。外借部在采购中，重点购买不同语种和学科的连续出版物，高水准的英文专著。小说的购买有限制，其他馆有的小说就不购买。外借部还购买特定需求的期刊或专著。在复本方面，只能提供复印件，一般只购一两本。有些很贵的资料也要买，虽然这些资料需求并不如专著那么强烈，如会议录、政府出版物、斯拉夫语种的科学书、翻译成英语的科学书、音乐乐谱等。因为这些资料个人往往买不起。采购时还注意购买那些只是偶然需求但其他馆却没有收藏的资料。在47000种期刊中，这类期刊约占3/4，只有8000种期刊是常用的。外借部合理的采购方针确保其作为互借中心的功能。购买期刊，主要是文摘、索引上有的期刊，其次是新期刊，最末才是专门需求的期刊。外文资料采购始终是棘手的问题，它们量大，但需求不高，很难预计使用情况，唯一的原则是其他馆没有的外文书，外借部一定要购买。目前外借部只能满足外文专著需求的25%，国内图书的需求，外借部也无法全部满足，只能满足大约75%。为此外借部需要支持系统，这些系统有外借部所没有的资料，目前的支持系统是参考部、呈缴本图书馆以及其他一些私人图书馆、高校馆、专业馆等。有的支持馆是很大的，如伦敦图书馆、皇家医学协会图书馆、林奈协会图书馆等。对未能满足的期刊需求，首先求助于参考部，其次是皇家医学协会和科学博物院图书馆。有时也求助于国际互借。外借部备有"不列颠期刊联合目录"以及国家图书馆目录及地方系统的联合目录，这大大便利了互借。

外借部的服务并非免费。出借资料或复制资料都必须凭预付了费用的索借表和索借单。外借部不出借小说、东方语言专著和乐谱。但它积极促进这类资料的利用，如为"乐谱联合目录"的编制提供经费。在编制联合目录时，外借部只要从合作馆借来它们所藏的外文专著和古英语图书款目，因为外借部本身已综合收集了现有英文文献。有外文和古英语图书款目的馆也只有六七十个，大部分是大学馆。同时因采用了计算机编目，外借部能较快地编出联合目录。

外借部现有登记用户是5100个。大学图书馆互借要求最多，占全部要求的25%，其次是工业和商业图书馆（21%）、公共馆（8%）、政府馆（13%）。公共馆需求少的原因是他们主要利用地方互借系统。在提问的主题方面，科学技术占75%，社会科学占13%，人文科学占9%，其他占3%。借阅材料的类型，图书专著23%（英文21%，外文2%），期刊67%（英文56%，外文11%），会议录5%，报告与政府出版物4%，论文1%。从上数字可知期刊外借是主流。

外借部很重视反响速度，一般是当天提问当天处理。目前面临的问题是，邮政系统往往不能保证及时把回复送出。在当前经济危机的情况下，外借部开始利用便宜的大车传送系统，积极研制计算机与传送系统相结合的可能性,以便提高效益。虽然如此,外借部的拒借率仍很高,无法满足的比例为:专著14%,期刊7%,会议录17%,政府出版物14%,论文32%。

外借部藏书大多数闭架(除了少数参考书和馆员自用书),排列的主要要求是便于检索,期刊按字顺编排,专著按顺序号编排。

外借部和不列颠图书馆的其他部门有许多联系,它有参考部藏书(主要是期刊)的复印本,与书目服务部合搞外文图书联合目录。书目自动化方面也有合作,与参考部订有共同采购方针。

外借部另一个重要业务是满足海外的大量需求。目前这种需求不断上升,这是因为现代通信技术的发展。西欧国家各图书馆只要5天就能获得外借部的复印件,北美和澳大利亚也只要8天。为海外用户服务并不影响为国内用户服务。目前的问题是外借部可给其他国家图书馆提供复印件,但得不到同等的补偿(他国无法提供复印件)。

外借部的另一项特殊业务是由前国家中央图书馆遗留下来的,即处理国内各图书馆过时的资料及复本,把各馆交上来的多余书名卡片编成流通目录。由于书库空间限制,目前外借部只接受本馆没有的资料,并编入目录。这种服务为其他图书馆的剔除提供了很大方便。

此外,翻译服务和收藏外文文献的英译本也是外借部经常性的工作。外借部还开设文献使用课。60年代中期,国家科学与发明图书馆就为学术图书馆馆员提供指导。目前培训活动已经常化。外借部另一值得注意的活动是它还提供MEDLINE的联机检索,同时编制医学方面的索引。1975年后,外借部还设立一个IF-LA国际互借办公室,目的在于扩大IFLA资料的使用,提供它的影印本。这项服务受到UNESCO的资助。

总之,外借部在不列颠图书馆系统中占有重要的地位,英国的大多数学术图书馆和专业图书馆已经越来越离不开它的服务。外借部的服务影响了英国其他图书馆的采购和服务方针。它已成为英国图书馆系统中一个不可缺少的环节。它不是取代了地区图书馆的作用,而是增强了它们的作用。

3.书目服务部

1974年8月成立书目服务部,职能是提供与国家图书馆和其他图书情报机构有关的集中编目和其他目录服务工作。根据Parry报告,它必须编国家书目,编联合目录,研究、协调与国际网络之联系,开展由BNB发展起来的中心书目服务,使BNB在国际书目发展中起作用。

随着各地方图书馆系统联合和采用新技术,书目服务部必须有能力为各图书馆的计算机系统提供必要的输入。为此书目服务部首先把不列颠图书馆内部的书目处理工作统一起来,采用新的目录标准,使编目、分类产生的记录能适合于各种需要,并能在馆内通用。其次,书目服务部尽力使本身的书目活动能和其他国家的书目活动相结合,考虑到国际MARC网络的逐步形成,书目服务部把很大的注意力放在使本馆MARC和国际标准一致起来。其三,引进计算机,使书目数据处理机械化,1975年已经使科学参考馆实现了编目自动化。1976年不列颠图书馆的所有呈缴本和英文资料都可以用计算机来进行书目处理。

书目服务部分为:中心管理办公室、系统发展部、书目标准与主题系统办公室、操作和服务部。中心管理办公室负责日常服务和财政规划。系统发展部负责:a.与书目服务有关的计算机操作管理。b.扩大计算机系统功能,提供新服务。c.设计、阐明、实施能够满足不列颠图书馆当前和未来需求的新的计算机系统。特别是要为国家书目数据库提供联机服务。b、c职能是与书目标准和主题系统办公室共同承担的。操作与服务部主要负责日常信息处理和机器维修。

(1)系统发展部 书目部的系统发展部用的计算机是IBM370

和 IBM360。由于工作多,每天开机 8 小时,全星期工作。每天把从馆内各部和各馆送来的纸带轴、磁带、穿孔卡连夜处理,到早上就可以得到新的磁带等,直接送到各部门和其他图书馆。排字机生产国家书目,COM 机生产缩微平片和缩微胶卷型目录。书目服务部承担着使不列颠图书馆自动化的任务,它已经发展了"图书馆软件包",有三个组件:a. 从一个文档选择 MARC 记录和能从记录中选择特定数据区的程序。b. 处理记录和把地方记录加入文档的程序。c. 以缩微或印刷形式输出地区特别目录的程序。尽管 1968 年 BNB 就使用了 MARC 软件,书目服务部还是在此基础上发展了处理系统,形成了标准文档和联机挂接为特征的新的不列颠图书馆自动化系统,这个系统叫 MERLIN(Machine Readable Library Information System)。MERLIN 数据库包含不列颠图书馆和美国国会图书馆的所有 MARC 款目,以及参考部的期刊文档和利用 MERLIN 服务的任一地方图书馆的记录,还包括一些小型数据库,如不列颠音乐目录和 IFLA 媒介资源中心数据库等。MERLIN 数据库的记录有 100 多万个。

MERLIN 系统的发展分几个阶段,第一阶段,组织生产 BNB 磁带,开展为用户选择书目记录以及 MARC 全文记录提供的服务。第二阶段是把不列颠图书馆内部各馆的计算机操作形成联机网络,利用 ISBN,BNB,以及 LC 号码等来作为检索点开展综合性的书目服务。在这同时,还注意扩大设备,建立联机采购目录等。第三阶段是致力于开发计算机和 MARC 网络的潜在能力。

不列颠图书馆的 MARC 网络服务是 UKMARC 计划的一部分。开发 MARC 的义务,开始由 BNB 来承担。BNB 首先把自己的记录变成 UKMARC 形式。1976 年所有的 BNB 服务都计算机化了,它的数据库包括:a. 1950—1974 年的回溯 UKMARC 文档。b. 1975 年以来非 MARC 现行采购记录,国际期刊数据中心的 UKMARC 文档。c. 1968—1974 年美国国会图书馆 MARC 文档。d.

1975 至当前国会图书馆 MARC 文档。目前数据库记录超过 100 万条。利用这个数据库可开展磁带提供服务、记录选择服务和地方图书馆编目服务。地方图书馆编目是根据各个馆的特定要求制作的,款目顺序由地方图书馆决定。现在 BNB 的生产已成为系统发展部的工作,UKMARC 实施的技术问题由系统发展部统一负责。

(2)书目标准和主题系统办公室

负责把书目编目信息统一起来,以便在英国图书馆界通用。这个任务还要考虑到与其他国家书目数据标准的协调。因此,该办公室在国际标准化活动中也要起积极作用。归纳起来,书目标准办公室的主要功能是:a. 帮助起草和促进国际书目标准。b. 促进国际书目标准在不列颠图书馆和英国图书馆系统中的使用。c. 帮助训练不列颠图书馆的编目人员。d. 参加国际活动,如参加英美编目条例的修订,促进与英美编目条例同步的国际标准书目(ISBD)描述的发展,按 ISO 的规则,发展不列颠图书馆编档规则。该规则已经由不列颠标准研究所(BSI)列为国家编档(filing)标准。除以上职能外,该办公室还负责制定特殊资料的国家 MARC 形式,如 1975 年已出了期刊和音乐资料的 MARC 草本。

和 MARC 以及著录标准工作的进展相比,主题系统的发展就显得慢了。对分类系统,标题式索引词等问题上分歧很大,还未形成标准。这个原因可能是因为,英国图书馆大多用的是 UDC 或杜威十进分类法,这两个分类法和 MARC 系统不太协调。为此,主题系统办公室的主要职能是:a. 设计和检验不列颠图书馆书目服务中使用的标引系统。b. 负责研究能用于各种 MARC 网络的专门标引技术。该部已把 PRECIS(保持原意索引法系统)发展为普遍的标引系统。

(3)操作与服务部　主要负责出版定期的内部和外部出版物,以及进行集中编目、分类、标引。目前这些活动,都已实现自动

24

化。该部的另一主要任务是接受呈缴本,这个工作由该部属下的呈缴本办公室管。每年大约接收 30 万种款目(包括图书、报纸以及其他出版物)。该部的另一个重要部门是目录著录室,负责对所有藏书按英美编目条例和 MARC 形式做记录,进行计算机编辑输出。书目部的主要出版物是 BNB,还有英国教育索引、不列颠音乐目录等。

(4)国家期刊数据中心 1975 年书目部底下成立了国家期刊数据中心。它的功能是:a. 登记在英国出版的所有新期刊,并标记 ISSN 号。b. 与巴黎的 ISDS 国际中心联系,组织西方国家机读期刊记录的相互转换。c. 为英国各图书馆现存期刊提供 ISSN 号,并试图为英国的所有期刊编标准号。d. 促进 ISSN 在英国的利用。该中心还负责编制 BUCDP(英国期刊联合目录)。

(5)编目办公室 书目部还有编目办公室、非书资料办公室等。说到编目,要提到书目部的 BLAISE 系统。该系统于 1973 年开始建设,它实际上是一个全国编目和检索系统。在编目方面,它通过 LOLAS(地方编目系统)、为各个图书馆提供专门的编目服务。BLAISE 系统检索能力强,能进行 ISBN、BNB 号的著者、书名、正文、出版者、分类号等多途径的检索。它的资料库,包括:MEDLINE、CHEMLINE、TOXLINE 等库的资料档,用户通过一系列指令,还可自动出借在 BLAISE 资料档上查到的任何资料。

4. 研究发展部

研究发展部最初的形象是 DISR(英国科学工业研究部),DISR 在 60 年代初期资助了少数几个情报研究计划。1965 年 DISR 撤销,情报研究活动划归教育科学部的科学司。在科学司底下专设一个 OSTI(科学技术情报办公室)。OSTI 一开始就认识到自然科学研究和社会科学研究应受到同等重视。它在 1985 年就资助英国的图书馆自动化计划,帮助剑桥大学建立了图书馆管理研究中心,在哈特菲尔德技术大学,建立了国家复制中心,同时还支持学术图书馆、图书馆教学单位等开展的大大小小的研究活动。研究发展部继承了 OSTI 的传统,它围绕不列颠图书馆理事会对不列颠图书馆提出的五个目标,开展图书馆学、情报学领域内的科学研究活动。这五个目标是:a. 发展尽可能最好的不列颠图书馆的服务。b. 促进参考和外借服务网络的形成。c. 保证适当的书目提供服务。d. 促进情报传递的发展和利用。e. 提供必要的情报服务。这五个目标中,第一项任务主要由参考部和外借部承担,第三个目标由书目服务部承担。研究发展部关心的主要是第四和第五个目标。它的功能可以说是刺激、支持研究,促进研究成果的应用。只要研究计划对下面几个方面有影响,它都支持:a. 基本工作过程。b. 情报的非正式流动。c. 分类、编目、标引、存贮、检索和机器翻译。d. 图书馆与情报服务的利用和实施。e. 馆员和情报专家的教育与培训。

研究发展部支持的科研项目,可分为三类,一类是主动提供帮助的项目。对这类项目,在制订初期,研究发展部会给予帮助和建议,对项目进行详细检查,并请专家鉴定,但这种检查并不严格,因为这些项目,往往不是急需的,也不必给予经费上的支持。另一类项目是经申请而提出的。研究发展部只提供研究补助费,而不承担全部费用。对这类项目检查严,因为这类项目需要实际的经济支持。为此,研究发展部成立了咨询委员会,专门审查申请补助的项目。

在成果推广方面,主要依靠英国专业图书馆与情报部门协会(ASLIB)、情报科学协会、图书馆协会、国家和大学馆常务会议等组织。有时也举办讨论班。

研究发展部的成就体现在:已经使那些负责图书馆和情报服务的领导者或上级领导部门更清楚地看到计算机以及其他技术在各类图书馆和情报服务中应用所存在的问题。在这方面,研究发展部支持的项目有,目录的计算机排版印刷研究、图书馆自动化等。此外还体现在一系列无法估计的深远影响上。许多研究结果和研究活动,其价值是无法估量的,如和外借部合作开展的用户教育的研究。

研究发展部存在的缺点主要有两个方面:不太重视基础研究,忽视情报科学作为一个学科的发展,这已阻碍了应用系统的效果;对于主动提供帮助的研究计划所产生的研究结果,没有很好地加以推广。为此,研究发展部正委托各大学成立许多基础研究中心。但这几年由于政府经费缩减,舍费尔德大学的用户研究中心可能要关闭了。可见,研究发展部仍然注重应用研究,因为这类研究效果显著。

研究发展部还作为国家代表参加了 OECD 的情报方针小组、EEC 的科技情报和文献技术委员会、UNESCO 的 UNISIST 和 NA – TIS 活动。这样做,一方面有助于把研究成果推向多个国家,另一方面也可得到一些资助。研究发展部虽然只有 30 多个工作人员,每年研究经费只有 100 万英镑左右,但是卓越的工作对英国的图书馆学界、情报学界产生了重要作用。

三　英国图书馆的未来

1984 年,不列颠图书馆提出了三项战略性计划。为潘克拉斯大街的新馆做好基本的准备工作;协调从图书采访到图书保护这一整个过程的管理工作;大力推动和发展更广泛的服务。一方面增加采书量,另一方面发展有偿服务,逐步使服务更突出地集中于满足特殊读者群的需要方面。为此,不列颠图书馆的组织体制做了调整。

贰　高校图书馆

英国高校图书馆系统由大学图书馆、多科技术大学和继续教育学院的图书馆组成。英国许多大学图书馆历史很长,存有较多的古籍。现有大学51所,每个大学除总馆外,在教学和科研中起重要作用的是学院和研究所图书馆。二次大战后,英国的技术学院和成人教育有很大发展。1966年后把原来分散的一些工学院组织起来成立了多科技术大学,这类大学的图书馆也很有特色。继续教育和师范学院的图书馆规模都较小,但服务水平并不低,据1976年英国教育和科学部统计,各类高校图书馆(不包括大学的学院图书馆)达668所,藏书1亿多册,图书馆专业人员8000多人,总工作人员近3万人。每年经费近2亿英镑,每年进书量达200万册。由于继续教育院校是"所有提供中学以上教育的学院",包括技术学院、艺术学院、商学院、农学院等,种类繁多。多科技术大学的图书馆是新事物,资料较缺乏,所以这里重点讲大学图书馆,对多科技术大学和继续教育学院的图书馆只做简单的介绍。

一　大学图书馆

1.管理

英国的大学大多由理事会来管理,理事会由学者和地方代表组成。它负责经费的控制,因此实际上影响着大学的学术活动和教育活动。大学经费主要由政府提供,负责此项业务的是教育和科学部底下的大学拨款委员会,该委员会的拨款约占大学总经费的75%,其他经费来自学费、研究经费和拨款。大学拨款委员会有一主席(是教育和科学部的官员)和一名常务秘书,其余成员由来自大学、工商界以及与教育有关的各部门的代表组成。该委员会只负责拨款，无权干涉经费的使用。自60年代起，高等教育事业发展推动了高校图书馆事业的发展，大学拨款委员会专门设立了一个图书馆委员会来考虑如何最经济、最有效地满足因大学生和教育的增加等因素而引起的对图书资料的需要，该委员会主要负责对大学图书馆经费的追加。大学馆由大学图书馆委员会管理，该委员会的成员主要是学术评议会成员。它负责对大学图书馆进行顾问、咨询，制定图书馆的方针，监督图书馆的工作，对必要的财政需求做出决议。主席一般由一名副校长担任。大学图书馆委员会的存在形成一种政治压力，使人人关心图书馆。除图书馆委员会外，有时还有用户委员会、图书馆工作人员委员会、系图书馆委员会等，作用与图书馆委员会相同，只是大小不一。大学图书馆委员会的成员一般10—15人，它起沟通上下的作用。

　　大学图书馆的馆长一般要有硕士或博士学位，同时必须是资格馆员。馆长负责管理、规划、决定图书馆的方针。这种方针一般是和图书馆委员会商议后提出，交给委员会会议通过。馆长的另一重要职责是负责经费预算与实施。同时馆长还要代表本馆参加校内的有关委员会，参加校外活动，如参加SCONUL，代表大学图书馆与地方当局联系。副馆长主要管人员安排，协调馆员之间、馆员与图书馆的关系，还要负责日常工作，调整用户需要与工作之间的关系。

　　大学图书馆的经费主要由大学收入中分配。大学收入分多少给图书馆，由大学的财政委员会和中心计划委员会决定，一般不超过10%。在大学图书馆的全部经费中，一半以上用于工资。由于图书，特别是期刊价格的上涨，大学图书馆的采购经费一直不足，这产生了这样一个隐患，即藏书不足将把现有的服务质量降低。为此，英国大学图书馆员特别注意图书的选择，争取以有限的经费满足最大量的教师与学生的需求。他们的采购过程一般有教师参与。经费预算特别严格,可以说高质量采购和严格经费预算是英国大学馆员在经费不足情况下保证服务质量的法宝。

2. 馆员

保证服务质量的另一个法宝就是合理配备专业馆员,提高馆员素质和配备学科专业图书馆员。

英国大学馆员的数量与学生的比例一般在1∶50左右,但各馆不一,如赫尔大学为1∶70,阿伯丁大学为1∶80,巴思大学为1∶100。这个比例和其他国家相比算是比较高的。大学图书馆界已经感到队伍庞大不便于管理,随着自动化的实现,将要裁减不少工作人员,所以目前在大学图书馆里谋个职位比较困难,许多人只能做输入员、穿孔员。

大学馆工作人员分为资格馆员、一般馆员和技术人员(复制、装订等)。资格馆员至少要有学士学位或图书馆学专业资格,大多数馆员是两种资格都有,这类馆员占总馆员数的50%。约克大学为35%,爱丁堡大学为40%,兰卡斯特大学为44%,利兹大学为52%,巴思大学为59%,SCONUL规定的标准是50%。资格馆员占据了图书馆中的主要职位。因此现在要求资格馆员也要有一定的行政才能。非资格馆员要在馆内工作一两年才能转为资格馆员,在这期间他们要干很多活,主要的工作是出纳、期刊提供、读者指导、馆际互借等。能否转为资格馆员由副馆长决定。非资格馆员如果干得不好,常常要被解雇。由于目前馆员席位短缺,录取条件就比较严格。要求来大学馆工作要有图书馆工作简历、学位证明、推荐信。现在往往是高级人员干低级活,拿低工资。低级馆员的录用由馆长或副馆长面试后决定;高级馆员的录用要由评审委员会最后决定。

保证服务质量的一个重要措施是配备"学科专业图书馆员"(Subject specialist)。他们是在特定学科领域里负责图书馆服务工作的图书馆员。这种学科领域也许是非常狭窄的,但大体上包括与大学的系、专业相应的学科领域的广度。学科专业图书馆员的任务是在各自的学科领域中开展服务工作，最大限度地提高图书资料的利用率。通常学科专业馆员具有有关学科的最低学位，又在大学修完图书馆学的大学课程。按照欧洲大陆的传统，学科专业馆员主要从事选书工作，他们与教员合作，组成选书委员会等机构，从图书馆员的立场上积极参预决策，提出建议，反映并调整教员们对购书的要求，在图书馆藏书建设中扮演主角。由于学科专业馆员同时具备书目知识和学科知识，使教员们相信他们是真正有能力购入有价值的专业图书。随着图书馆的开放和社会对图书馆需求的多样化，目前学科专业馆员已经从藏书领域进入服务领域，他们利用学科和书目知识，并通过参考咨询和使用辅导，直接为读者服务，同时在这些活动中了解读者要求，充当读者和图书馆员之间的联系人。他们和教师有更多的共同语言，所以教师乐于向他们表达自己的要求。在使用指导上，他们能进行专题性的、较深入的指导，他们向研究生和青年研究人员讲授特定领域或题目的书目和文献知识。和其他西欧国家相比，英国大学馆中的学科专业人员比例较高。因为其他西欧国家的学科专业馆员主要在专业图书馆工作，而在英国，学科专业馆员主要在大学馆里工作。

可以说，学科专业馆员在英国大学图书馆事业发展中起了不可忽视的作用，他们提高了采购质量，促进了传统图书馆体制的改革，提高了图书馆员在人们心目中的地位。但是随着新技术革命的到来，进入80年代后，学科专业馆员逐渐为情报专家所代替。这是因为学科专业馆员既要做馆员，又要完成自己的研究任务是不可能的。他们往往是低水平的研究人员。多数人从事的是与图书馆业务有关的研究工作，如有关领域或题目的书目或索引的编纂工作，研究新的分类法或目录规则，研究本馆机械化系统的开发工作。他们实际上的特长不在学科研究，而在对图书馆知识的更深入掌握。因此他们还是"图书馆的工作人员"，而不是学科专家。另一方面,数量有限的几个学科专业馆员很难负责所有的学科领域。学科领域发展日新月异,不断出现相互结合、交叉或崭新的科目,给每一新学科设置专业馆员是不现实的,如果要继续保留学科专业馆员,只能是具备某一学科知识的学科专业馆员负责多学科的图书管理工作,这只能使他们成为多面手,和一般的馆员在性质上毫无差异,只不过在学科知识修养上略深一些而已。

情报专家对情报源有很好的了解,能迅速获得所需情报,他们能迅速从数据库中获得所需资料的线索,懂得到何处找到原始文献,并且有很好的交流技能,知道如何分析与提取情报,因此他们能适应现代图书馆情报服务不断发展的要求。换句话说,过去的学科专业馆员着重于研究和图书馆一般工作的结合。而不注重对图书馆特有技术的掌握(如工具书技术,情报技能的一部分)。仅仅依靠学科知识在目前已不能保证高质量的服务,情报专家因有专门的情报技能,被研究人员当作文献处理专家而予以信任。毕晓普说过,对于图书馆员来说,为了给学者以专业上的帮助而要求他们掌握各门专科知识是过分的,应让他们掌握利用图书馆的各种方法和技巧,这也正是图书馆专业训练所要求的。不过关于学科知识和情报技能在现代图书馆工作中的影响问题仍未得到解决。随着大学图书馆的组织向专业化方向发展,工作越来越深入,英国大学图书馆的情报职能得到了加强。英国大学馆员认为,现代的图书馆服务都具有情报工作的特性,截然区分传统图书馆工作和情报工作是毫无意义的,因为传统图书馆的职能已在情报职能的发挥中得到贯彻。因此,可以预见,在大学图书馆工作人员中,将涌现越来越多的情报专业人员。

3.服务

英国大学图书馆的服务,主要有两方面,一是为本科生服务,二是为研究服务。本科生是大学馆的主要用户。为本科生服务是以提供教材和教学参考书目为主。过去为学生提供几本教科书就能满足学生的要求,随着教学方法的改革,参考书范围的扩大,教师有时也很难知道有哪些可用的参考书。因此,图书馆在提供参考书方面的作用越来越重要。但是,提供教科书的大量复本仍然是必要的,它是英国大学图书馆服务的基本标准之一。教科书的提供服务是很灵活的,可以短期出借,也可以借一学期。和美国相比,英国没有本科生图书馆,对于要不要建本科生图书馆,英国图书馆界曾有过争论。但是在几乎所有的英国大学图书馆都有本科生阅览室,辟有学生馆藏,一般藏书为几千册,供学生公共使用。那些需求量特别大的学生用书在这里都可以阅览。该阅览室还提供必需的参考书。英国大学图书馆很少像美国那样,设立文艺书籍等专藏,或设专门的"浏览室"为学生提供扩大视野,开阔阅读面的图书。只有伯明翰大学有这样一种馆藏,使用率很高,特别是能帮助外国学生提高英语能力和适应新的环境。在英国各大学,有学生会图书馆来充当"浏览专藏"的角色。在大学里由其他机构来提供消遣性图书服务,而让中心馆专门提供教科书和研究用书服务,是英国大学图书馆服务的一个特点。

为研究服务即为教员、研究人员和研究生服务。大学馆一般只有中心馆,没有系馆,70年代中期以后,原来有系馆的大学,也逐渐关闭系馆,由中心馆负责为各系研究服务。系馆关闭的原因是藏书重复,没有足够的馆员,用户不便。因此,研究服务目前都集中在中心馆。英国大学馆的馆藏80%是为研究服务而准备的,虽然教科书复本很大,但种类只占馆藏的20%左右。对于这样的比例,英国图书馆界也有人认为是一种浪费。至于应该为研究人员提供多少馆藏,即研究资料的保障率应有多少,才能满足现有研究以及将来可能研究的需要,是一个争论了一百多年来的老问题。即使是最大最古老的大学图书馆也无法满足用户的全部需要。英国大学馆员认为,虽然馆藏越丰富越能满足研究需要,就像研究人员手边的研究资料越多越容易出成果一样,但是数量并不起决定作用,馆藏最重要的是要讲究质量。除非是大馆才能在传统学科领域里有丰富馆藏,而新馆则应着重在新学科的资料收藏上下功夫。最终解决各馆研究资料保障问题的途径是资源共享。除了提高藏书质量,加强合作以促进资源共享外,在英国大学馆还特别注重对研究需求的预测,来开展针对性的服务。

英国大学馆里还有许多特藏,这些特藏由于经费问题一直未能得到很好的发展。已有一些馆藏转到研究中心,如关于政治、劳工、交通方面的早期资料都转到了各有关的研究所,把特藏"包袱"抛出去,使大学馆能致力于和研究活动有关的现代馆藏资料的建设。这充分体现了英国图书馆重使用而不以有多少特藏为荣的传统。

总的说来,英国大学图书馆的服务工作有如下特点。

(1)编目工作先进　所有大学图书馆都使用"英美编目条例",目录体系完整,一般配有作者目录、分类目录、主题目录以及内部排架目录。目前由于计算机在图书馆的应用,编目工作基本实现了自动化。每个大学馆都有微型机进行目录记录的处理与输出。由于输出卡片较贵,所以一般输出的是 COM 形式。

(2)采购严格把关　大学图书馆界认为成功的采购方针决定于内容的选择、预算控制和藏书空间这三个要素。在内容上按学科或按文献类型来进行选择。采购预算由馆长决定,采购量还要和藏书空间加以协调,以保证所采图书便于保管、使用。采购方针基本上有两种倾向,一是以藏书最大利用为目的,使藏书少而精;二是尽可能多采,以使研究得到最大的文献保障。各馆一般在这两者之间做出平衡。目前已开始使用计算机预算系统协助确定采购清单,这有助于确定最佳采购量,但在内容方面仍要由采购人员把关。另外英国已开始实施图书馆联合采购计划,大学馆已积极参预,联合采购计划将最终解决采购的选择问题。

(3)重视流通　大学图书馆特别注重流通工作中的各个细

节,对每个细节都有具体规定。一次借多少本书决定于:馆藏数量、读者数、学校的研究水平、馆员的意见、借期。一般来讲,研究人员可以多借。如莱切斯特大学,研究生可借 12 本,本科生只能借 6 本,而教师能借 20 本。英国大学图书馆的借期比较灵活,如兰卡斯特大学有三种借期:长期借期(一个学期),一般借期(七天),紧急借期(4 小时)。这种作法为许多大学所仿效。有的大学按读者对象订借期,如 Exeter 大学,本科生借期为两星期,研究生为一个月,教师为一学期。对于过期不还者,一般要罚款。目前流通工作也已计算机化,流通系统已从单机发展到联机系统。

(4)普遍开展用户教育 在大学图书馆服务过程中,馆员发现图书馆不是想象的那么容易使用,许多学生,甚至教师不懂得使用目录,不了解排架顺序,不知道图书馆能为他们提供哪些服务。因此,开展用户教育能帮助用户更有效地使用图书馆。此外,通过读者教育还能改变用户对图书馆的态度,吸引更多的潜在用户,使他们成为现实用户。一般都安排新生参观图书馆,利用视听设备让学生自己看录像,这是比较低级的用户教育层次。较高层次的用户教育,是给用户提供有关掌握与利用图书馆的方法,如目录方法的练习等,进行书目指导。帮助较高年级学生使用工具书、文摘、索引等。用户教育加强了图书馆与师生的联系,成为各馆的常设服务之一。

(5)积极开展情报服务 大学图书馆的情报服务主要是为研究服务,开展联机检索,提供文摘、索引和近期通报,开展 SDI 服务,许多大学已成为专门的文献情报中心。在中小型的大学馆,情报服务是它们的主要活动。

4.馆舍

馆舍紧张是大学图书馆的老问题。1964 年以来,英国有 53 所大学、学院新建或扩建了图书馆。无论是新建还是扩建,都要由大学里的财政委员会来决定,它决定图书馆建筑的形状、大小和位置。建筑标准取决于大学图书馆拨款委员会提供的标准和官方有关各类型图书馆建筑投资的规定、师生总人数、校园布局、每平方米的造价。尽管开架服务是大势所趋，仍有一些传统的大学图书馆保持封闭式馆藏，对这类图书馆的扩建与修复花费不少资金。为了使这些馆适应教育发展的需要，扩展图书馆的功能，尽管财政困难也在所不惜。像剑桥大学、伯明翰大学、赫尔大学、曼彻斯特大学等，从1964年都进行了扩建和改建。

为了适应现代图书馆服务的发展，对建筑的精心设计已成为搞好图书馆服务的重要因素之一。1964年以来建的新馆，抛弃了过去追求豪华的传统。现在的建筑讲究实用，以最少空间开展最多服务，充分考虑图书馆的内部空间的弹性结构。在建筑中注意：内部的多变功能适用于当前和较长远的需要；重视方便性，力求简捷，方便畅通；有限投资，最佳空间效果，讲经济效益；结合本馆特点、藏书状况使内部结构具有弹性。现在新建馆都采用了"模数式"设计，用规则排列的柱子来控制内部空间的面积，几根柱子就可以围成一个单元，放上桌椅是阅览室，摆上书架就成为书库。考虑到上下馆的方便，图书馆一般不搞高层建筑，尽量扩大平面面积。大学拨款委员会规定，窗户面积不能超过使用面积的25%。通道尽量减少电梯，使读者通过坡道进入图书馆的主要服务区。书库一般建在馆中心，照明方面注意自然采光，以节省费用。空调能使读者舒适，但费用高，要占全部建筑费用的10—15%，因此一般只在珍本库装空调设备。在藏书和服务方面，现在一般把阅览区和书库合起来，两者之间没有严格的界限。阅览区多按学科划分，在阅览区把较大的阅览桌改成单人阅览桌或双人阅览桌，以便利读者个人的阅读研究。另外设立研究厢、导师研究室等，兼顾集体研讨的需要。从服务来看，大学图书馆阅览区的设置着重于研究功能而不是学生自习功能。总之，建筑既要节省经费，又要提供优美、舒适的学习环境，满足读者生理和心理上的要求。英国大学馆的建筑技术有很大进展,设计上积累了很多经验,理论文章也很多,出现了不少这方面的名家。

5. 合作

英国大学图书馆很注重合作、特别是馆际互借,互借量几乎每10年增加7倍。早在1925年就由大学教学协会(AUT)发起,组织过大学馆间的互借活动。目前大学图书馆馆际互借的主要来源有:其他大学图书馆(10%)、地方图书馆系统(14%)、不列颠图书馆(70%)。英国大学图书馆和地方图书馆系统有密切的关系,特别是新建大学的图书馆,往往是地区的科研中心馆。所以借出量远远大于借进量,由于有这种为社会的服务,新建大学的图书馆往往也容易通过各种渠道从地方获得一定的经济来源。大学图书馆最主要的互借来源是不列颠图书馆,不仅借研究资料,而且可索取复本来充实馆藏。在邮费上涨、人员缺乏的情况下,大学图书馆正在考虑减少馆际互借费用的办法。一是对使用者收费,这种办法限制了需求量。二是减少不必要的互借量,通过一定的选择程序满足部分需求。后一种办法较为可行。在馆际互借问题上最好有一个总的馆际互借中心,它能协调各馆之间的馆际互借活动,这样,虽然国家可能会花一些钱,但减少了横向摩擦,无形中提高了互借效益。大学图书馆虽然可以从不列颠图书馆外借部借到很多资料,但仍然需要向别的馆借,以满足不时之需。要使馆际互借畅通,各馆的借出、借入量不能相差太大,因此大学图书馆对于互借是有限制的。这些限制包括:不为本科生办互借(除非是极特殊情况);每月限定互借量,分配额一满就停止互借;限制借阅的图书数量。

大学图书馆的合作分两个层次,一是与国家图书馆合作。在不列颠图书馆的联合目录中,共有56所图书馆的藏书,其中44所图书馆来自大学。它们把参加联合目录专门类目的馆藏书刊种类告诉外借部,然后把可供外借的书刊通知外借部,供其他馆借阅。

根据外借部的借书单,大学图书馆每出借一本书刊,要收少量的费用,用以补偿管理费用。大部分大学图书馆经计算机外借部系统(即该联合目录系统)借出的书刊比借入的要多,但他们从外借部馆藏借入的数量远远大于借出量。这样大学图书馆在这一层次上的合作,是得多于失。二是参加地区馆际互借系统,由于地区馆际互借系统主要是普及性的资料,因此不是所有的大学图书馆都参加地区馆际互借系统。近几年来,随着自动化协作计划的发展,大多数大学图书馆都在自动化方面参加地区协作网。

在大学图书馆间的合作当中,一个重要的组织就是所谓的"国家图书馆和大学图书馆常设会议"(SCONUL)。该组织的成员馆大都是大学图书馆,还有不列颠图书馆以及少数承担类似国家义务的少数图书馆。SCONUL设有专门的工作人员和经费来源,其目的是组织讨论会,解决各馆共同关心的问题。它负责向政府传达意见。这种共同参加的会议,提供了大家交流的机会,促进了各馆间合作,SCONUL负责对合作问题进行顾问咨询和给予必要的支持(如人员培训)。

二 多科技术大学

1966年4月12日英国政府宣布建立一种新型高等教育机构,即多科技术大学。根据1966年5月英政府发表的白皮书,这种大学的教育和工商业有更密切的联系。限于科学研究经费,只能进行一些地方工商业所需要的科学研究工作。多科技术大学主要由受大学或受地方管辖的技术、商业以及艺术等专科学院合并而成。在31所多科技术学院中,只有4所是从独立的院校发展起来的。由于原来的学院属于大学或地方政府,这类大学往往只有校名而无校舍,因而也就没有中心馆。为了发展多科技术大学图书馆,《图书馆协会记录》上发表了题为"多科技术大学中心图书馆"的文章。文章提出,技术大学图书馆成为学习资源中心,专门提供教学所需的图书和期刊,还要备有磁带、录像带以及相应的视听设备。2000 名以上本科生的技术大学,要有 15 万卷基本藏书和 3000 种各种学科的期刊。藏书数量最低不能少于 3 万册,现期期刊不能少于 50 种,图书要尽量开架。图书馆还要积极收藏和地区工商业有关的科技文献,争取起到地区科技情报中心的作用。70 年代技术大学开始形成整体。此时校方才开始考虑图书馆的长远规划,技术大学图书馆的发展,主要考虑学生数量和质量以及各种不同学科的特点。技术大学的学生中,进修生、兼修生较多,水平较低,所以图书馆特别强调用户教育服务的开展。由于既有专科又有多学科,馆员中特别需要学科专业馆员,以加强图书馆与教师之间的关系。这些学科馆员,大多负责 SDI 服务,由于技术大学与工商业联系密切,开展情报服务是很普遍的。学校馆舍分散,管理也分散,重复现象较为严重。在分散管理以及资金缺乏的情况下,多科技术大学图书馆的计算机应用举步维艰,现在是由几个技术大学联合起来形成自己的网络,有的技术大学与不列颠图书馆联网。技术大学虽然能够利用外部的网络资源,但许多图书馆因原来学科不同,分类体系不同,因而图书馆内部的书目标准化一直是个问题。

技术大学图书馆的服务重点在教学,而不在科研。它们的图书馆属于学习资源中心。工作人员由专业馆员和"媒介专家"组成,媒介专家在教学服务中起重要作用。据调查,技术大学中每 86 名教师有一馆员,专业与非专业馆员之比为 0.87。技术大学大多设在其他大学之内,因而其图书馆注意与"母大学"图书馆的合作。在研究服务上,主要利用母大学图书馆的资料。虽然技术大学图书馆在藏书上很难成为"情报中心",但图书馆颇有专业性,他们具有很强的情报查寻能力,这一点保证了图书馆服务能适应专科的研究需求。

三　继续教育学院图书馆

英国目前至少有 650 所继续教育学院或机构。它们的图书馆通称为学院图书馆(college library)。但学院图书馆在性质、任务、服务与藏书建设方面有很多不同。从藏书看,7% 的图书馆藏书在 1000 册以下,21% 的图书馆藏书少于 5000 册,20000 册以下藏书的 362 个,2—4 万册的是 95 个,4—6 万册的是 10 个,6—8 万册的是 5 个,一般藏书不超过 10 万册。馆员最多不超过 25 名,8% 的馆,馆员数在 10 名左右。没有馆员的图书馆占 19%。

四　现在存在的问题

目前英国高校图书馆事业已经发展到新阶段,基本实现自动化和网络化、服务多样化、层次化。但由于高等教育事业以及整个社会经济、文化的发展,也给高校馆带来一些问题,这些问题是:

1. 学生人数减少,导致一些学院关闭或合并,一些综合性大学进行系统调整。

2. 经费减少,80 年代以来,政府对大学馆的经费减少了 15%,阿尔森的"零增长理论"所引起的争论,将在实践中得以解决。

3. 由于馆员的流动大(雇用,解雇),现在的人员培训只注重经验而不注重素质的培养,这将导致整个图书馆员队伍质量下降。

4. 由于经费缩减,许多刚刚起步的大学馆、学院馆得不到必要的发展经费,藏书体系得不到完善。如何进一步加强与不列颠图书馆以及地区合作网络的合作,是 80 年代高校图书馆要重点解决的问题。

5. 考虑到学生、教师住宿的分散以及许多学院独立分散,一些大学馆正在考虑建立分馆系统,特别是计算机系统,分馆可能更适应未来高校图书馆的发展,这个问题尚待论证。

6. 大多数高校图书馆的计算机系统是在合作的情况下发展起

来的,许多馆都利用了 BLAISE/LOCAS,SWACAP,SCOLCAP,BLC-MP, LASER 等系统,联机检索已经普遍地开展起来,但计算机检索的用户还主要是教师和研究生。今后的问题是如何发挥自动化优势,更好地为学生服务。特别是一些技术大学的学生,大部分是非专职的学生,他们利用图书馆有困难,希望通过自动化来满足要求。

7. 与地方专业团体和组织保持密切联系是高校图书馆服务的传统。如教育学院图书馆与地区教师培训活动联系,为这一活动提供教育情报和联机服务。技术大学与工业或商业图书馆交换目录。如何与同地区各组织保持合作关系中获益,仍是要进一步探讨的问题。

叁　公共图书馆

英国公共图书馆在服务水平、网络系统、组织与管理等方面堪称世界公共图书馆的榜样,关于英国公共图书馆事业,人们已经论述了很多,本章仅以英国公共图书馆存在的问题以及特点为重点进行论述。

一　全英公共图书馆概述

英国公共图书馆虽然有很长的历史,但在二次大战前服务较差、没有标准的服务模式。战时麦克考因搞了一个公共馆服务的调查,发现公共馆藏书缺乏,馆舍缺乏,馆员质量很低。1950 年是公共馆百年纪念,图协提出了公共馆的服务标准。1957 年成立了以 S. 罗伯特爵士为首的公共图书馆调查委员会,考虑英国的公共馆服务以及公共馆与其他类型图书馆的关系,提出公共馆行政管理方面的建议。1959 年发表的该调查委员会的报告,即著名的罗伯特报告中提到：

教育部长应对公共图书馆的服务实行总监督。

教育部成立咨询机构，帮助教育部履行对公共馆所应负的法定责任。

每个公共馆都应承担法定的服务义务。

郡议会应设图书馆局，独立市议会也要设图书馆局。

馆员工资要与学历和承担的责任相称，要增加专业馆员的数量，特别是在参考与儿童服务中要增加专家的数量，要积极开展馆员的培训。

中央政府和各郡、市要为公共图书馆的建筑与设备提供资金。

在罗伯特报告发表之后，教育部成立了以包狄龙为首的委员会，研究罗伯特报告中可行的建议如何实施，特别是研究人口在四万以下的城市、区域的图书馆服务实施情况。报告发表于1962年，报告中的一些建议贯彻到立法和官方政策通告中。它所提出的图书馆服务标准主要在年采购量和设施方面，提出①每年应采购不少于2000册的成人读物（非小说），还要有300册左右的复本；②参考性文献每年采购要不少于300本；③每年要采购英文的成人小说3000册，儿童读物1500册，普通期刊50种以上，外文书至少100册；④保证每年有7200册外借书，保证每1000人要有250册书；⑤40%的馆员应该是专业馆员；⑥城市地区每人到图书馆的距离不能超过一英里；⑥在非城市地区的社区中心，如人口超过4000人，图书馆每星期开馆时间要多于30个小时，人口1000到4000的地区，开馆时间可为10—30小时，人口少于1000的地方提供流动图书馆服务，流动服务至少每两星期一次。1964年的《公共馆和博物馆法》接受了上述建议，并要求图书馆的管理由郡机关统一负责。

在这些报告的指导下，在贯彻1965年的图书馆法过程中，公共图书馆得到很大发展，在现有的107个行政区域中，有独立中心公共馆 166 所,各种公共馆数 15000 所,700 部汽车图书馆,每年外借量约九千万册,藏书 1.3 亿册,每年进书 1300 万册,人均图书保障率 2—3 册,全部工作人员 2.7 万人,其中 8100 人是专业馆员。全国用于公共图书馆的经费约 4 亿英镑,平均每个纳税人约 6 英镑。地方政府拨款占图书馆经费的 40—50%,地方政府用于公共图书馆的经费,一般占地方税收的 3% 左右。

管理公共图书馆事业的是教育与科学部的艺术与图书馆办公室(1969 年成立)。办公室设图书馆与科学情报处,具体负责公共馆方针政策与经费。科学管理局还设图书馆与科学情报委员会,由图书馆界、出版商和图书馆读者代表组成,共同研究图书馆事业的国内外政策问题,是一个顾问性质的机构,它不只关心公共图书馆事业,更关心整个图书馆事业所面临的问题。由于英国实行地方自治,中央政府对地方图书馆机构很难产生直接影响,但地方政府图书馆机构沿用了中央政府的建制,地方图书馆局归地方议会管,除苏格兰外,其他地区的图书馆局与教育局平级,这样方便了公共馆和中小学校之间的合作。地方图书馆建设所需的一些额外补助都由地方当局自行解决。

中央政府对图书馆资金的控制主要体现在控制基本建设投资上,每年这方面的经费约为 360—570 万英镑。60 年代以来,英国新建了 600—800 所公共图书馆新馆,基本解决了馆舍问题。伯明翰中心馆目前是欧洲最大的公共图书馆。1971 年以后,中央政府对图书馆建筑的控制有所放松,地方政府允许自行决定建筑的优先权,即可以把图书馆建筑放在优先考虑的项目里,也可以考虑其他建筑作为优先。这样带来了一个问题:地方政府因认为图书馆不是优先项目因而减少对图书馆的投资,致使许多图书馆建筑计划无法如期完成。另一方面,图书馆服务需要发展,以适应现代社会发展所提出的需求,虽然从总的数字看,图书馆经费增加了,但如考虑到通货膨胀,这种增加微乎其微,因此,公共馆服务发展和经费不足之间的矛盾越来越尖锐。

二　地方政府改组与公共馆的发展

英国地方政府改组是由伦敦地区开始的。根据 1963 年的"地方政府法",伦敦地区进行了地方政府改组(对行政区进行合并、重建、撤消等)。在改组过程中,伦敦地区图书馆地方行政单位从 69 个减少到 32 个,这种减少促进了伦敦地区图书馆自动化的合作。

1972 年公布的"其他地区地方政府法"于 1974 年生效,这意味着从此以后公共图书馆事务由地方当局负责,公共图书馆的地方性更强了。根据该项法令,公共图书馆系统进行了大调整,这一调整被认为是促进公共图书馆网络化的一个重要因素,它从根本上解决了体制问题。公共图书馆从 385 个减少到 117 个(独立行政单位,威尔士、英格兰),全国 500 多个独立公共馆减少合并为 166 个大型系统,这些新的图书馆机构服务人口范围从 10 万到 100 万不等,与此相应的是英国划为 47 个乡村郡,平均每郡人口为 60 万,伦敦以外的市政单位为 35 个,平均每市人口为 35 万,伦敦分成 32 个区,每区人口 25 万。

由于以前分散的乡村地区现在可以由郡议会统一管理,这样郡馆通过与郡中的独立市馆合作,让市馆充当地区的中心馆,如汉普郡的朴次茅斯市馆和南安普顿市馆,Avon 郡的布里斯托尔市馆等都是此类馆,这样历史上形成的城镇馆、乡村馆和郊区图书馆的分离就消除了,形成了郡公共馆网络(城乡图书馆相结合的网络)。

教育和科学部在地方政府改组期间一直致力于新政府所辖各图书馆间的合作。由于一些小市并入大市,形成了许多大都市,如伦敦、伯明翰、曼彻斯特、利兹等。原来这些市的图书馆都开展为本地区的参考服务,在教育科学部协同下,这些原有的参考服务与其他馆合作,形成了以网络为基础的资源丰富的参考服务体系。这些参考服务系统已经成为不列颠图书馆在各地区的网络节点。同时,不列颠图书馆承担起协调整个公共馆国家网络系统的任务。

目前英国公共图书馆事业基本上形成了网络化,服务工作深入到国土的各个角落。一个以市、郡图书馆为中心设总馆,下设分区(镇)中心馆组,再设分馆和汽车图书馆的网络形式已经形成。总馆负责统一管理,统一图书采编加工等项工作,分馆主要是办理阅览和外借等项服务工作。

但是这种网络的形成也经历了许多困难,有些问题目前仍然存在。这些困难和问题是:a. 图书馆合并,联网过程中藏书组织合理化问题,包括新的藏书体系和地区的合理藏书分布。这是由于原来各馆的藏书体系不一样以及网络化要求资源的合理分布。b. 专业馆员的重新训练和部署。原来的市政图书馆人员队伍中40%是资格馆员,这些资格馆员需要重新分派到新的图书馆系统中。新的图书馆系统专业馆员应占多少比例,计算机在图书馆的普遍应用中需要多少技术人员。c. 新的"大"的地方政府的形成削弱了馆长原有的地位,减少了公共馆的独立性。过去的地方管理是把权力分散到各委员会,各委员会再把权力交给各专门机构的负责人。而现在的地方政府采取了共同管理的方式、根据地区和人民的问题和需要决定政府的计划和行动。原来的图书馆局权力较大,现在的公共馆属地方政府中的闲暇委员会或教育委员会管,这些委员会往往认为公共馆是最不重要的事情。根据1975年图书馆协会的调查,大部分馆长没有参与地方政府的内阁,馆长要先向委员会报告,再由委员会向最高地方行政长官做汇报。馆长失去了与其他政府成员的联系。

总之,英国公共馆受国家管理体制变化的影响很大,如何确立公共馆在国家管理系统中的地位,如何协调公共馆与其他部门的联系,是新时期英国公共馆面临的最大问题,因为这直接影响到地方政府对公共馆的拨款。

三 服务

英国公共图书馆服务的总目标是给任何一个读者提供他们所要求的书和有关资料。图书馆不仅要提供图书,还要鼓励读者的阅读,公共图书馆不仅是地区的文化中心,还是情报中心,在服务工作上有几个特点:

1.树立"用户第一"的思想,图书馆的管理和服务从读者角度出发,专业馆员一般安排在阅览室工作。

2.科学的藏书管理,在经费紧张的情况下,要充分满足要求,就要加强藏书管理,剔除藏书是经常性的工作,藏书讲质量,讲利用率,而不讲数量。一些中小公共馆都是根据读者需求和流通率来配备藏书。

3.全面实行开架。大部分图书馆实现了书库和阅览室结合,为了搞好开架,管理人员及时整架,及时消除丢、乱、坏的问题。

4.实行免费服务。除了逾期、毁坏等罚款,外文资料租借外,其他服务都实行免费。虽然免费原则在 80 年代因经济原因有些人开始反对,认为使用图书也要收费,但公共馆界大部分人士仍坚持认为应该免费。

5.积极开展文化方面的服务工作。英国公共馆有为艺术服务的传统,许多公共馆出借绘画的原作品、复制品、平版印刷品以及雕刻版印成的图案等。同时还出借盒式录音带、音乐书籍、各种形式的有声资料,如诗歌、戏剧、音乐等。在为文化服务上,公共馆还举办文学讲座,放映电影,举办展览等。在许多县、镇、富裕的市郡,艺术中心是以图书馆为基础的。

6.为社区的教育、医疗以及其他福利机构提供必要的辅助服务。如参与成人教育计划,玛格丽特·沃利斯在其《英国广播教育和公共馆》一文中讲到,英国广播公司业余教育节目和公共图书馆之间的合作关系日益发展,图书馆成为广播公司业余教育的材料发送站,学习辅导站等。为医院病人提供流动图书,为盲人提供专门的阅览设施等是公共馆经常的服务。

7. 开展社区情报服务(或称大众情报服务),按照英国图书馆协会的定义,"大众情报服务可以规定为这样一种服务,它帮助个人或群体解决问题和参与民主的过程。服务的重点在于满足那些难以找到情报源的公民寻找情报和解决生活中遇到的最重要的问题。这些生活问题包括家庭问题、工作、个人权利问题等。这意味着这种服务要帮助人们,特别是社会经济地位较低的人能够顺利地解决日常生活中所面临的住房、家庭、个人事务、消费、财产、教育、福利等问题。"这种服务目前在英国方兴未艾。1974年4月英国柴郡公共馆开展这一服务。一年时间内,这类服务点就由12个增加到17个,参加这一情报网的图书馆达55个,服务人次从1974年到1979年由16.8万人增加到40万人。这类服务提供的主要是未经发表的情报,如地方政府的内部报告等。英国图书馆协会现正积极努力,使这一服务能得到国家的认可和推动。

8. 参考和咨询服务的主动提供。它包括接受电话和信件咨询,提供科技情报线索等。不仅解答日常生活咨询,而且密切配合地方特点提供生产、科研和地方历史方面的文献咨询。在伦敦,为工商业以及地方领导机构的人员提供资料是经常性的活动。

9. 服务自动化。由于公共馆利用率很高,迫切需要自动化,因此英国公共馆的自动化进展比高校图书馆还快,公共馆流通系统已经普遍实行计算机管理,大大提高了流通工作的服务质量。从流通系统入手逐渐实现了书目工作自动化,缩微书目已取代了传统的卡片目录,联机检索不仅能提供题录检索,还可提供文摘与原件。

总的来讲,英国公共馆服务水平较高。乡镇公共馆的建筑一般都有二层,有单独的儿童服务区,藏书有1万到2万册,还配备必要的学习设备和参考馆藏。馆舍里尽可能留出展览厅,更现代化的公共图书馆里还有会议厅,用以开展文化、教育、儿童故事会等活动。中心公共馆都有参考部,大多有地方特藏(地方历史文献),有的馆还有小剧院。公共馆一般不按学科分部门,而是按功能来分部门,即:借阅、参考、采编等部。藏书内容除了通俗读物外,即使是小馆也有一定学科专藏以及一些大馆所没有的非小说资料。英国公共馆的用户的特征是:社会地位较高、年轻、社会活动活跃、并且关心社会、职业等级较高。从分布看,公共馆的经常读者只占中心人口群(指一馆周围的人口)的30%,加上间接读者,偶尔来馆的读者,该比率升为70—80%,在调查中发现公共馆的参考服务为用户所喜爱,大量的参考书用于技术和商业方面,几乎所有的用户都使用参考服务,但只有10%的用户是出于研究目的利用参考书,大部分用户需要的是事实性情报。公共馆最大的用户群是学生,他们利用图书馆一是获得学习资料,二是求得安静的学习环境。从评价看,大约60%的用户认为图书馆的服务是成功的。从用户调查结果看,公共馆已经吸收了大量读者,但仍有大量的潜在用户有待转变为现实用户。

四　今后面临的问题

公共图书馆通过其藏书和广泛的服务已经获得了大量的读者,特别是得到中产阶级的支持,目前它在社会发展中仍然占有强有力的地位。目前的问题是如何在今后的岁月里进一步加强这种地位。要巩固这种地位需解决如下几个问题。

1. 公共馆是文化中心还是情报中心? 随着计算机的普遍使用,各种数据库的建立,提供检索和有针对性的文献似乎是理所当然的。为少数群体、为残疾人、病人、犯人提供义务服务,为社区提供人们交往的场所,举办展览,艺术讲座、放电影,提高人们文化素养似乎也是一件很必要的事情。向情报中心发展费用较节省,但存在着其他情报机构的挑战。向文化中心发展,费用难解决,但社会效果好。从目前的争论看,趋向于重点成为文化中心,适当开展一点情报服务。理由是:

(1)公共馆的经济情况在未来并未太暗淡。虽然1976—1980年基本建设资金从1300万镑下降到200万镑,但日常开支都有所增加,公共馆内尚有"内涵"可挖。

(2)大众情报服务的开展,证明少花钱也能办大事。

(3)公共馆由于实现网络化,能得到其他图书馆系统的支持。

(4)随着高技术的发展,社会的电子化,社会数据库的增加,公共图书馆竞争不过社会上的文献机构、情报中心,但它对社会的教育和闲暇活动有着重要的促进作用。

(5)公共馆满足的咨询要求,主要是日常生活需求,人们的日常情报需求还没有专门机构来满足,公共馆通过参与社区的活动(通过文化服务)将能在解决社区居民日常情报需求方面起重要的作用。

2.收费问题。从图书馆角度讲,收费有助于经济管理。但从社会角度讲,收费违背图书馆的原则。要不要收费,如果收,收多少才能平衡图书馆需要和用户需要的矛盾,特别是在80年代,图书馆普遍使用微机以后,考虑到电子计算机保管维修费以及联机检索费用,图书馆可能不得不向用户收费,上述矛盾将更为尖锐。

3.新的经济条件下的管理问题。经费缩减,将造成人员不足,藏书经费不足。如何根据需求配置藏书,如何解决剔除问题,采购如何少花钱多进书(如开拓交换、捐赠渠道)。开馆时间如何合理安排。如把服务集中在高峰时间。是否既可提高质量又可减少馆员。如何提高馆员质量。如何合理划分职称等级,保障工资与地位相称,不影响人员积极性。如何利用自愿来馆服务的人员,如利用退休人员,进行儿童服务工作有哪些可行之办法。

英国公共图书馆事业在基本解决馆舍、网络化、自动化问题后,在新的形势下又面临新的问题,这些问题如何解决,人们正拭目以待。

肆 专业图书馆

英国专业图书馆包括政府部门图书馆、学术团体和专业组织图书馆、工商业和研究所图书馆以及其他类型专业图书馆。下面分别予以介绍。

一 政府各部图书馆

政府图书馆是为政府各部门的职员服务的。1949 年根据一项法令,要求政府图书馆也要有资格馆员。现有机构 638 个,专职工作人员 2458 人。和工业图书馆一样,政府图书馆也注重合作,如 INTERLIB 是伦敦各政府部门图书馆间的计算机编目服务网。

政府图书馆的馆员属公务员,政府部门周期性的变换、扩大和分散,对政府图书馆的服务虽无影响,但对图书馆的存亡却有关系。如价格委员会,以及价格与消费者事务部于 1977 年取消后,其图书馆就不复存在了。政府图书馆除了提供本部门人员所需的与部门事务有关的阅读材料外,还要提供必要的决策情报,一般都提供联机检索服务,回答咨询问题。有的政府图书馆也为社会服务。如议会图书馆要回答公众关于英国政府工作、会议和历史方面的问题。在人员方面,由于政府已经冻结公务员的招募,因而政府部门图书馆的馆员减少,服务时间也相应缩短。有的部门开始雇佣学生来工作。由于经费原因,政府部门图书馆不可能扩大服务,而主要是巩固原有的资源。政府图书馆很注重合作,正式合作是通过部门图书馆委员会(CDL)来协调的,该委员会由 20 个主要政府部门图书馆的馆长组成。该委员会负责促进馆际互借、划分服务范围等。CDL还于1976年建立了一个翻译分委员会,帮助政府图书馆更好地开展翻译工作。另一个鼓励政府图书馆合作的组织,是图书馆协会下的政府图书馆工作小组。它支持和鼓励政府馆间的馆际互借和计算机联网。英国政府图书馆也积极参预国际图书馆活动。如下议院图书馆是 IFLA 议会图书馆组的成员,也是欧洲研究与文献中心的成员。外贸部图书馆是非洲图书馆资料常务委员会成员。政府图书馆利用计算机生产目录始于1976年。民政部、海关和税务部、工业部和财产服务署联合生产缩微目录。后来有更多的馆加入该系统,组成了 Interlib II joined blaise – locas (部门图书馆委员会与 Blaise 联接的馆际 II 系统)。CDL 成立了一个管理委员会,专门监督该系统的情况。目前政府图书馆使用计算机进行流通、编目、检索以及处理一些内部事务。许多政府馆都与欧洲一些大数据库联机。缩微阅读机在许多政府馆都能找到。政府馆藏有很多档案性材料,如何发挥这些材料的作用仍有不少问题,如书目标准等。

二 学术与专业团体图书馆

学术团体和专业组织在英国的历史很长,相关的图书馆历史也较悠久,许多馆有非常珍贵的藏书。如动物学会图书馆的专业藏书居全国最前列。皇家建筑研究所图书馆藏有 Pulladi Robert Adam 的建筑论文和构图,世界各国学者都慕名而来。学术团体和专业组织图书馆有 200 多个,工作人员不下 1000 名。学术团体往往无法独立维持自己图书馆,常常与某个机构合作,把图书馆委托某个机构代管。如计算机协会图书馆放在电子工程研究所,图书馆协会图书馆放在不列颠图书馆参考部。

学术和专业团体的图书馆主要是满足本机构成员的需要。目前这类图书馆是图协重点扶持对象之一。因为它们的藏书是不可缺少的资源 图协想让它们尽量发挥作用。如社会科学研究委员会、不列颠学术和皇家学会等单位的图书馆都是被扶持的对象。社会科学的研究团体在英国发展很快，但图书馆却没有得到保障。据社会科学研究会的调查，在23个社会科学协会中，有图书馆的只有9个。协会中的人大多不关心图书馆事务。自然科学学术团体图书馆的状况较好些。但整个学术团体图书馆的状况并不乐观。

1975年皇家学会和英国学术联合会，调查了300多个专业团体和学术组织的图书馆，发现许多专业团体和学术组织图书馆购书经费紧张，旧书无法修补，不能提供准确的情报服务，甚至连举办展览的钱都没有。在收回的218个学术团体的回答中，177个有图书馆，馆藏1000—10万册不等。由于经费问题，许多学术团体图书馆把珍贵手稿卖掉，有的干脆把全部藏书都卖掉。如皇家亚细亚协会把14世纪波斯手稿珍本卖出，价值达£50000。1979年历史协会把自1972年以来收集的所有馆藏卖掉。皇家人类协会的6万册研究性藏书于1971年归入不列颠图书馆。有的协会解决经费困难的途径是与其他图书馆联合，如化学协会与皇家化学研究所合并成立皇家化学协会，它们的图书馆成为新机构的一部分。有的协会馆向基金会和不列颠图书馆申请经费，但这部分经费主要用于藏书保护方面。

学术团体图书馆是除工业图书馆外的第二大书目生产者。它们在学科书目服务方面极其活跃，建筑学会图书馆有《建筑期刊索引》，皇家地理学会图书馆有《新地理文献和地图》，人类学会有《人类学索引》，皇家国际事务研究所有国际事务方面的《期刊索引》。这些索引很著名。大多数书目服务已计算机化。如皇家化学协会图书馆可与20个大数据库联机，其中包括美国化学文摘社的 Chemline/Toxline。学会馆之间的合作，由学术团体联合办公室协调。1976年图协设有专业和学术团体图书馆工作小组。不列颠图书馆咨询委员会中有学术团体图书馆的成员。

三 工商业和研究图书馆

工商业和研究图书馆,是随着工业和经济的繁荣而产生的,50年代后得到迅速发展。这一类型图书馆是英国情报管理协会(Aslib)的重要成员。工商业对情报的需求越来越大,Aslib 积极参预工商业图书馆的发展,建立培训课程,发展工商业图书馆的情报活动。工商业图书馆的发展是趋向于合并。据 Itarry East 的文章,1972—1981 年,工商业图书馆数量的变化是 −26%,工作人员数量变化是 −14%。为了避免重复劳动,工商业图书馆非常依赖于合作系统。如 CICRIS(西伦敦商业和技术图书馆服务)、HERTIS(以哈特菲尔德多科技术大学为中心的一个服务网)等都是著名的合作系统,工商业图书馆机构数量 1981 年为 880 个,工作人员 2898 人。

工业和商业图书馆的特点是其情报功能的强化。这类图书馆的馆员队伍中,充满了情报科学家、图书馆学家、计算机程序专家,通信管理专家,这些来自不同职业的"馆员"相互合作,促进了工商业图书馆服务的情报化。70 年代末,工商业图书馆已全部实现联机服务。常用的联机数据库有 SDC(ORBIT),Lockheed(DIALOG)ESA 以及 EURONE。工业馆根据检索到的信息出版的《近期通报》受到广泛的欢迎。工业馆在计算机方面,目前已用 Viewdata 系统代替了传统的指南和参考书。现在的困难是,情报人员没有时间去掌握更复杂的技术,因此在更新技术过程中,就需要咨询人员,这类人员就是情报经济商和咨询员。商业和技术情报问题在工业发达的社会里已越来越重要,如何使这些情报有序化,已是人们共同关心的问题。工业图书馆情报服务的发展,改变了传统的图书馆员的功能,图书馆协会工业小组(LAIG)于 1971 年成立,积极探索情报合作和情报技术,该组织发展迅速,1972 年只有 250 个成员,1976 年增加到 1180 个。该组织的存在,促进了情报服务的合作以及加强了对专业图书馆馆员的培训。

四　其他类型专业图书馆

其他类型专业图书馆,包括医院图书馆、音乐图书馆、为工业服务的情报资料机构。其中音乐图书馆有些特色,它们编乐谱目录,参加国际音乐图书馆协会。

五　专业图书馆的特点

专业图书馆是图书馆系统中的新军,英国最早的工业图书馆要算 1824 年成立的机械研究所图书馆。其大部分藏书是关于工业技术方面的,为工人提供教育和精神方面的食粮,它可算作现代工业图书馆的雏形。政府图书馆最早的例子可以举 1780 年就有的外交部图书馆。1843 年贸易部也有了图书馆和图书馆员。但真正的专业图书馆事业,是在二次大战以后。许多新型的专业图书馆服务也是在此之后发展起来的。专业图书馆发展的最初原因是解决科学、技术、统计、商业知识等方面的出版物大量增加所引起的种种问题。技术迅速发展带来的工业革命需要信息的迅速获得。这方面的需要是原先的图书馆所无法满足的。特别是工业竞争以及"保密"等方面的因素,工业图书馆需要"私有化"。战后政府出版物的重要,使政府图书馆在专业图书馆事业中必不可少。

专业图书馆的一个特点是馆员专业化。有时科学家都在工业馆里担任馆员,科学家的创造力,开辟了专业图书馆崭新的服务领域。因为传统的图书馆学并没有告知如何对期刊、小册子、报告、标准、样品等进行书目控制,也没有告知如何分析情报内容。而分析情报内容是专业馆的馆员适应了新的要求,开辟了新的服务领域。馆员的专业化,产生了一个争论,即学科知识重要还是图书馆知识重要的问题。现在看来,两方面知识都是专业馆员所必不可少的。

专业馆一开始规模都较小,它集中了一批专家,他们不懂分类,但发展了新的标引原则和词汇控制技术,这样在专业馆中就产生了倒排索引和各种词表。

在专业图书馆中除了需要馆员的创造力外,还需要馆员与用户的密切合作。因为用户和馆员都是同一组织的成员,要使输入最小,输出最大,两者之间必须有一个最佳关系。在这方面,专业馆员比一般馆员更懂数学,懂得研究系统的效益。

专业馆的再一个特点是它更容易受经济因素的影响。以前的公司和厂家比较注视基础研究,而现在的主要目标是钱。在产品设计上玩花样,而不要长期研究计划。如需要重大研究成果,它们往往出钱买专利,或把某个有发明的公司买下。因此,大公司往往不需要搞专门的研究资料,只是那些需要创造新产品才能扩大的小公司愿意有自己的图书馆,但图书馆需要一定的规模和资金才能成立,小公司又往往无力承担。这样,近几年来,工业图书馆的服务数已经在大量减少,因为给图书馆的经费大大减少了。经费减少的原因还可归结为大量的公司和厂家把服务费用到销售方面,尽管有人说图书馆是多么重要,但没有人相信。目前情报管理学会开始转向"小公司问题",小公司为英国生产了大量产品,但信息不灵,创造发明有困难,它们迫切需要图书馆,预计今后小公司的图书馆数会上升。

专业馆情报服务的相关性也可算做一个特点。服务需要根据提问者的能力、环境以及情报来源决定最佳提供。馆员和用户之间的关系良好,才能保证情报提供的相关。换句话说,应该以用户可理解的方式提供情报。由于要求服务的相关性,在应用计算机方面产生了困难,专业图书馆已经利用计算机来处理日常工作,标引文献让用户使用。目前专业馆计算机最主要的应用在生产文摘、索引,进行 SDI 服务。据调查,商业图书馆出版的科技文摘占已出版文摘总数的 53%,学会、专业团体占 20%,政府图书馆占到

9%,但是专业馆的实际情况是大量的工作需要馆员的创造力以及馆员和用户之间的合作。这些关系无法由计算机来代替,所以,计算机在专业馆只能是辅助工具。

专业图书馆领域比起其他领域来,应该说研究面广,研究课题精深,在理论方面很注重数学、布尔代数、概率论、统计的应用。情报检索过程最优化,查全率、查准率相互关系,文献分布、文献老化都是在专业馆领域里发展起来的。专业馆的研究导致了英国情报学研究的三大领域,即:情报检索技术的评介和计算机语言应用于情报系统,统计及有关技术应用于自动分类,情报机构管理问题(藏书服务、人员等方面的管理)。专业图书馆研究结果,可在"Aslib Proceeding","The Journal of Documentation","Library Association Record","Journal of Librarianship","Library World","Librarian and Bookworld"上找到。美国的许多杂志也发表英国专业图书馆的研究文章。

英国专业图书馆正向着情报化方向发展。在发展过程中,专业图书馆将面临着人员知识结构更新、管理体系改革、情报检索过程优化、情报市场开拓等等一系列需要解决的问题。

伍　图书馆学教育

图书馆学教育在英国起步较早,现已发展成为专业教育和职业培训相互结合的图书馆学人才培养体系。和美国一样,图书馆学协会在图书馆学教育发展中起着非常重要的作用。它审定教学大纲,承认教学单位的权威性,并把图书馆学教育发展与图书馆事业的专业化过程紧密结合起来。不过这也导致了图书馆学教育偏技术、轻理论的倾向,以至在当今瞬息万变的社会中图书馆学教育正面临着危机。

一　英国图书馆学教育的发展

图书馆学教育在英国有较久的传统。图书馆协会在 1885 年就举行了第一次考试,通过者获得专业馆员资格。1893 年 7 月在伦敦举办了第一次暑期图书馆讲习班,为期 3 天,参加者有 45 人,课程内容包括讲课、示范和参观图书馆、印刷厂和图书装订工作。1894 年 6 月举办了第二期,参加者达 67 人,为期 4 天。同年图书馆协会规定,参加者有三门毕业考试课程:书目学和文学史,编目、分类和排架,图书馆管理。此后 3 年内又举办了同样的暑期班,但参加人数已开始下降。真正的专业考试是 1904 年的考试,主要对象是公共图书馆员,考生至少要在图书馆实践三年,共考六门课。这种考试制度一直延续到 30 年代。

第一所图书馆学校是于 1919 年在伦敦大学设立的。这所学校直到 1946 年才成为全日制学校。根据政府计划,在图协推动下,当时还开办了 5 所图书馆学校。与此同时,图协提出了一个适合于全日制培训要求的教学大纲。但是在这些学校中,业余教育的课程依然存在。直到 1964 年,重新制订的专业教育和培训的教学大纲成为一种规范。1964 年教学大纲的改革,产生了一个两年制课程,通过期终考试就可获得准会员(ALA)资格,再撰写一篇论文就可成为正式会员(FLA)。这一年还在大学、学院、多科技术大学建立了新的图书馆学校,女王大学的图书馆学校就是在这一年建立的。同时,阿里斯特威里开办了威尔士图书馆学院,还成立了国家学位授予委员会。于是那些"非大学"的高等教育机构也得以授予学位,而大多数图书馆学校正是设在学院、多科技术大学等"非大学"的院校之中。从 1964 年起,图书馆学有了研究生课程。设菲尔德大学图书馆学研究生院这一年接收了第一批学生。

目前,在英国有 17 所图书馆与情报学院。4 所在伦敦,2 所在拉夫巴勒,11 所分布在伯明翰等 11 个城市。如果算上都柏林大学学院的图书馆和情报研究部,共是 18 所。这些学校都是英国图书馆和情报研究学校协会的成员。他们有各自不同的教学大纲和课程,都是各校自己创造的成果。这些教学大纲和课程的发展,已超出了原来图协教学大纲的范围。各校还积极开展重要的学术研究,这不仅对图书馆和情报工作的业务实践产生影响,也推动了各学院的教学工作。

二 英国图书馆学教育学制

图书馆学教育的层次和英国大学教育层次是一致的。自 1964 年以来,图协要求进入图书馆学校与进入大学要具有相同的资格。入学后的学习,一般也分三个阶段。本科阶段学生专心学习一门或几门科目,通过学习取得学士学位即初级学位。在大学里有 3 年学位或 4 年学位之分,国家学位授予委员会一般把 3 年学位称为普通学位,4 年学位称为荣誉学位*。大多数学生学的是荣誉学位。因为普通学位只是安慰性的。威尔士大学授予图书馆学士学位(BLIS),贝尔法斯特和拉夫巴勒授予图书馆学学士学位(BLS),其他学校可获得理学士(BSC)学位。图协还有一个两年制课程,学完该课程的获"高教证书"(DIPHE),但这种资格的授予,已于 1925 年结束了。

第二阶段的学习是对知识更深入的钻研,学习更专门化。通过这个阶段的学习,学生将取得硕士学位。根据科目不同,一般学习 1—2 年或更多的年限。关于研究生资格的授予,各图书馆学校有不同做法。设菲尔德大学授予 3 个不同等级的文科硕士(MA)或理科硕士(MSC)学位。这三个等级是:初级资格,通过课程学习和毕业论文获得的学位和全部靠论文获得的学位。伦敦大学、

---

  * 荣誉学位较普通学位水平高,经常包括一门主科和一门副科的学习,荣誉学位也分等级。

都柏林大学学院、贝尔法斯特和拉夫巴勒都授予研究生证书,以它为基础就可以进一步取得硕士学位。例如伦敦大学可进一步授予文科硕士,贝尔法斯特和拉夫巴勒授予图书馆学硕士(MLS),都柏林授予图书馆学硕士(MLIS),威尔士大学可授予研究生证书。在威尔士大学还可通过一份论文或通过上课和写毕业论文获得图书馆学硕士学位。利兹技术大学、曼彻斯特技术大学和北伦敦技术大学都可通过听课获得文科硕士学位。这些学位由国家学位授予委员会授予,但课程则由各学校开设。各图书馆学校授予的硕士学位是同等级的。设菲尔德的文科硕士学位相当于贝尔法斯特女王大学和斯特拉斯克莱德大学的文学硕士,也相当于伦敦和拉夫巴勒大学以及国家学位授予委员会的哲学硕士(Mphil)学位和威尔士的图书馆学硕士学位。

第三阶段学习,专门化课程更深,而且要进行科学研究。经过两年或更多的时间,写出哲学博士论文,取得哲学博士学位。伦敦、拉夫巴勒、斯特拉斯克莱德和国家学位授予委员会都能授博士学位。博士学位凭论文和答辩的成绩,没有必修课。所以学完研究生课程,取得硕士学位后,通过专门研究,可望获得博士学位。许多著名的图书馆员已经获得博士学位。但专门攻读博士学位的人不多;主要是对实际工作影响不大。更高级的博士学位(文学博士、理科博士)目前还未有人申请。综上所述,将英国图书馆学学位列表如下:

phD	哲学博士
Mphil	哲学硕士
MA	文科硕士
MSC	理科硕士
MLIS	图书馆学情报学硕士
MLS	图书馆学硕士
Postgraduate Diplomas	研究生证书

学士学位　　　　　　　　　　（BA、Bsc、BLS、BLib）

图书馆协会两年制课程（DIPHE　高教证书）

为获得上述学位（除博士外）而提供的各种课程,有如下几种方式:作为联合荣誉教程中的一个科目（威尔士）;作为荣誉学位或通过考试及格学位中的一个主要或次要学科（斯特拉斯克莱德）;作为荣誉学位中的主要科目,附有辅助课程（北伦敦工业学院）;作为荣誉学位或一般学位中附带有次要科目的主要科目,次要科目包括各种学科的学习。也就是说,在获得图书馆学位的毕业生中,有把图书馆学作为主修,也有作为副修的。学位的授予有的是由大学直接授予所规定的学位,有的则由全国学位授予委员会授予。

三　课程设置与教学方法

英国图书馆学校很重视实践和学生实际工作能力的培养。如拉夫巴勒和设菲尔德大学的图书馆学校,要求学生在 4 年（或 3 年）的学习期间,必须有 12 周的实习。学校有设备齐全的实验室。并且规定,学生考试成绩占 60%,平时作业与实习占 40%。课程的重点放在培养解决问题的能力,而不仅是学得现成的知识。学习图书馆学的学生有多种选择:可以选择大学或理工学院的图书馆学校;可以选择入学资格要求较高的系或要求较低一些的系;可以选择不同课程,3 年或 4 年正规课程,"夹心"课程（4 年、第 3 年在伯明翰或拉夫巴勒的一个图书馆中进行）,进修课主要为从事实际工作的人提供的。

学生入学后,可以先学 2 年,工作一段时间以后再回来学。对于所学的各门课程,还可进一步选择。例如在阿伯里斯威思,第一年要完成 3 门课程,其中第 3 门课可以选择;第二年可以从 20 多门课中选择一门图书馆学研究方面的课程;第 3 年,除了写一篇论文外,学生还可以选择高级分类与编目或情报存储与检索。在拉夫巴勒,学生可以在头两年选学各种课程,从通信技术到英语,从体育到亚洲研究等等。研究生也有许多选择,他们可以选修图书馆学的文科硕士课程、社会科学硕士课程、设菲尔德或伦敦市立大学的情报科学的理科硕士课程。

英国图书馆学校还非常注意提供相应课程,以满足非大学毕业的特许馆员获得毕业生地位的需要。这一做法受到 CNAA 的图书馆事业委员会的鼓励。未来专业资格工作组的报告已经强调了继续教育和发展专业馆员的重要性,虽然图书馆学会最终拒绝了从事图书馆学专业工作的人必须具有大学毕业资格这一建议,但这一建议的提出,使许多在实际工作岗位中的馆员急于获得大学毕业文凭。因此通过进修以获得大学毕业资格的继续教育计划已获得广泛的支持。利兹于 1973 年设立的非全日制学校,许多图书馆学校纷纷仿效。这些学校的非全日制的课程和教学方法,已形成统一的体系。现在北伦敦技术大学、拉夫巴勒技术大学、斯特拉斯克莱德大学、女王大学、威尔士大学的图书馆、档案和情报研究学校都提供了这类课程。在研究课程方面,也有全日制和非全日制之别。这种多样化的教育形式,使得英国图书馆学校拥有大量的生源,满足了不同的需要。

四 图书馆学会和图书馆学教育

在英国,图书馆事业首先是作为一个行业,而不是作为一门学科而发展着。图书馆学教育的目标是培养适用的图书馆工作人员。英国图书馆学教育多层次、多形式地发展着。而主导这一发展的是英国图书馆学会。

英国图书馆的专业教育,是在图书馆协会的积极赞助下发展起来的。虽然许多机构各自负责培训,但课程是由图协审核认准,图协还负责对特许馆员(charted librarian)的审批。至于情报学方面,情报科学家协会只为那些在专业图书馆和文献中心工作的人员提供资格标准,而在专业教育方面,英国的图书馆学与情报学教育并无专业的差异,只是侧重点不同。

随着图书馆学校的发展和完善,那些自费的图书馆学校只根据图协提出的教育计划授课,而对由图协监考不感兴趣,因而图协已把考试监督权交给各学校,自身则更多地注意馆员资格的审核和继续教育问题。许多图书馆学校的课程逐渐被全国学位授予委员会所承认,成绩优秀的毕业生获得了该委员会授予的学位。近几年来,图书馆学校着重对课程大纲重新设计,因为随着越来越多的情报专家进入图书馆市场,现代技术和情报学课程必须列入大纲之中。在80年代初,最有影响的要算"未来专业资格工作小组报告"以及该报告在经济危机情况下的实施。1975年,图书馆学会委员会建立了一个新的工作小组。该委员会提出了如下建议:

1.图书馆协会应该形成一个确定的教育方针,该方针有助于"生产"即培养出这样的人才,而开展20世纪下半世纪社会所要求的图书馆和情报服务。

2.图书馆协会应该继续与那些有共同兴趣的组织保持最亲密的合作。

3.1981年以后,获得协会专业成员资格的人,都必须是研究生毕业。

4.1981年以后,图书馆协会专业成员结构分为:〔FLA(Fellow)〕正式会员;5年以上的准会员;准会员〔ALA(associate)〕;3年以上许可会员(LLA Licentiate),并完成专业报告和通过专业面试;准会员和正式会员又称为特许馆员(Chartered Librarian)。准会员和正式会员之下是许可会员。图书馆学本科或研究生毕业后,在学会认可的服务单位工作一年后可获得以上资格。在图书馆工作中,这三级成员处于三个不同的层次。

5.要求培训工作小组起草一个培训计划模本,使那些负责监督"试习期"工作人员的馆员有所遵循。

6. 正式会员应该得到最高报酬。

7. 获得正式会员的途径应该更多样化。

8. 相应于学会会员结构的引入，也要逐渐引入图书馆助理员分级系统。

9. 图书馆协会应建立一个常设委员会，委员会成员要求来自"专业发展和教育委员会"，英国图书馆和情报学校协会（AB-LISS），以及其他一体化组织。委员会应在学校和其他专业人员之间组织交流，特别是教学内容方面的交流中，发挥交流点的作用。

10. 自1981年以后，所有从事图书馆职业的人员，都必须全日制图书馆学校毕业，或是受过"成熟注册计划"的培训。

11. 图书馆协会要取消外部考试，把自己的责任放在"批准"上（从此以后，图书馆学校给予的学位和全国学位授予委员会的学位得到承认，并登入特许图书馆员名册）。

12. "成熟注册计划"要继续修订。

13. 在上学前最好具有图书馆工作经验，所有学生在进行最后考试之前，必须经过实践训练。

14. 图书馆协会无论是否给予学位资格，都要全面支持继续教育。

15. 图书馆协会要提供并协调短期课程，短期课程活动应得到"专业发展和教育委员会"的指导。

16. 图书馆协会应予声明，表示坚信继续教育和专业馆员发展的重要性，把教育和培训看成一个人的终生大事。

17. 成立一个委员会，决定如何实施上述建议，并起草文件给全体成员传阅。

1977年5月2日图书馆协会理事会专门开会讨论这个报告，会上争论激烈，最后责成"实施委员会"根据上述建议制订具体方案。在后来的会议上（AGM会上）又提出一个建议，即从事图书馆职业者不一定要求完全是毕业生（大学或研究生水平）。实施委员会的最终报告是在考虑了多种意见后写成的。该报告由专业发展和教育委员会审阅后,提交图书馆协会理事会。该报告的主要建议是:

1. 在决定图书馆工作证书(Certificate)分级时,鉴于协会成员的不同意见,应该慎重处理。

2. 完成一年的图书馆学、情报学课程学习后,经过一年有监导的实习,可以申请图书馆学会的资格会员。一年的实习期,是教育和培训相结合的一年,因此是很重要的。

3. 准会员的申请。为了成为特许馆员,在完成三年图书馆工作后,可自费写一篇工作报告交给学会。这必须是工作报告,而不是倾诉感情,字数不超过 4000 字。申请者的报告要严格保密,不能给所在馆的馆长或其他馆员看(这些人是申请者工作期间的监导者)。PDE 委员会组织一个评审小组(由有经验的馆员组成),进行审查,要求馆员或馆长证实申请者报告中所述的事实。

4. 成熟注册计划。成熟注册评审小组的成员仍然要求为那些成熟的毕业生提供成为特许馆员的便利。

5. 成为正式会员的新手续。a. 成立一个会员资格委员会代替原来的高级研究委员会,处理会员资格申请过程中的一应事务(不包括名誉会员资格的事宜)。b. 允许准会员申述自己的专业成就(体现对图书馆事业的实质性贡献)。c. 准会员可以提交已发表的著作,特别是那些表明原始思想的著作。d. 除了以上手续外,会员资格委员会有权力安排面晤,由委员会成员组成面谈小组,对申请者做深入细致的考查。

6. 实践馆员和图书馆学校常设委员会。这一委员会作为教学人员和实践人员的交流点,讨论课程内容、实习、招募、"夹心"课程、培训计划等问题。

为了帮助实施委员会的工作,还成立了图书馆工作证书工作小组、培训工作小组、进修委员会、成熟登记小组等等。并相应建立了一个图书馆等级和工资(LEGS)小组,考虑实施上述报告所关系到的工资问题。

由上可见,图书馆学会在专业教育和毕业生就业方面所起的作用有多么重要。英国的图书馆学教育正伴随着图书馆事业的发展而发展着。

五 当前面临的问题

课程更新问题是英国图书馆学教育的核心问题。图书馆学校自从摆脱图协教学大纲而自行办学以来,就一直在对课程大纲的设置问题进行着争论。目前这个问题仍未解决。不列颠图书馆资助北伦敦技术大学(PNL)进行一项课程设置的研究,并且多次开设了课程设置研究班。有人批评"核心"课程一直着重索引、目录管理等技术性问题,而不是把重点放在应用和技术方法的关系上。北伦敦技术大学已经开始探索把课程重点放在用户需求以及需求与图书馆情报工作的关系上。关于"核心"课程的成分,有人主张"情报"课多一些,有人则主张管理和书目课应该加强,莫衷一是。

总的来说,进入80年代后,英国图书馆学校的课程设置,受到来自三方面的压力。

经济压力。政府开支的减少直接影响着大部分图书馆的经费,图书馆被减缩开支的机会总是胜过其他社会部门,从而造成馆员失业,或找不到与其学历相称的工作。根据1985年的一个调查,只有55%的图书馆学校毕业生在6个月内找到与其学历相称的工作。在持有图书馆员证书的人们中,有15%没有工作。发生这种状况的原因是不是图书馆学校教学内容不能使学生适应社会经济条件的变化?因而需要对课程重新考虑。经费的减少,也影响着图书馆学校本身的生存,许多人士提出:英国目前共有17所图书馆学校(不包括爱尔兰共和国的那一所),是否太多?如果这些学校的课程相同,这么多学校是否重复多余?政府已成立专门小组检查图书馆学校的课程设置、教学方法、未来规划。

职业危机。职业危机最直接的体现是图书馆学校的学生数正在下降。详见下表：

年　份	学生人数	百分比
1977—1978	1393	100%
1978—1979	1230	88.30 %
1979—1980	1258	90.31%
1980—1981	1166	83%

在校学生数1981年比1977—1978年度下降了17%，同时，学生质量也在下降。另外，图书馆职业正处于认识危机中。馆员不知其职业的实质，不知图书馆是否是一个独立的职业，它是情报职业的一部分，抑或情报职业是它的一部分。有人怀疑，随着情报技术的广泛应用，图书馆是否还会生存。可以肯定的是，图书馆中有关情报工作的那些职位，将受到非图书馆职业工作者的挑战，只要那些人有才能，懂得计算机。这种情况已促使图书馆学校考虑在课程中加入情报技术的内容。实际上许多学校已经这样做了，并且比重越来越大。如拉夫巴勒技术大学的图书馆学校，为一年级开设的六门课中就有五门情报学课程。如《文明·图书馆与情报环境》、《情报管理》、《计算机实践》等。图书馆和情报服务委员会甚至提出把图书馆学校、通信学校、媒介学校合并起来，形成情报管理学校。

教育的压力。职业危机已促使图书馆学校在课程中增加情报学、情报技术的内容。遗憾的是，加入一门新的科目容易，扔掉一门旧的科目却难。因为教师不愿意减少自己的课程。这就造成学生的必修课过多，负担过重。另外，教授情报学和情报技术有许多教学方法上的困难。因此需要研究在课程大纲中增加什么样的"情报课"，对学生最有帮助。

鉴于上述危机，关于课程设置要考虑如下几个问题：

1. 情报侵入。在图书馆学课程中,情报学应占什么样的地位?人们不仅要关心情报学和情报技术方面的知识,更重要的是要在情报侵入的情况下,授给学生以不同的基本技能,更新学生对图书馆职业的基本认识。图书馆学教育界和实际工作的人士都认为,情报领域的教育从广义上看,必须设想是一个整体,即图书馆学和情报学最好合起来讲,不要把两者分开。具体做法是,在教学大纲中,合理安排情报学课程;开设包含图书馆学和情报学的综合性课程。如情报社会学课程对图书馆员和情报科学工作者是同等重要的。目前在情报学课程中,大量的还是情报技术课,特别是计算机方面的课程。早在1972年,威尔士的图书馆学院就让学生学习联机书目检索,不列颠图书馆支持10所图书馆学校制订书目检索利用的教学大纲,学校还积极鼓励学生学习联机检索"计算机语言"、"计算机终端使用"等课程已列入图书馆学校的教学之中。综合性课程主要是让学生了解图书馆与情报、情报与社会等方面的关系,树立对图书馆职业的正确态度,为适应社会变化做好思想准备。如女王大学图书馆为情报研究系本科生开出两门必修的情报基础课:第一门课是"情报系统与环境",使学生了解情报与现代社会、交流与情报、情报技术发展与社会后果,以及图书馆在情报社会中的作用等。第二门课是"交流与情报技能",使学生懂得在现代社会中如何获得和使用情报交流能力。

2. 教育与培训。这两者有区分,但不能完全分开。随着教育的发展,更加重视理论、基本知识和基本技能方面,因而专业培训将变得日益重要。为此,图协提出了许多原则以及培训的要求。图书馆学会于1975年成立了培训工作小组,考虑制订培训标准、课程内容设计。目前工作小组成为图书馆服务委员会的分委会,更多的注意培训方法、特别是培训资格会员(LLA)的事宜。许多馆已认识到培训的重要,组织馆内人员轮换培训。图书馆学校组织了许多短期课程和现场课程短训班(Onsite Programace)。图书馆学会提出了成为会员的新标准,使培训变得更加重要。英国图书馆学校的课程现已开始注意处理好培训和教育的关系,将把培训课程和教育性课程分开。有些学校已通过函授教育来解决培训问题。

3. 管理问题。关于管理的教学很难,因为许多在校生缺少管理经验,而许多馆员却把管理只看成效率、财务、行政等等。有些馆员把管理看成是对职业特征的威胁,因为一个馆员的职位越高,他的"管理工作就越多,从事专业任务的时间就少",管理课程要能克服以上的不利因素。是很难的。目前管理课教学是使学生更多地从事实际工作,实施现场教学。许多学校希望学生入学前有一定的工作经验,有工作经验的人可优先录取。在课程中加入具体实践的要求。许多雇佣机构希望这种课程能代替培训。但是这个问题并不容易解决,如何把理论和实践结合好,是管理教学的关键。

总之,英国图书馆学教育在过去的 20 多年中,一直在改革。它的教学质量可以说是世界上最高的。图书馆学教育把教育与劳动力市场、教育与职业发展紧紧结合起来。教育形式多样化,教学内容现代化。教学手段继承了英国大学教育的传统,即以引导性教育为主,教育层次分明与职业等级相一致等等。但在新时期,图书馆学也面临着情报学的挑战,在经济危机来临的情况下,如何解决好教育与培训的关系,甚至于是否要改革现行图书馆学教育系统等问题,仍然是任重道远。

陆 图书馆的现代化

一 图书馆的现代化和网络化

图书馆事业的现代化有三方面的含义,一是指各类型图书馆或同类型图书馆之间的合作,即网络化。二是指通信技术、电子技术等现代技术在图书馆工作以及网络上的应用。三是指服务观念的现代化。最后一点已经在具体工作和应用现代技术及承认资源共享上表现出来,因此图书馆现代化主要指的是网络化和现代技术的应用。网络化和现代技术的应用是不可分割的两个方面。没有现代技术就没有真正的网络,或者说就没有有效的网络活动;反过来网络化也促进了现代技术的应用。我们将重点讲英国图书馆网络化过程,兼谈在这过程中现代技术的应用。

合作指的是两个或两个以上机构原有和发展着的互惠性质的资源分享。合作通常包含有一个共同的目标以及各机构不同程度的参预。参预可分为"交换",即以互惠为原则的资源交换。"联合"提供共同的服务,相互支持。协作只是系统的某些部分建立关系,而不是全部。但协作的某些成分是合作必不可少的。合作是整个系统的参预,存在各系统间的劳动分工和总系统的集中化。合作还可分正式合作,即两机构或多机构间有一套共同依附的规则。也有非正式合作,如两机构官员间的非正式接触。合作不仅受参加者兴趣的影响,也受合作环境中社会、政治和经济等因素的影响,地理和技术也是影响合作的重要因素。因此合作是一个多因素作用着的发展过程。

在合作过程中各图书馆的功能是传递文献,提供研究设施,提供情报,提供辅助性服务(包括财政、人员、建筑、咨询、公共关系等方面的帮助)。考虑到文献的大量增长和情报需求的多样化,图书馆只有加入网络才能实现自己的目标。英国图书馆的网络可分为国家图书馆网和地区图书馆网,地区图书馆网又可分多个行政区图书馆网、郡图书馆网、市图书馆网。影响合作的一般因素有:a. 不能限于图书馆间的合作,特别是在非书资料、特殊情报服务、社区情报以及地方历史文献的服务方面。b. 缺乏合作发展所必要的资金。c. 需要上级行政官员的参预。d. 必须有一全国统一的领导中心。e. 国家图书馆在系统中的地位和作用。f. 用户需求、用户情报查寻行为的了解。g. 要有合理的藏书分布。h. 合作的效果要得到社会的接受。

当前,英国图书馆的合作主要研究:a. 学科文献检索点分布,图书馆员、学术团体、研究委员会、专家联合探讨有一个合理的学科文献分布,对研究用资料的描述、评价等。b. 参考服务,以不列颠图书馆参考部为中心,联络地区中心馆和其他地方馆形成国家参考网。c. 检索方针。通过国家合作满足了对研究资料的需要,如何采取合理的检索手段,地方直接询问或是通过中心,还是开展合作检索。d. 非书资料。非书资料的书目控制,以及非书资料在网络中的分布。e. 非 MARC 记录的资料。除了保持 MARC 记录的更新外,对于没有 MARC 记录的资料如何统一处理,还需合作解决。

除了这几个需要在全国范围内解决的问题,尚有如下一些地区性问题:a. 地方合作中的藏书建设,剔除的标准。b. 地方图书馆资源利用的优化,如地区资源指南、联合目录中统一形式的采用、使用过程中与学科专业馆员的合作。c. 各类图书馆,大学图书馆、多科技术大学馆、公共馆在地方情报市场中的地位。d. 地方合作的最佳形式。

此外,还有一些合作过程的技术性问题:a. 图书馆记录自动化,与合作采购的实施以及地方藏书检索面的扩大之间的联系。b. 合作产生的流通记录多大程度上代替了合作的全文编目记录。c. 地方资源的文献处理(如提供了情报检索)多大程度减少了互借要求。d. 合作服务的模式,网络化情况下图书馆中心的作用,媒介管理和自动化计划间的相互协调等。

二　图书馆合作形式与组织

由于英国图书馆合作主要按地方、机构或专业来组织,很难找到一个统一的模式。大体上英国图书馆合作活动类型可分为：不列颠图书馆与地区系统。地方图书馆的参考与情报服务合作。同学科领域内图书馆间的合作。同类型图书馆间的合作。自动化服务应用上的合作。地方小型合作计划。

虽然不列颠图书馆外借部(BLLD)和地区图书馆系统合作的中心是互借，但范围不限于此。目前图书馆互借的形式有：a.非正式的，馆与馆间进行，以对图书馆资源和书目、资源指南的个人知识为使用基础。b.直接的，馆与馆间。使用 ISBNs 和 BNB 系列号码，这些记录中注有馆藏地址。c.地方性的，通过地方中心。d.外借部，向外借部借。这几种互借形式同时存在。

地方系统的合作指对乐谱、外文小说、视听资料、历史文献等"特殊资料"的合作采购计划、藏书与保护计划、地方历史文献的书目和收藏，期刊联合目录的维持、书目控制与检索、参考服务与检索、普通与特定资料的储存和机读记录使用上的咨询。地区图书馆还开展合作培训。地方合作中存在的问题有非书资料的互借问题，MARC 形式的统一性，现有著录规则不适合于联合目录，互借是否违反版权法，自动化的互借等。在全国范围内，互借是向 BLLD 借为主还是地区内自行解决为主，一直是个争议的问题。从经济上讲向 BLLD 借是便宜一些，1977 年调查发现，3/4 的互借来自 BLLD，其中专著 50%，期刊 85%，非印刷资料 77%，其他印刷资料 30%。地方系统只能满足互借要求的 12—13%，BLLD 使用电传最多 6 天就可回答，而地方系统需要 14 天。这种情况已使地方委员会考虑把全部互借责任都推给 BLLD。但是这样做也有不利的一面，外借部无法估计这种情况下对专著需求，以及自己能否满足这种需求。

地方政府在提供 MARC 记录和非 MARC 记录的材料上有优势。中央政府资助的机构易受中央方针、政府经济衰减的影响，不如地方有灵活性。考虑对社区的责任，地方图书馆也总希望自己能作为中央馆的补充。因此尽管 BLLD 有很强的功能,地区中心馆作为地区中心的地位也无法取代。在馆际互借中需要制订"地区传递计划"。如威尔士图书审议会组织的"传递计划"每星期为 50 个成员馆服务。西南地区的 10 个郡馆靠"传递计划"来实现日常的网络服务。这种计划就是派专车免费把材料从每个郡的传递点输送到另一个传递点。西北地区图书馆系统"传递计划"的费用主要靠出售 BLLD 的资料来弥补。由于交通的缘故,越来越多的图书馆首先向外借部询问然后向地区询问,因为 BLLD 方便。地方馆际互借系统比较发达的是 LASER(伦敦和东南地区协作网),以及西北地区和约克、汉普郡地区。LASER 有人口 2500 万,图书馆集中,密度全国最高,有 579 个图书馆,它也有专门的"传递计划",为各成员馆服务。LASER 是馆际互借自动化的先驱,最早生产 ISBN 机读目录,生产了 1950—1962 年的 BNB 号码为基础的地区目录,并且把非 MARC 记录也转化成机读目录(与 MARC 可相容)。LASER 实行集中编目,并有地方编目系统为各馆服务。它有 1950 年以来该地区图书馆记录,这种记录有数百万个。因此 LASER 各成员馆间的互借率比较高,为 55%,其他 45% 由 BLLD 承担。之所以不能全由 LASER 自己满足,主要问题在于书目控制工作没有做好,LASER 积极开展地区资料参考和浏览活动,为了便于参考,专著参考文献中所附的刊名都有记录。LASER 是一个非盈利性机构,其活动靠成员自觉负责。

西北地区图书馆系统,包括苏塞克斯以西的 10 个郡图书馆。由于过去郡与区之间权力变化不定,一直没有联合目录,互借都是各成员馆直接借阅,电话是互借需求传递的主要通道,只有 10% 的需求通过邮局来解决。该系统有一专门机构负责协调,出版通报,还建了特藏(音乐、小说等)计划,编纂"东南小说指南",召开专题会议。唯一的一个合作项目是地方政府合作标引项目,各成员馆提供标引卡。该机构还负责分送各馆的通报,出版了"西北资源指南"。西北系统的中心馆是布里斯托尔，也是该系统总部所在地，同时也是 SWALLAP 的总部。

约克郡和汉普郡联合图书馆服务系统是唯一有联合藏书的地区系统，这一藏书设在西莱丁县馆里，有普通联合藏书（GPS）20万册，此外还有音乐和戏剧联合藏书、学校展览藏书。除 WRCL 的联合藏书外，联合服务还包括联合小说预借、馆际交通和以地区和 BLLD 为主的馆际互借。约克郡和汉普郡联合图书馆服务的特点，一是有联合藏书供全地区使用，二是有法可依，1972 年地方政府法给予地方政府与外界合作的权力。

自 1933 年设菲尔德市图书馆发起成立了设菲尔德交换机构（SINTO）以来，产生了许多科技、商业情报服务方面的合作计划。这些计划是由 SCOCLIS 协调的。1976 年这方面的合作项目达 29 个。大多数合作项目是以大公共馆为中心，另外一些则以一群公共馆式技术学院图书馆为中心，如 LADSIRLA 的服务是以利物浦市馆为中心。近来随着商业情报的增多，许多小公司很依赖于这种网络，其中著名的有 SINTO、LINK、Lowheth、SEAL 和 Essex 等。

SINTO 执行委员会每年举行一次会议，它共有 68 个成员，每个成员交 20 元会费。作为 SINTO 成员，其组织至少能借出 50 本书和 10 种期刊。它的目的是开发地区情报资源和鼓励各情报单位间的合作。LINK 的服务中心是 Tate Central Library，它有很多商业方面藏书，成员不交会费。LINK 和地方商业主席、工业官员、地方规划者以及工业中心有密切联系，并为他们提供情报，开展主动的情报服务。LINK 有 300 个会员，27% 成员来自组织，会员中 22% 有图书馆。SEAL 是东南区情报服务网，成立于 1968 年，现在包括伦敦区以及肯特郡、南班克和泰晤士综合技术大学、东南伦敦学院等，服务主要是近期通报、SDI、情报传递、商业或技术会议或特定需求的情报服务，以及情报培训、参考服务等。它有联合期刊目录、地方翻译著作目录等。Essex 开始于 1962 年，包括技术学院、郡馆和工商业单位、研究单位以及埃塞克斯大学。出版供出售的联合期刊目录,没有会费。郡馆常常访问各公司,以此来获得反馈。

虽然在某一学科领域的中心服务已经减低了图书馆间合作的需要,但是学科领域间还是存在着广泛的合作内容,如教育机构间有:卡片联合目录、期刊联合目录、以联合目录为基础的馆际互借、教育期刊索引、各个机构期刊目录提供、老化的文献和合作贮藏计划、有主题索引的印刷材料联合目录、资源的合作采购。

学科领域的合作体现在专业馆的合作上,这由专业协会来出头牵线,专业协会提出合作的服务标准,如英国和爱尔兰法律图书馆协会出版"法律图书馆指南",开展资料互换活动。英国神学和哲学图书馆协会编神学期刊联合目录,负责对各馆调查,进而提出神学和哲学领域的合作计划。英国艺术图书馆协会开展非正式合作,出版有《成员年度指南》、《艺术图书馆手册资源和工作指南》,负责各艺术图书馆间的藏书补充。在建筑、医药、音乐等方面也有类似的合作,但一般没有正式的合作采购计划。科学、工业、商业领域的合作大多是由 Aslib 的各分委员会领导的。各分委员会出版资源指南,协调情报工作者以及用户和情报工作者之间的合作。此外学科领域合作还包括其他语种图书的合作计划,如波兰语、印度语文献的收集与服务。伯明翰图书馆提供印度语文献,并收一定的费用。其他语种图书的服务特别受移民的欢迎。

同类型图书馆的合作可以谈学术图书馆合作、公共馆合作。学术图书馆一般指有学术性藏书的图书馆,如大学图书馆,一些研究性的专业图书馆。学院图书馆、大学图书馆的合作是在SCONUL(国家图书馆及大学图书馆常设会议)领导下进行的,合作的项目有三个方面。一是提供外文资料检索。如 SCONUL 开始研究如何改进斯拉夫和东方语言的书目服务,发表了东欧研究、南亚研究、非洲研究等专题目录以及东欧及苏联馆藏联合目录等。

二是特种资料的合作采购与服务。三是大型大学中各图书馆的合作。英国有许多大学不仅有主馆,还有很多系馆,如牛津大学共有50多所图书馆,其中的博德莱安图书馆是全国最大的版本图书馆,藏书极为丰富。伦敦大学的斯德摩根图书馆在数学和天文学方面有极丰富的藏书,奎克纪念图书馆专门收藏教育书籍。大学间各馆的合作主要有a. 期刊联合目录。b. 计算机联合系统,共同输入、输出。c. 中心馆负责特定资源和昂贵资料,并开展计算机情报服务。d. 大学馆采购计划的协调。协调采购计划有利于藏书布局合理化,另外也能使各馆之间熟悉各自的藏书,目前只是在一些昂贵资料的采购上实行合作。e. 通用借书证,如给学生假期阅读卡使学生能在 SCONUL 所属的各馆中阅读。

公共馆合作是地方图书馆系统合作的主要形式,换句话说,地方一级图书馆的合作大多以公共馆为中心。地方公共馆合作除了公共间合作外,还包括公共馆地方机构的合作,因为没有地方机构的支持,公共馆间合作就不完善。目前新型合作包括:

1. 采购与情报服务的合作。由于参考服务的用户需要地理上的接近,因此考虑服务大多以地区合作为特征。如伦敦有参考服务小组,编有"商品价格索引"、"统计与市场情报"(与贸易工业部合作)等。在参考服务合作方面有一重要组织叫城市研究与情报图书馆协会(COCRIL),参加的都是人口在40万以上的城市图书馆,每年两次馆员会议,交换情报为地区参考中心提供辅助等。

2. 在满足大众情报需要上的合作。大众情报服务是近年来新发展的项目,主要满足社区中弱质群体在解决日常生活问题时所需要的情报。这方面服务的完善,尤其不能限于图书馆间的合作。图书馆咨询委员会报告指出:"地方当局在关切人口、文化、交通、工作动向、商业学习和娱乐等方面时,常常忽视了人口不同群体的需要,特别是那些要不同公共服务部门联合起来才能满足的需要。"公共馆在这方面主要做:a. 与其他机构合作,了解这些机构所能提供的服务,把用户需要与这些服务挂上钩。b. 图书馆帮助其他机构被人们了解,这主要通过收藏和传递有关机构服务的资料。c. 图书馆为提供地区情报和咨询的机构提供必要的设施。合作的重点是把图书馆资源与其他政府机构的资源联合起来,图书馆缺乏地区情报资源,政府机构资助的和自愿的服务机构的服务范围在扩大,需要图书馆提供空间和情报。大众情报服务不仅限于在城市开展,在乡村地区也同样开展。萨福克郡馆编地区的"服务指南",把指南发给各社区委员会,由委员会中的各代表送给村民利用。

地区之间各类图书馆以及图书馆与地方当局的合作是通过协调进行的。如赫特福德郡的图书馆协调委员会,协调公共馆和地区院校图书馆的服务。出版联合目录和资源指南,以及编目自动化方面的合作。

三 图书馆自动化网络系统

图书馆自动化方面的合作主要是建立共同的技术标准和检索方式,确定新技术发展中联机编目和借阅工作的互通。英国主要的自动化编目系统有 BLAISE、BLCMP、SWALCAP、LASER、和 SCOLCAP 等系统。下面分别加以介绍。

1. BLAISE 系统(The British Library Automation Information Service)

它是由不列颠图书馆建立起来的,为提供英国机读目录和全国图书编目服务。是一种可以检索广泛范围数据库的联机情报检索和编目系统。BLAISE 的编目数据包括 1950 年以来 UKMARC 记录,1969 年以来 LCMARC 记录,以及 BL 本身书目记录和由用户输入的记录,还有一些非 MARC 记录。除此之外,通过 BLAISE 还可对来源于美国国立医学馆的全部文档(MEDLINE、SDI、LINE、CHEMLINE、TOXLINE 和医学主题表词汇文档),还有英国教育索引。BLAISE 的远程通信网络有 6 个中心点分别设在伯明翰、爱丁堡、曼彻斯特、伦敦、布里斯托尔和波士顿·斯巴。用检索 MARC 文档，利用一定设施联机输入新记录，脱机输出，这些输出是用户所需要并经过 LOCAS 加工的记录，LOCAS（Local Cataloging Service）是 BLAISE 的组成部分，创建于 1974 年，它为那些要求利用中央系统的图书馆提供从数据准备到编目输出的一整套服务。它可通过选择性服务使检索到的 MARC 记录和地方目录一致。但 LOCAS 不能提供地方联合目录。为了从自动编目中获得最大效益，地方馆必须在采购、参考服务、扩大检索点等方面进行合作。未来自动化合作方针是使合作生产的机读记录能够得到最大利用，或者说提供的情报能获得部分补偿，因此需要一定的资金来设立地区网络点，以扩大中心情报服务的使用。

英国自动化的发展是在互借系统上首先发展编目系统以支持馆际互借。为了支持馆际互借，各图书馆把编目记录送往国家中心或地区中心，或同时都送。为了支持合作编目，各图书馆不但送编目记录，而且从协作成员馆那里还会收到编目记录。在英国，分工编目或集中编目的经济性并未那么早地被人们掌握。50 年代中，英国国家书目只提供英国图书卡片服务，即使这样也不像人们预期的那样被人们普遍利用，尽管这样做可以节约大量资金，但各图书馆似乎不愿意放弃完全由本馆统一编制的目录，直到能运用计算机共享数据时，最后才促使图书馆行动起来，即计算机技术的普遍应用是自动化合作的直接原因。60 年代期间，英国国家书目和国会图书馆关于研制和应用新型 MARC 的试验，创造了供以后向图书馆用户传播的集中编制机读格式目录数据的可能性。

2. BLCMP 系统

BLCMP（伯明翰图书馆机械化合作项目）成立于 1969 年，是第一个考察合作利用 MARC 和地方书目记录，通过计算机进行编目的共同体。最初只由三个馆组成，它们是阿斯顿大学图书馆、伯明翰大学图书馆和伯明翰公共馆,经费来自当时的 OSTI,后来是 BLR & DD(研究发展部),之后又有 20 多个图书馆加入。现有成员 34 个,遍布英国各地,还有一个在丹麦(阿尔堡大学图书馆)。 BLCMP 成员原可获得脱机服务,现在已获得联机服务。它能够为各成员馆生产各种形式的目录,同时还有采购服务和流通控制系统,它最主要的两个文档是,PRF(Potential Requirement Files),包括 1970 年以来 BNB 的 MARC 记录和 1972 年以来的 LCMARC 目录;联合目录文档包括一般性的书目数据和地方编目所必要的藏书数据。BLCMP 已成为一个独立自治的公司,现名 BLCMP 图书馆服务有限公司,是非盈利性公司,由各成员馆成员组成的委员会来领导。该公司生产和出售软件来获得资金。BLCMP 成员在地理上是分散的,但它有自己的计算机网络,主要中心是伯明翰、曼彻斯特、格拉斯哥和伦敦。用户通过终端与中心联系,中心中没有的记录再向 PRF 和 Union List 档查寻。BLCMP 的成员馆还可通过中心与 BLAISE 联系,获得 BLAISE 记录。

3. SWALCAP 系统(Tie South West Academic Libraries Cooperative Automation Project,西南学术图书馆自动化合作计划)

成立于 1969 年,这是由 OSTl(不列颠图书馆研究发展部前身)拨款补助支持的后果。开始时的主要成员是布里斯托尔、加的夫和埃克塞特的三个大学馆,以布里斯托尔的中心计算机为基础,发展联机服务,后来成员在增加,其成员到现在包括大学馆、综合性科技馆、威尔士国家馆,分布在英国中部、南部和西南部。 SWALCAP 第一个共享联机流通系统诞生于 1976 年,它能联机修订、咨询"借阅文档",确定借阅材料的种类、借期和用户身份。每个成员馆有单独的借阅文档,这些文档是共享的。文档中有对每一款目的简单书目描述。文档的更新靠自动化图书馆系统(ALS) 终端式可视显示器(Visual Display Units)输入来维持。成员馆还可根据本身的财政情况和要求使用各种脱机设备,这些设施包括,借阅分析和标题分析程序,它可以根据学科主题式用户类型来划分借阅记录,进而详细研究藏书的使用模式。1978 年完成了编目系统的第一阶段,成员馆需要的 MARC 记录可从不列颠图书馆和 BLCMP 引进,存贮于主机的主动编目文档上。和 BLCMP 不一样的是,SWALCAP 一开始就从联机入手,发展的较慢,但效果好,它也有联合目录文档,目前 SWALCAP 也已变成独立的主体,非盈利性,经费从成员馆和图书馆研究与发展部中获得。

4. LASER 系统(The London and South Eastern Library Region,伦敦及东南区图书馆网络)

它和 BLCMP 与 SWALCAP 有如下主要的不同:

第一,它是以地区馆际互借管理机构为基础而建立起来的。第二,它的成员馆绝大多数是公共馆,只有一些专业馆。

BLAISE 主要为伦敦和东南地区服务,具体说为贝德福郡、伯克郡、白金汉郡、东苏塞克郡、埃塞克斯、哈福德郡、肯特、萨里和西苏塞克斯等郡以及大伦敦地区服务。它成立于 1969 年,由 30 年代就产生的东南地区图书馆系统一体(SERLS)和伦敦的联合目录系统合并而成。1970 年初 LASER 系统就已开始脱机运行,生产 COM 方式的卡片供互借时使用。这些目录按 ISBN 号顺序排列,这些目录的生产是把原有的联合目录(东南区和伦敦地区的联合目录)的记录变成 MARC 形式输入计算机。这一工作后来得到不列颠图书馆的支持,不列颠图书馆还要求 LASER 把 1950 年以来的 BNB 记录变成 MARC 形式。目前已在转换非 BNB 记录,它也已形成回溯的非 MARC 形式的记录档。LASER 有两个基本设施,第一,通过图书地址文档的查寻进行互借,LASER 无法满足的需求可自动打印出来送到 BLLD。第二,根据新加入文档的数据对现有数据进行修订,充实之后进行编目。每年的新记录输入是 50 万条,每星期要把 UKMARC 磁带存入文档。BLCMP 每月给 LASER 为那些未进入 UKMARC 的资料提供选择性记录服务(SRS)。

现在 LASER 正致力于发展远程联机和与不列颠图书馆的自动化系统直接联机。

5. SCOLCAP 系统(the Scottish Libraries Cooperative Automation Project,苏格兰自动化协作计划)

建于 BLCMP,SWALCAP 之后,是最年轻的自动化联合组织,它是从苏格兰国家图书馆馆员召集的一次会议上产生的。这次会议建立了一个团体,它由苏格兰国家馆、三所大学图书馆(敦提、格拉斯哥、斯特林)和爱丁堡及格拉斯哥的两所公共馆组成。它考察在苏格兰地区进行书目处理所需要的联机网络,这一网络的实现以及如何把这一网络与不列颠图书馆领导的国家网络联合起来。这项考察得到不列颠图书馆研究发展部的支持。SCOLCAP 于 1976 年开始活动,到 1981 年 11 月,成员馆已增至 21 个。目前已逐步实现与 BLAISE 的联机,每个成员馆收到 MARC 磁带,也就是说 SCOLCAP 主要是实现英国北部(主要是苏格兰地区)与 BLAISE 的联机。敦提大学是第一个使用 LOCAS 系统的 SCOLCAP 成员,其后是斯特林大学和苏格兰国家图书馆。

各成员馆目前都要求有联合目录,SCOLCAP 由于自己文档依赖于 BLAISE 系统,使这一要求难以满足。因为 BLAISE 目前还没有能力直接为图书馆提供内部工作方面的服务。

6. 小型自动化合作计划

除了以上 5 个大型合作计划外,还有许多地方性的,小型的合作计划。由于地方工业的发达,各个地方馆无法自给自足,只好是协作。著名的如泰恩河流域的纽卡斯尔图书馆联合工作委员会,它是纽卡斯尔的大学和多科技术大学的图书馆联合体。成立于 1972 年。成员有大学馆、市馆、协会馆等。主要工作是在计算机处理期刊方面的合作,以及视听资料在为地区教育服务方面的协调。视听资料工作后来导致 NEMROG(纽卡斯尔媒介资源组织委员会)的产生,NEMROG 对全国都有影响。联合工作委员会还有人员训练组,负责自动化可以利用磁带来存贮记录文档,并加以生产。

地区小型合作组织有几个特点:a.更能满足地方的特殊需要。b.大的组织只限于编目合作,地方组织可在服务、非 MARC 记录的自动处理、期刊、报告、专利等"非书资料"资源共享等方面进行更有效的协作。c.地方小型组织完善了整个国家的网络体系。

英国自动化系统的合作,是走"基层路线",让基层优先发展,这样更接近用户,减轻不列颠图书馆作为中心的负担,也可以不漏掉地区的记录。目前的问题看来是加强各大系统(BLCMP、SWALCAP 等)间的合作,利用自动化优势更好地开展服务,同时着手解决一些技术上的难题,如 MARC 主要是专著记录。为此要把国际期刊数据系统(ISDS)和英国国家期刊数据中心联合起来,让每一期刊都编上 ISSN 号,形成网络,使英国各图书馆能同时检索本国和外国的期刊,这里头就需要解决一些技术问题。

自动化的信息服务有很多优点,首先它扩大了信息资源,一个馆可用参考书,也可利用到专利、论文、手稿和其他类型文献。其次自动化使服务提供"单元化",能够从众多记录中提取有用的数据,这没有自动化是不可能的。

四 网络化存在的问题

虽然英国图书馆的网络化已取得了一定成就,但仍然存在着一些急待解决的问题。一是资金问题,网络化的发展需要更多的资金,特别是要全国联机的话,需要一大笔钱。地方合作要加强也需要一些基础投资,因为参加馆大多来自靠公共资金支持的机构,没有政府财政上的支持,会产生合作上的矛盾。二是进一步合作问题,如下面几方面仍需合作:a.特殊资源记录的贮存,这些资源的利用(检索点加多)以及这些资源采购的协调。b.图书馆内部工作自动化和情报服务自动化的一些"软件"问题,包括建立标准,实现记录的共同转换。c.视听资料还缺乏合作,还没有完善的技术规范、书目标准,缺乏国家数据库。d.地区合作还需要灵活地满足地区的需求。e.大众情报服务方面的合作有待加强。

五 新技术与英国图书馆的现代化

如同社会发展中技术的力量一样,技术在图书馆网络化和自动化过程中是一个决定因素。尤其在图书馆领域,可以说技术是导致网络化和自动化的最直接、最根本的因素。

在技术发展中最重要的是改变藏书内容的新的媒介,那就是缩微资料、机读资料的大量产生。计算机费用降低是机读资料产生的直接原因。机读资料的产生既有利于存贮,也有利于选择。只要有一足够的文档,出版的图书可以储存在计算机里,并有目录。除了机读资料外,唱片、胶片、唱机、电视等新媒介也大量引入图书馆,给图书馆带来革命性的变化,如闭路电视系统的利用,使图书馆流动车失去意义。复印机的使用,使原来不能外借的报告、专利等得以广泛传播,新的媒介目前被认为是出版物的替代方式,磁带能及时更新、变换,缩微阅读机等利用新媒介所需的"辅助器"可以方便得到。所以新的媒介出现是技术发展的产物,反过来也促进了图书馆,使图书馆从"打字机"时代进入"记忆性"机器时代。

技术的应用,使图书馆的内部工作变得轻松愉快,促使馆员把更多的热情投入到为用户的服务中。teletext(电视文本传递)可以把文章全文送给用户,减少计算机对话所需的费用。唱片机、录像机使得"阅读"变得更为直感、灵活。所有这些机器将取代传统的书架。

在技术发展中,最重要的是计算机,它使情报存贮和检索成为可能。计算机取代了图书馆的日常工作,虽然各馆有的使用微机自成系统,有的成为一个大计算机系统的一部分,但计算机还正以不可抑止的速度发展,改变着图书馆的形象。目前利用计算机遇到的输入输出问题将因全文自动输入计算机的实现而彻底解决。

以上是英国图书馆界人士对技术的看法,认为技术将改变图书馆这是不可改变的现实,下面重点讲一下计算机在图书馆中的应用以及相应的技术。

1. 计算机及其相关技术

近几年来在英国影响图书馆计算机化的主要技术发展有:

(1)计算机硬件

计算机系统。70 年代以来由于硅芯片或微处理的发展,使微处理机大量出现。微处理又是以大规模集成方式生产,在平方厘米的小硅片上就能安上 100 万个电子元件,而原来的只能放 3 万个。这些微机价格从几百到几千英镑不等,能够用高级语言编程序,能储存可观的信息。由于能力强,价格低廉,能为大多数图书馆所购买。

存贮设备。以前是磁心存储,现在是由硅片组成的半导体电子存储,如只读存贮器(ROM＊存取数据的时间同上一次存取数据的地址无关的一种存储装置)能够存贮系统程序(RAM＊所有储存的内容不能由计算机指令加以改变的存贮器),随机存贮器只有 5.25 英寸,8 英寸大小,一英寸可存 7 万个字符。温彻斯特磁盘能存贮 4000 万个字符。光盘的出现使存贮能力更大量的提高。存贮能力的加强使大量的图书馆藏书信息可以得以处理。

文字处理器。文字处理器是带特定目的的软硬件系统,包括微处理机,存贮装置,专门的键盘和屏幕,高质打印机。它能提供输入、编译、格式、输出等全面的输入/输出单元,一个输入/输出单位的文字处理器价格为 5000 英镑,多个输入/输出单位则要高达几万英镑,文字处理器在图书馆中可用于文摘杂志生产所需的书目数据编辑、情报通报的生产、集中预订与编目。

终端。使用联机系统,图书馆必须要有与地区计算机或外部计算机联结的终端。由于联机内部工作处理系统和情报检索系统的增多,选用合适的终端是必要的。大部分图书馆目前用的是非智能终端,有电传打字机和直感显示器,现在已经开始使用智能终端。智能终端自身带有处理机,因而具有信息处理能力,有内部记忆、屏幕编写以及不同字符集与附加控制功能。

数据输入装置。虽然穿孔纸带和80栏的穿孔卡在一些图书馆系统中仍然在使用,大多数图书馆已不再考虑继续使用这种输入装置,现在的输入有a.从键盘直接联入主机或微机系统。b.从键盘联机入存贮装置,再到主机。输入技术包括光学字符识别,原文数据输入(能自动感知手写符号,存贮在磁盘上)。直接文件数据输入(自动感知印刷式打字资料、计算机输入胶片,这种输入的机器比光学字符识别装置要贵得多),不管怎样,输入装置在发展,各系统可根据本身特点,考虑多种数据输入方式。

输出装置。机编目录时,输出装置特别重要。在联机系统中,难以全文输出,需要信息者通过直感显示器观看或终端打印(这种打印需要热敏度高的纸,并且有噪音)。许多图书馆以 COM 方式生产目录,但 COM 方式不利于用户使用,目前输出装置的选择还比较困难。

(2)社会通信技术

远程通信网络。联结计算机系统的技术起始于1964年,70年代初期,美国开始实验公共交换网络(Public Switched network),1978年这种远程通信网络实现。英国使用美国的主要通信网络是 Tymnet 和 Telenet,现为不列颠 Telecom。1978年,英国邮政总局实现了与美国的国际交换服务。80年,不列颠 Telecom 买下了 Telenet 软件,建立了国家交换服务,用于传递数据,这大大促进了英国各远程图书馆间的联接。

Videotex 系统。Videotex 包括 Teletext(电传文本)和 Videod-ate(可视数据系统)

Teletext 主要是广播情报服务,BBC 和其他独立的广播机构设立了许多 Teletext 服务。如 CEEFAX 是 BBC 的电传文体系统、IBA(独立广播管理局)的 ORACLE。这些服务包括新闻、天气预报等情报,在家用电视机上接收。电传文本服务系统,通过电波可以被任何合适的经过改装的电视机所接收,但不是对话式的,因而比较适用于接收新闻、运动、经济、大事、公共服务通告等最新消息。经过改装的电视机,可以排除普通的正常图像,使用备用线来显示电传文本。Viewdata 最主要的优点是可以对话,通过电视机的按纽和电话机拨号,就能提供情报检索。英国公共的 Viewdata 系统,04 Prestal 开始于 1979 年,1981 年使用终端已达 6000 多个。使用单位大部分来自商业机构。但公共馆利用它可以提供大众情报,根据用户要求与主机对话获得答案。用户有唯一的代码号,供识别和记帐收费之用。Viewdata 费用比电传文本高,然而,由于它纳入全国电视网服务中,它所提供的地方报纸或信息比地方馆还便利。它的潜力很大,影响深远。

2. 计算机在图书馆的应用

几年来,硬件价格下降,但软件的价格却上升了。软件价格比硬件价格贵好几倍。目前采购、编目、流通、检索系统,都有现成软件,如何选择合适的系统是各馆面临的一个问题。

采购系统。在采购方面,不列颠图书馆在版编目(CIP)于 1977 年就已经实现。采购时有书目记录。1980 年 Blaekwell 设立了一个 Bookline,使图书馆能与 Blaekwell 的计算机系统联结,70 万个书目记录的文稿可供询问,并可预订。埃塞克斯郡馆成为第一个用户,图书预订都可通过联机服务实现。BLAISE 的 APRS 系统(Automated Doument Request Service 自动化文献需求服务),能够自动提供外借的复件,还可向 Wollston 和 Blaekwell 等公司订书。在传递上,现在有电传预订(Tele Ordering)系统,发行商通过 Teleordering 系统可向出版商订书。

编目系统。编目系统是自动化系统的突破口。英国通过BLAISE/COCAS、BLCMP、SWALCAP 等已经形成自动编目网络。越来越多的图书馆开始使用联机编目。各编目网络都能提供选择性记录服务。编目系统需要解决的问题有:记录长短,哪些记录需要,何种记录征订最适于使用,记录的输入、修改和删除的自动化,目录输出如何便于检索,目录的检索点都有哪些,编目系统最佳软件可否诞生等等。

流通系统。流通系统在学校和公共馆最为普遍,大多为微机系统,是 70 年代发展起来的。比较著名的流通软件有 ALS(自动化图书馆系统),30 多个图书馆使用了 ALS。现在 ALS 可生产包括编目、流通在内的一体化自动化系统。英国有许多流通系统生产家如 Plessty,Telepen 等。有的馆自己设计软件,但现在趋势是合作化。输入主要利用光笔。

3. 联机检索的发展

联机检索在英国图书馆不断增长,通过检索可得到一些文献文本,如 INSPEC 的科学文摘,BIOSIS 的生物学文摘等,大量的数据记录能够联机存贮。远程通信的发展(如 Telenet,Tymnet Euronet),扩大了检索范围(可检索 DIALOG,BLAISE ESA – IRS 等)。目前比较常用的联机检索数据有 300 个左右,大多数数据库是按学科划分的。检索着重于科学、技术、社会科学方面的内容,有的数据库能够提供事实情报,有的提供参考信息。提供事实情报的数据库常称为 databank,最常用的联机检索机构是 BLAISE,ESA – IRS,DIALOG、SDC Euronet DIANE News。ESA – IRS 能提供近 20 个数据库的联机检索服务。数据范围着重于生物、化学、农业、物理等。发表的如 DIALTECH Newsletter,ISA – IRS's News Views。DIALOG 是第一个提供大规模联机服务的组织,其中心位于美国加利福尼亚的帕修阿尔托,属洛克希德 Missiles 公司,产生于 1972 年,现有 100 多个数据库,包含 400 多万条记录,它的学科范围包括纯科学、应用科学、技术、社会科学和人事科学。在英国是通过 IPSS 以及 Tymnet 和 Telenet 来检索 DIALOG。SDC 是加州圣莫尼卡的系统发展公司,其检索软件是 ORBIT 系统,现有 60 多个数据库,在英国有 300 多个机构有联机检索服务,其中 80.8% 有 DIALOG 指令,65.4% 有 BLAISE 指令,54.2% 有 ESA – IRS 指令,43.4% 有 SDC 指令。在欧洲常用的还有 Euronet,Euronet 合并了 20 个联机数据库,合在一起称为 DIANE。

1979 年,在工业部和不列颠图书馆研究发展部资助下,在 Aslib 总部设立了英国联合情报中心。它代表英国成为 Euronet 在英国的中心。同时,它还是一个咨询中心,每日发表联机通告。它还协调联机服务,使之发挥最大效益。它发表了一个报告,联机用户组成如下:工商图书馆占 42.4%,政府馆占 16.8%,高校馆占 24.4%,研究和专业馆占 7.8%,公共馆(包括医院馆等)占 8.6%。自 1978 年以来,研究发展部很重视公共馆的联机检索服务,拨了大量款,在伯明翰等许多郡以及苏格兰地区的图书馆开展了联机检索服务。

英国的实践服务、联机检索服务的优点是:a. 能迅速检索大量材料。b. 时间性强,数据时新。c. 不通过出版物就能检索情报。d. 没有扰人的事务性工作。e. 检索点多,检索效果好。f. 检索速度快,它只占用索引来检索所需时间的 5—10%。缺点是:a. 没有历史性资料。b. 需要专门的设备。c. 需要时间来训练专门从事这项工作的人员,保证知识不致"老化"。d. 费用较高。

4. 计算机在图书馆应用现状

在英国图书馆利用计算机已是很平常的事。据统计,70% 的大学和学院图书馆开始利用,并已联机检索服务,近一半的各类型图书馆使用计算机支持编目系统。目前使用计算机的图书馆数仍在增加。在过去的岁月里,影响英国图书馆利用计算机的主要发展有:

（1）BLAISE 的发展,它提供编目、检索服务,并有一个大的联机数据库。

（2）合作系统的建立,如 SWALCAP、BLCMP 的发展。

（3）远程通信网络的发展,使英国用户能够检索国外的数据库,如 Dialog, SDC。在欧洲,由于 Euronet – Diane 远程通信网络的实现,英国用户可利用欧洲联机检索服务。

（4）图书馆和情报中心拥有的微型机或微型机系统的数量增加。

（5）teletext 系统的实现。如英国邮政总局接的 PRESTEL 系统,到 1985 年能使一半以上的英国人使用。用户只需要有袖珍计算器与电话、电视机联接就可使用,服务范围包括新闻、天气、时势、市场消息、各种游戏等。

在利用计算机的过程中,英国图书馆界取得的经验是:a. 不要希求太多的计算机系统或计算机人员。b. 要保证计算机人员了解图书馆活动。c.图书馆各级馆员要了解计算机系统的发展,以及这一发展对工作前景的影响。d. 要认真选择硬件和软件,协调机型和软件,使之统一。e.建立微机系统,遇到的问题要认真对待,任何小问题都可能是大问题。f.认真计划、设计和实施系统。

六　结语

英国图书馆合作的成功经验可以归结为:

1.有合作的传统。早在 1931 年,英国北部地区就建立了图书馆网。1937 年共有 454 个图书馆开展互借计划。其中 77% 是公共馆,13.5% 是大学的学院馆,9.5% 是专业和私人馆。

2.国家重视。认为合作是图书馆和情报服务的基本方针。要求教育和科学部特别致力于图书馆方针、资源、技术服务和统一标准的协调。把图书馆和情报资源视为国家的一个重要资源。

3.采用国家、地区相结合的两级合作系统。国家系统有利于提供集中服务和中心协调。地区系统也有优点,如能保持动力、创造力,由小到大的发展,有地方权威人物的支持并有时间进行事前调查,可纳入地方发展计划等。在建立国家和地方两级系统中,注意各政府机构组织间的协调。

4. 全面合作。除了资源和服务合作,在人员、技术方法等方面也注意配套。

5. 注意新技术的应用。英国图书馆界从 60 年代后期开始研究采用电子计算机等新技术,并制订了各种计划方案,1972 年后逐步付诸实施。图书馆计算机化,是从编制英国机读目录(UK - MARC)开始的。随着电子计算机的发展,逐步引入相应技术,实现脱机到联机、半自动到全自动的转化。由于新技术的应用,如远程通信技术在图书馆的成功应用,使图书馆能够利用社会上不断生产出来的数据库,补充了本身资源的不足。

联邦德国图书情报事业

第二次世界大战后,德国分成东西两部分。这给叙述德国书馆的历史发展造成一定困难,这里主要介绍联邦德国的图书情报事业。

准确、详细地介绍联邦德国的图书情报事业并不容易。这是由联邦德国图书情报事业的特点所决定的。首先,和其他西欧国家一样,其图书馆事业可以追溯到文艺复兴时期,有些图书馆则是罗马时代的产物。但是由于战争和政治原因,许多古老的图书馆没有像法国、英国那样完整地延续到今天,而是被摧毁或分割了。其次,由于德国在历史上是一个"松散"的联邦制国家,地方的自治权力比其他西欧国家大,因此各地的图书馆事业发展极不平衡,图书馆服务模式也很不一样。第三,很难像介绍英国图书馆事业那样把德国图书馆事业分成公共图书馆、专业图书馆、国家图书馆等类型来介绍。因为德国从来就没有过统一的国家图书馆,现代意义的公共图书馆只是在战后才发展起来,许多图书馆很难划分是什么类型的。尽管我们在本书中还是按照原来的体例,从图书馆类型来介绍联邦德国图书馆事业,但读者应该灵活地看待各类型图书馆的功能,才不致发生误解。

尽管有历史的和体制上的原因,联邦德国仍然是世界上图书情报事业最发达的国家之一。它有自己的编目规则,有国家书目编制的传统,有以地区为中心的图书馆网络,大部分图书馆实现了自动化,有良好的图书情报专业培训体系。

壹 国家图书馆

一 国家图书馆的体系

真正意义上的独立的国家图书馆,在德国从来没有存在过。虽然从 1912 年起,莱比锡的德国图书馆开始收集所有德国出版物,出版国家书目,但这种向国家馆职能的努力终因战争而付之一旦。国家图书馆的功能是由下面三所中心总图书馆共同承担的。

1. 法兰克福的德意志图书馆

建于 1946 年,1969 年成为联邦机构,并有接受全联邦呈缴本的权利。它建立的目标和原莱比锡德国图书馆的目标是一致的,即收集德国出版的德文或其他语言出版物,以及 1945 年以来外国出版的德语出版物。现在,它还收集关于德国的外文出版物和德语著作的外文译本。同时,它对德国的所有出版物进行登记,即出版"德国书目",并从 1968 年起,成功地实现了对该书目的电子数据处理。其馆藏已超过 200 万册。

2. 普鲁士文化遗产图书馆

建于 1947 年,原称"西德图书馆",1964 年改为现名。它以收藏古代手稿、15 世纪以前的印本而著名。不算古籍专藏,它大约有 250 万册藏书。自然和艺术科学方面的材料尤丰。目前它重点收藏本国和外国期刊。现有上万份报纸、政府出版物、东欧和东亚及东方文献。期刊收藏的重点是医学、技术和农业。该馆继承了普鲁士国家馆的传统,承担跨地区的服务任务。

3. 巴伐利亚州立图书馆

它是德国目前最大的图书馆,藏书 300 多万册,接受巴伐利亚地区的呈缴本。它的重点是"巴伐利亚"专藏、德文和外文杂志、美术和东方文献。它还是联邦德国的图书和手稿保护中心。它在国际关系方面的收藏和研究是世界著名的。

如果以全国性的服务来划分国家图书馆体系的话,那么还应包括以下四个专业方面的图书馆:科隆的医学中心图书馆、汉诺威的技术情报图书馆、基尔的经济科学中心图书馆和波恩的农学图书馆。

二 德意志图书馆的产生与发展

德意志图书馆的产生是与 18 世纪和 19 世纪初的国家思想的产生紧密联系的。法国革命的结果,使巴黎的皇家图书馆变成了国家图书馆。德国 1848 年革命的结果,首先推动了国家图书馆的成立。莱比锡的出版商 H. W. 哈姆把他的出版社资料库中的著作,送给了莱茵河畔法兰克福的保尔教堂,这样便形成了德国历史上首次出现的帝国图书馆。1848 年革命失败,这个图书馆被解散。1871 年德意志帝国成立后,把柏林的皇家图书馆变成公共国家馆,即现在西柏林的普鲁士文化遗产图书馆。1912 年 10 月 3 日,莱比锡的德意志图书馆正式成立。二次大战后,德意志图书馆变成了民主德国的国家图书馆。在著名图书史学家和图书馆学家 H. W. 艾泼海姆和出版家 G. K. 肖艾尔的创意与努力下,经美国军事管理署同意,于 1946 年 12 月,在莱茵河畔法兰克福建立了联邦德国的德意志图书馆。1947 年 5 月,法兰克福市政府与书商联合会协商,达成了一个协议,该协议成为新的德意志图书馆的法律基础。同年首次出版书目。1949 年,作为一个国家图书馆列入联邦机构。德意志图书馆早期的工作是对近期德国出版物进行收藏和书目控制。后来明确规定为:收集 1945 年 5 月 8 日以来联邦德国、民主德国、奥地利、瑞士和卢森堡等德语国家出版的德语及外文文献,外国出版的德语文献的外文译本,有关德国问题的外文出版物,并编辑这些文献的目录。德意志图书馆的成立,对于战后联邦德国的图书贸易和图书馆都提供了帮助,成为战后联邦德国的藏书和书目中心。1969 年以前,它由黑森州政府、德国专业协会和法兰克福市共同领导。1969 年根据当时德意志图书馆法规,该馆才完全划归国有,并得到接受呈缴本的权利。在此之前,德意志图书馆的藏书靠自愿赠送和补充性的购买。

现在,德意志图书馆接受联邦德国的各种新出版物,同时也接受瑞士和奥地利出版商自愿赠送的德语出版物。民主德国的出版物,由出版商自愿送来,与此对等,联邦德国出版商也把印刷品送给莱比锡德意志馆。海外的德语材料以及关于德国的外文资料,通过购买和交换获得。还特别注意收藏 1933—1945 年间被法西斯驱逐的德国流亡者的作品,"流亡"文献现有 35000 种,还有许多非印刷资料。

1970 年后,位于西柏林马尔堡的德意志资料库,成为德意志图书馆的一个专门部门,替它完成音乐及音乐载体的收集与书目检索功能。

根据 1969 年法规,德意志图书馆积极与国外国家图书馆以及国际书目组织发生关系,现已与许多国家馆建立了交换关系和业务往来。1974 年以来,德意志图书馆成为 ISDS 的国家中心,承担了本国期刊的国际标准刊号(ISSN)的分配任务。为此,德意志图书馆不仅给 ISSN 号,还给键词标题,并出版有 ISSN 键词标题索引。1978 年,就含有 8000 个期刊标题。图书馆目前记录的给有 ISSN 号的期刊数,已达 17000 种。

1959 年,德意志图书馆迁入现在的建筑。由于藏书和工作量的迅速增加,"新馆"已几经扩建,还正在盖一座新馆。目前,德意志图书馆已拥有藏书近 300 万种,共有 340 多职员,年入藏 17 万册(件)书刊资料,其中 4 万种为现期期刊。

德意志图书馆采用多种方式利用藏书。首先,依靠呈缴本编国家书目。书目分周版、半年版和五年累积版三种。最基本和最重要的是周版,记录每周的新出版物。1982 年以前分为 26 个学科类,以后又细分为 65 个学科类。该版分 A、B、C 三个系列。系列 A 记录出版商出的出版物,每周出版一期;系列 B 记录非出版商出的出版物(灰色文献),每两周出一期;系列 C 记录新出版的地图,每季度出一期。半年版分两部分发表。第一部分是半年来出版的 A、B、C 上所有项目以及同期国外赠送的新书目。第二部分是主题和键词索引。五年版是 10 个半年版目录的汇总,也分两部分:书目、主题和键词索引。

除了国家书目,还编辑许多专门目录:《期刊目录》包括发表在德国、瑞士、奥地利和其他国家的德语期刊,按国家书目中的 65 个学科排列。《官方出版物目录》记录了联邦德国机关、团体、研究所、公共基金会以及重要的半官方机构出版物。还有州以下的行政单位,以及人口 10 万以下各区官方机构出版物(不包括学术机构和学校的出版物),每两年出一次。《学校出版物目录》记录德国各大学送给德意志图书馆的博士和博士后论文。每日一次,和国家书目一样也分 65 个学科类。这一目录还附有作者、标题和键词索引。此外,还有《音乐目录》、《德国图书目录》、《德国科学期刊目录》等。除了书目,还出版一系列有关图书馆事业的专著。这些专著分三个系列:德意志图书馆专门出版物、德意志图书馆工作手册、小型出版物。

德意志图书馆大量而广泛的书目服务,已成为德国图书馆日常服务工作的基础。没有德意志图书馆的目录、磁带和缩微片以及在版编目计划,许多德国图书馆将不会有高水平的发展。

随着书目工作的发展,德意志图书馆的情报服务也在增加,特别是在配合科技计划和部门情报中心分工协作方面有上佳“表演”。1974 年,联邦政府依据世界科学情报系统的任务,在管理科学、工业各领域内制定科学技术情报发展计划,原拟成立 16 个部门情报中心,现已有许多中心开始工作。如科隆医学中心,卡尔斯鲁厄市的物理学、动力工程和数学中心。德意志图书馆的任务,是根据政府的情报和文献计划制定的。部门情报中心累积和提供杂志、纪念文集、会议工作总结的书目情报,德意志图书馆则补充专题学术著作情报资料。德意志图书馆在性质上是参考馆,阅览室里的书不外借。

目前,德意志图书馆有200多个阅览座位,年满18岁的公民可免费阅览。馆内的一切资料不允许带出,但可当场复制。如果一本新书未在重要的地区目录中出现,地区图书馆也未收藏,那么德意志图书馆将出借复制品,供地方馆读者使用。参考咨询问题通过电话和信件回答,每年约回答4万个问题,其中85%是满意的。除了卡片目录、印刷的参考文献和图书书目,机检也是查找资料的有效工具。德意志图书馆积极参预合作,不仅在联邦德国内,而且与其他国家的图书、情报、文献机构建立馆际互借关系。

德意志图书馆的工作人员是政府雇员,来自大专图书馆学系和图书馆学校。他们是政府的民事官员,薪水由国家发给。馆员分四等:一般馆员(相当于助理馆员,中学毕业或中专毕业),从事一般服务;国家证书馆员(大学图书馆系毕业,有文凭),从事中级服务;高级馆员或称科学级馆员(相当于硕士研究生以上),从事较高级服务;课题专家(博士学位或科学级馆员毕业的),从事高级服务。工作岗位有学历、资历等条件规定。馆员学术职称晋升,须完成必修课程,并获得由大学颁发的国家证书。该馆汪重业务人员培训,包括派人进修图书馆学课程,举办各种长短期图书业务知识培训班等。

在现代化方面,德意志图书馆也很先进。它是世界上第一个用计算机编制全国书目的国家图书馆。1966年,与联邦德国情报与文献协会合作,完成了世界上第一个由电子数据处理设备生产出的《德国书目》的基础目录及累积目录。1971年底,修订了数据输入格式,采用新的"字顺编目规则"(RAK),在很大程度上能与国外的输入格式(如 MARC 格式)兼容。1972 年起,国家书目的记录均输入"书目资料"库,该库如同部门情报中心的资料库一样,可通过终端为联邦各地区的用户提供服务。书目资料库拥有 1912 年以来的德语专著和杂志的记录(共计 50 万种)。1976 年正式投入使用(它是联邦政府发展情报和文献工作规划内的一个项目),存入自 1966 年以来的出版物,到 1980 年已有 100 万个条目。该数据库可供国内外读者联机检索,它补充了国家情报系统与部门情报中心情报检索系统,并跨入西欧自动化情报系统欧洲联机情报检索网。

从 1966 至 1971 年,国家书目是用常规穿孔带控制的排字机生产,自 1972 年起,采用磁带控制的照排方式,1977 年以来采用更为先进的冷排版—电子数字排版。德意志图书馆的情报已不限于德语书目情报,该馆于 1978 年将英国国家书目编入书目资料库,并将英国图书馆机读目录的资料译成本国的书目资料格式。近年来,该馆有 1.2 万种杂志采用国际标准刊号。该馆还开展了《图书在版编目》服务,1978 年西德出版的 4.5 万种书中有 1.2 万种附有图书在版编目,这就大大简化了小型图书馆的编目工作。在开展图书在版编目的同时,该馆还进行磁带著录服务,每周在磁带上记录图书馆新藏的书刊,登记待出版的书名,然后将这些磁带分别送往各馆。至今国内外有 10 个图书馆分享这种服务,今后,该馆还将这种服务转换为联机方式。

总之,德意志图书馆在全国范围内在国家级和一些地区的图书馆中起着典范作用。它有如下特点:①着重收集德语出版物。②用计算机编制德国书目。③代表联邦德国参预国际图书馆行业的活动。④它是联邦直接管辖下的独立法定机构,即在联邦德国内,是唯一的法律上独立的图书馆。由内政部长实行法律监督。⑤它是全国第一个计算机书目数据库的创建者,成为其他检索系统的重要补充。

三　国立普鲁士文化遗产图书馆

国立普鲁士文化遗产图书馆的前身是普鲁士国家图书馆。普鲁士国家图书馆是欧洲最古老、馆藏最丰富、最有影响的图书馆之一,其历史可追溯到 17 世纪。公元 1661 年,弗雷德里希·威廉将他的私人图书馆捐献给国家,并对公众开放,由他直接领导,命名为选帝侯图书馆,这就是德国柏林国家图书馆的起源。1699 年开始实行法定注册呈缴本制度,藏书有了迅速发展。1701 年改名为国王图书馆。至 1786 年,藏书约达 15 万册。此后,通过购买私人图书馆藏书以及私人捐赠图书,使图书馆更加发展壮大。1810年,该馆归普鲁士文化部管辖,从而摆脱了国王的直接领导,藏书发展更有计划。1817—1840 年间,由弗雷德里希·维尔肯担任馆长,在他的卓越领导下,图书馆发展更快,藏书达到 30 万册以上。19 世纪 70 年代,随着德国政治上的统一,图书馆的地位益显重要,改名为德帝国图书馆。到 1890 年藏书达 80 余万册。1914 年该馆迁入新馆,藏书达 125 万册以上,其中包括世界最优秀的古版书和手稿 3.3 万余本。第一次世界大战后,更名为普鲁士国家图书馆。到 1930 年藏书达 250 万册以上,手稿 5.5 万本,地图 40 多万张,并有期刊 2 万种。它与其他大图书馆密切合作,继续保持着全国文献资料中心的地位。它具有很多特点,其中之一是拥有几乎无与伦比的音乐藏书和 10 万多种第一次世界大战史文献。到二次大战前夕,藏书约达 300 万册,手稿 7 万本,成为欧洲第三大图书馆。二次大战期间,为了避免空袭,不得不把图书从柏林疏散到几个比较安全的小城镇,其中约 170 万册疏散到当今西德辖区,其余疏散在东德辖区,被炸毁和散失的数量达十万册。战后,根据美国军管当局指令,原普鲁士国家图书馆疏散在西德辖区的藏书集中到马尔堡的大学图书馆,由法国占领军控制的手稿及古版书,从 Bueron 修道院集中至图宾根的大学图书馆。后者于 1967—1968 年运返柏林。在马尔堡的藏书，最初由黑森州恢复图书馆业务，名为黑森图书馆。1962 年划归普鲁士文化遗产财团接管，随后改为现名。根据有关法令，该馆应于 1964 年起逐步迁返西柏林，并在西柏林兴建一所与欧洲其他国家相媲美的宏大建筑，新馆花了 11 年，于 1977 年落成，1978 年正式开始使用。新馆除集中了马尔堡和图宾根的全部图书外，并大力发展收藏，成为西德图书馆中心，执行着全国性的图书馆业务。

现在该馆有 320 万册书，包括所有学术领域的德国和外国的印刷品。有 3 万种期刊和报纸，6 千件东西方音乐手稿，30 万本以上其他手稿，400 个作家和学者的专藏，3060 册古版书，22 万件乐谱，38 万张地图，25 万件缩微平片或胶卷，500 万张图片。

馆藏的发展，着重在人文科学和法学（特别是外国法）。在联邦专科古书领域发展计划中，它负责法学、东方研究、中国研究、日本研究、朝鲜和东南亚研究、制图学、外国报纸、政府出版物和地志图。该馆收藏的外国报纸、德国和外国政府出版物、国际组织出版物，在德国各馆中首屈一指。但是该馆的目录状况不能令人满意。二次世界大战后，原普鲁士国家图书馆的著者卡片目录，留在了东德，这样，文化遗产图书馆就得重新编制整套所藏旧有图书的目录。由于藏书多次搬动，登录也混乱，造成了编目工作的积压。现在该馆有著者和主题目录两套。

新馆的普通阅览室有 450 个读者座位，手稿、地图、音乐等部门有专门阅览室 150 多个，大约 15 万册书和三千种期刊在阅览室开架，其他书刊闭架使用。该馆积极开展馆际互借，还通过发表近期登录条目和各类图书（除手稿专藏外）目录，让公众了解馆藏。文化遗产图书馆继承了普鲁士国家图书馆的传统，编制联合目录，特别是编制期刊和丛书联合目录。建立了期刊数据库，库中存有联邦德国所有期刊的地址和书目记录。该馆存有柏林联合目录，是德国七个地区联合目录编制馆之一，还负责东欧文献、亚非文献、个人手稿和名人手稿的联合目录编制工作。

在国际关系方面，它是联邦德国政府出版物国际交换中心，是70个国际组织的储存馆，也是西德国际馆际互借的中转站。

该馆最高领导机构为馆长总部。总部设四个处：建筑处、电子数据处理处、开放工作处和总务处。总部之下设四个业务部：采购部、编目部、技术部（经营印刷、复制、装订和修补等）、使用部（管理借阅、馆际互借、书库、阅览室及参考咨询等）。八个特藏部：手稿部、音乐部、卡片部、东欧部、东方部、东亚部、政府出版物和交换部、总目录和资料文献部。此外，还有图片档案室。各特藏部的手稿多为古版本、珍本和原始手稿。手稿部多为名人手稿（如兰格尔、爱因斯坦）。音乐部多为著名音乐家（如巴赫、门德尔松、莫扎特等）的原始手稿。卡片部有地图几十万张，还有地图集和特种文献近 5 万册。东方部有个人手稿近 8 万本，尼泊尔、印度和埃塞俄比亚原稿的缩微复制品近 3 万件，为西方世界最大的东方手稿特藏。

四　巴伐利亚州立图书馆

慕尼黑的巴伐利亚州立图书馆，是德国最早最大的图书馆，建于 1558 年，由巴伐利亚大公阿贝尔特五世捐出私人图书馆而建立起来的。在十九世纪，它收进了很多修道院和教堂图书馆的藏书，成为拥有原稿及古版本的欧洲宝库之一。二次世界大战期间损失了近 50 万册书，具有百年历史的馆舍也遭到毁坏，但现在都已恢复。1970 年完成了重建工作。1943 年被炸的大部分书籍已经得到补充和修复。毁坏的建筑按照原来的历史风格重建，并扩大了使用面积。同普鲁士文化遗产图书馆一样，它的采购方针是收集所有语言和知识领域的文献，着重于历史（包括家谱和信章），语言学（特别是德语、古典罗马语、斯拉夫语）和文学，以及其他人文科学分支。它还收集有关巴伐利亚的文献、法学、政治和地理学（包括地图）。在三万多种期刊中，大多数是医学、生命科学和社会科学方面的期刊。至于物理学和化学以及技术和农业等应用科学的书刊，主要在慕尼黑其他地方，如德国博物院图书馆和技术大学图书馆里有很好的收藏。这些馆距离巴伐利亚国立馆很近。

该馆的特点一是有丰富和广泛的人文科学藏书，二是与普鲁士文化遗产图书馆相似，有许多专藏。

该馆的古版本和手稿部有大量的宝藏，对文化史研究有极大的价值，其学术价值是无法估量的。最重要的藏书包括 4 万件手稿（其中有拉丁语 1.9 万件，德语 1 万件，东方手稿 5000 件），18500 本古版书（是世界上最大的古版藏书），26500 件藏书印记，700 件纸莎草纸手抄件，3260 件单面印刷品，220 件铜版印刷书，320 件平版印刷品（首版），50 个木刻本，33000 件手稿，400 个名家专藏。其他专藏部包括音乐、东欧、东方和地图专藏部。特藏是该馆 1558 年初建时的藏书。在联邦德国藏书计划中，该馆负责古籍（包括中世纪拉丁和罗马语文献），拜占庭研究和现代希腊资料，斯拉夫、波罗的海、巴尔干国家的语言和文化，史前史、普通历史、德语国家历史，以及法、意历史和音乐方面的藏书。

该馆是联邦和州政府出版物的储存馆，也是联合国组织（UNO）、联合国教科文组织（UNESCO）和欧洲共同体出版物的储存馆。根据 300 年前的呈缴本法，该馆接受从巴伐利亚出版商处送来的新出版物。由于巴伐利亚有很多学术出版商，因此该馆在地方文献综合收藏上起着重要作用。

该馆中心阅览室有 450 个座位，专藏部的座位有 150 个。巴伐利亚馆的互借量也很大。它是德国七个地区目录所在馆之一，即巴伐利亚联合目录的编制馆。该馆对藏书保护作出了突出贡献，设有图书和手稿储存研究所，研究所建于二次世界大战中，战后 40 年来在修复被损坏的有价值图书方面做出了巨大贡献，赢得了世界声誉。在目录方面有总目录、特藏目录、与其他馆合作编制的古籍目录。

综上所述,法兰克福的德意志图书馆、柏林的普鲁士文化遗产图书馆和慕尼黑的巴伐利亚图书馆,一起承担德意志联邦共和国的国家图书馆的任务。德意志图书馆具有 UNESCO 规定的国家图书馆的两项基本职能:收藏国家出版物的缴送样本和编制国家书目。后二者主要承担保护文化遗产的任务。三个馆在藏书方面有分工,德意志馆重点是德语出版物,而且着重收藏二次大战后的文献;普鲁士文化遗产图书馆着重人文科学,主要对旧普鲁士图书馆图书的补充和发展,期刊也是它的收藏重点。巴伐利亚州立馆着重古版书和古代出版物,发挥其悠久的传统。在编目上,德意志馆是全国书目中心,负责编"国家书目",并积极参预国家情报系统的建设,发展自动化和国际联机服务。普鲁士文化遗产馆和巴伐利亚馆是地区互借中心,前者负责全国期刊目录,后者负责古版书目录。在行政上,德意志馆直属联邦政府领导,但由于德国政治体制的限制,它不能像不列颠图书馆那样有"中心"职能。普鲁士文化遗产图书馆则受联邦和州双重领导。由于这三个馆是德国最大的图书馆,各有悠久的传统,互相不能取代,因此德国的国家图书馆职能必须由三者共同承担。

贰 高校图书馆

一 高校图书馆的发展与类型

高校图书馆在联邦德国图书馆情报体系中占有重要地位。大学图书馆在德国是随着天主教和修道院图书馆的衰落而兴起的。14 世纪后,德国按照巴黎大学的模式,建起了自己的大学。1366

年出现了 Collegium Carolinum 大学，1388 年成立科隆大学。一开始大学图书馆的主体是学院图书馆，到 15 世纪才出现统一的大学中心图书馆。直到近代，大学图书馆才向学生开放，以前主要为教师和研究人员服务。在人文主义时代（16—17 世纪），大学图书馆发展迅速，一方面大学图书馆综合了许多学院的藏书，即出现了中心图书馆；另一方面大学图书馆的藏书趋向综合化。1615 年，莱比锡大学图书馆成为德国最早接受呈缴本的图书馆。18 世纪，成立了哥廷根大学（1737 年）、埃尔兰根大学（1743 年）、弗莱堡大学（1773 年）。这些大学在德国高校发展中起了重要作用。它奠定了德国高等教育模式，这种模式对美国大学产生过很大影响。同时，它们的图书馆体系也成为当今联邦德国"老"大学图书馆体系的代表。这些老大学图书馆由于遭受历次战争的破坏，大部分都经过重建。如汉堡大学、明斯特大学和维尔茨堡大学，都是在二次世界大战后重建的。

第二次世界大战后，高等教育的改革与发展促使联邦德国高校图书馆形成一个多样化的体系。多样化首先体现在不同类型的大学图书馆，大体上可分为大学图书馆和学院图书馆。学院图书馆包括技术学院或技术大学图书馆、教会学院、农学院、兽医学院、经济学院、商业学院、师范学院、林学院等图书馆。技术学院图书馆多是从专业图书馆发展起来而成为具有社会科学和自然科学藏书的综合性图书馆。其他学院图书馆从规模上讲更类似专业图书馆。但它们现在正扩大藏书，以使自己成为高校图书馆的一部分。

大学图书馆分为新、老两种类型。战争结束后，就建了柏林、美茵兹和萨尔布吉肯三所大学。60 年代后，随着学生人数的增加，又发展了许多新大学。其中有比勒费尔德、波洪、多特蒙德、康斯坦茨、乌尔姆等大学。新大学馆的特征是实行管理"单一"的图书馆系统。旧大学馆著名的有哥廷根大学等图书馆，其特征是分散管理的图书馆系统，它由在管理上互相独立的中心图书馆和学院、研究所图书馆组成。

多样化还体现于标准的不同。联邦德国的地方政府在西欧各国中享有最大的自治权力,各州有决定文化、教育事务的权力,大学事务由州管理并拨款。大学图书馆的服务标准也由州核定。因此,高校图书馆在经费、藏书、人员和服务标准上,呈现着多样性。为此,科学审议会一直要求高校图书馆在服务和藏书发展等方面要有统一的标准,并于1964年提出过一个"建议",要求各州对大学图书馆拨款要有一个合理的可应用的标准。

高校图书馆的经费,主要来自地方政府,联邦政府只承担部分建设费。大学和学院都有充分的自治权,因此图书馆事务是自主处理的,馆长有较大的权力,他要参预学校的大小评议会、教师委员会,寻求图书馆的经费,负责全馆的藏书选择和图书馆规划以及相应的经费预算。

目前,联邦德国的高校近百所,高校馆数量很多(包括院、系图书馆)。

二 联邦德国的大学图书馆

介绍大学图书馆,首先要了解一下联邦德国高等教育的结构。德国传统的大学分两类:一类是综合大学,侧重于"纯"科学和艺术的研究;另一类是工科大学,大多数建于十九世纪,集中于工程技术学科。以后又逐步建立了一些所谓次于大学水平的高等学校,如艺术高校,音乐、体育高校等。近来又建立了短期的高等专科学校等。高等学校又可分为学术性的和非学术性两类。前者包括传统的综合大学,工科大学、医学和兽医等学院,以及天主教神学院等。后者包括高等师范学校、高等艺术学校、高等体育学校以及1968年以来建立的高等专科学校等。近年来由于科学更多地进入生活,学术性高校的训练方法推广到日益增多的职业训练上,因此,原来的非学术性高校越来越多地被承认为学术性高校。其图书馆也就自然而然地成为学术性图书馆。70 年代以后,随着高校学生人数的增加,扩建了许多旧学校,兴建了许多新学校。现在共有高校 286 所,其中学院和大学 109 所,专业学校 147 所,艺术院校 30 所。

1. 大学图书馆的任务

大学图书馆的主要任务是通过选择和传递大学成员所需的文献,为大学的教学和科研服务。这些大学成员包括教授、研究者和学生以及所有致力于教学和研究的人。但大学图书馆的功能不限在校内,它的功能伸延到大学外。第一个外向功能是向所在市镇和周围的地区服务。德国许多大学馆同时又是市立图书馆。除了为本校师生服务外,还向全市开放,为本市的公民服务。例如法兰克福大学图书馆,既要为本校 23000 名学生和数千名教职工服务,还要向全市和黑森市的公民提供服务。科隆大学和市立图书馆要履行为科隆大学师生和科隆市的公民服务的双重任务。德国大学图书馆这样做的主要原因,一个是由于他们的图书馆在第二次世界大战期间遭到破坏,战后恢复阶段,把同一个市的几个图书馆合并成一个大学馆;另一个原因是一些大学馆的经费由市或州供给。再一个原因是一些州没有州立图书馆,需要本州的大学馆来负责整个州的图书馆事业,如萨尔兰州、莱茵州等。第二个外向功能是,参预各类型大学馆间的合作活动,如义务开展馆际互借等。同时,还积极协助 DFG(德国研究协会)参预跨地区的合作计划。

2. 大学图书馆的藏书

大学图书馆大都历史悠久,古籍收藏丰富,大学图书馆除了古籍外,一般都包括学位论文,有时还有手稿、乐谱、地图等,在理工科大学,还藏有专利和报告。在藏书建设方面,一般由馆长亲自抓采购,采购部门一般都由高级馆员担任职务。高级馆员本身具有某一门学科专长,再经过两年的图书馆学教育,并获得学位。他能充分发挥自己的专业特长,与有关专家一起商订采购计划。为了保证采购质量,满足读者需要,要利用各种书目,注意国内外出版动态。有的图书馆利用在版编目,每周印发新书预报。西德参加在版编目的图书馆有700多个,所以在新书出版前一个月就能够向读者进行新书报道。采购很注意听取读者意见,读者随时可以填写书刊申请采购单,送交图书馆审定。在复本方面,除教材外(20本)一般图书只购1—5本。他们很重视形成各图书馆的藏书特色。如法兰克福大学图书馆的采购重点是语言文学、本国民族学、人文科学、日耳曼语文以及法兰克福地方文献等。由于重视藏书品种和质量,高等学校图书馆基本上能满足本校师生对图书资料的需要。如法兰克福大学馆师生的需要,90%可在本校满足。

哥廷根大学和法兰克福大学图书馆是42所大学图书馆中最大的两所,藏书都达300万册。弗莱堡大学、海德堡大学、图宾根大学、埃朗根大学、慕尼黑大学的藏书各达200万册(共10所)。有16所的大学馆是新建的,藏书在100—200万册间,较著名的有康斯坦茨大学和奥格斯堡大学。有17所大学的图书馆藏书在50—100万册之间。学院型高校馆的藏书在10万—50万册之间。大学图书馆的期刊收藏,在500—9000种之间不等。一些罗马天主教神学院有丰富的手稿和古籍。

大学图书馆的藏书是综合性的,原则上要收藏所有知识领域的文献,这一点可以算作西德图书馆的一个特点。也许这也是由于联邦制所导致的"小而全"的结果。在19世纪以前,大学收藏的是纯学术性的文献。随着应用学科的增加,以及知识的增长,现在要收集所有文献已不可能,特别是在一些专科高校做到这一点更不可能。不过,目前各大学都注重对理论性著作的收藏,包括哲学、历史、艺术史等方面的理论性著作。还包括法律著作,尽管有的大学没有法律系,也要收藏一些与专业有关的条例、决议等。由于知识之间的相互渗透、交叉,大学图书馆人士认为藏书的综合性还是必要的。大学注重学术性著作的广泛收藏,是和西德大学强调科学研究的传统分不开的,特别强调教学和科研是一个统一体。另一方面和教学方法也有关系。由于强调学术自由,学生也几乎享有与教授们同等的学习自由。学生们自己拟订学习计划,自由决定何时何地以何种方式在自己所选定的学术领域取得学位,或进行文凭考试。可以自由决定听哪些课,不听哪些课,参加或不参加考试。因此藏书的综合性,使大学图书馆可以具有多种功能,在学术领域里充当重要角色。这一点无论在新大学和旧大学都是一样的。

3.大学图书馆的体制

西德高校图书馆存在新旧两种体制,这已成为特点。对于两利体制优劣的争论,已持续多年,至今仍未有明确答案。

(1)旧体制 传统的大学图书馆体制的特点是分散,有一个大学馆,另外还有学院、系、研究所、室、实验室、教师图书馆等。后者统称为"机构图书馆"。有的大学的"机构馆"多至一、二百个。这也许是传统"双轨制"的遗迹吧。大学馆和机构馆可为师生共同使用。大学馆主要负责外借,机构馆主要在于参考(藏书仅供阅览)。但在一些大的机构馆,如科隆大学医学院分馆的藏书,除阅览外,也可以外借。机构馆只为本大学服务,不对外。机构馆馆长一般是教授,有一个助手具体管理图书馆。在传统的大学,大学馆和机构馆是相辅相成的。在名义上,大学馆的馆长是大学所有馆的总馆长,参预大学里所有图书馆的事务,这种参预在大学基本法和州立大学法里有规定。但是大学馆和机构馆是相对独立的,经费、人事、采购、加工整理和利用是分散的。各分馆的藏书总数相当于中心馆的二倍,分馆订阅的国内外期刊总数相当于中心馆的三倍。大学馆和机构馆经费预算比例,一般在 1∶2—4 之间。在整个大学图书馆的活动中,这种大学馆和机构馆之间的分立所造成的影响到处可见。

机构馆在图书选择和采购上是独立的,这一点被教员看得非常重要,认为是教研和科研自由的必要条件。因此,从整个大学图书馆系统来说,在各个领域都有良好的藏书,有利于藏书发展的专门化,大学馆在采购方面注意各个领域藏书的采购。它一直把自己看作是贡献于所有学术领域的中心机构,是知识的储存所。在旧大学,这种分馆和中心馆分立的体制仍受欢迎,认为适合于形成高度专门化(良好设备)、高度组织化的图书馆服务系统。但是这种分散导致了一个不可否认的缺陷:即机构馆和大学馆在采购上的独立,导致缺少协调,藏书重复量大。在同一学校里,不同机构馆一些昂贵资料的重复也不是一件新鲜事。

德国图书馆界人士认为,解决的办法是建立大学馆和机构馆间的合作,不仅在采购、编目方面合作,在服务方面也要合作。必须编一个大学内的联合目录,大学馆不应限于外借,机构馆也不应限于参考。机构馆和大学馆间也不能有明显的读者区分。

德国研究协会致力于促进这方面的合作,为此发表了一系列建议,如1970年的"大学馆和机构馆间合作的建议"。其中的一些建议在旧大学中贯彻,取得了明显的效果。它的建议包括:减少采购的重复,机构馆和大学馆共同编作者联合目录和期刊目录,采用标准编目规则,把机构馆开架中不需用的书移到大学馆储存,机构馆向外机构成员开放,建立中心教科书馆藏。

(2)新体制 如果说旧大学馆主要是加强两个系统的合作,新大学馆则从系统本身入手考虑建立集中统一的图书馆。中心馆承担参考和借阅两个功能,既要收藏一般知识的书,同时也收藏大学里各机构所需的专业书,因而采购既要有深度又要有广度。在新大学馆里,所有的图书馆工作都集中统一处理,因此只有一个部门负责登录和采购,设中心编目部和中心技术服务部,图书处理上实行标准化。所有这些工作,都由中心馆来承担。有一些馆甚至在物质设备上也力求统一。如康茨坦茨大学和布莱梅大学,由一个中心机构集中管理藏书和书目控制,集中采编、统一管理、分散利用是"统一"体制的原则。新大学馆的另一改革是按学科分类开架,这种作法被认为是德国高校馆事业的进步。因为传统的大学馆是按"使用者"组织藏书和开架的。新大学馆在计算机编目方面也走在前面,自动数据处理首先在新大学馆里开展起来。这也体现了集中统一体制的好处,没有集中统一体制就不能保持中心控制和实现大学内部的图书资料网络。有了集中统一的体制,新大学还可以像英国大学馆那样吸收学科专家参预采购和服务,由图书馆专家和专业人员合作决定一个藏书系统,这在旧大学馆的分散体制下是不可能的。

随着技术的发展和旧大学图书馆系统的合作化发展,关于集中和分散的争论,将变得没有意义,因为网络的实现将体现集中与分散的统一。

4. 大学图书馆的组织与服务

大学图书馆一般分三个主要部门:采购部、编目部和读者服务部。还有一些专门的部门如手稿部、古籍部、地图部、乐谱部等。随着技术的发展,现在图书馆一般还设技术部,负责照相、复制、装订等服务。在大的图书馆,各主要部门还分几个分部。如采购部分订购、登录、期刊、交换部等。在老大学馆里,采购部还负责与机构馆的图书采购协调。读者服务部一般细分为阅览部、流通部、馆际互借部、书库组织、参考和情报服务部、教科书专藏部等。大馆的各部人员有1—20个,小馆各部人员只有几个。图书馆的人员管理和资金预算,一般由主任办公室控制。西德大学馆很重视采购,让高级馆员负责此部门,馆长亲自抓,注意藏书特色,另外也让学科专家在高校馆里负责选书。学科专家还负责编目和分类,和英国不同的是德国大学馆的学科专家不属于图书馆编制。大的图书馆在各个学科领域都有学科专家来监督。

目录方面,由于计算机的普及,缩微平片目录的使用已比较普遍。大多数图书馆的期刊和新书都采用缩微平片目录。每张平片可著录2000个题名。如比勒菲尔特大学缩微平片目录有38套，新书4—6个月出一累积目录，半年更换一次，此外分编由高级馆员担任，目录质量高，很少有有书无卡、有卡无书的现象。大学馆还积极参预地区书目的编制，担任地区书目中心。

在服务工作上，如前所述大学馆一般也为社会服务。在流通方式上，普遍采用开架，借数不限，借阅期一般为30天，连续可保留十几天。当天看不完的书，可以在架上保留，可预约9次。逾期罚款。北威州公布的1971年大学费用法规定，超期1—10天，每册罚款1马克，11—20天罚款3马克，21—30天罚款6马克。借阅工作一般自动化，出纳台两个终端，一个管出借输入，一个管还书注销或办理续借以及超期罚款等。大学图书馆的借阅自动化系统有两种：一种是法兰克福图书馆编的为黑森州和北威州各大学图书馆所采用的HEBISLEL系统；另一种是由波洪大学图书馆编的IBAS系统，供5所联合大学图书馆使用。大学图书馆和各类型图书馆一样，在出纳台与书库书刊运输上实现了自动化。普通阅览室宽敞明亮，座位多。专科阅览室包括珍本、特藏、艺术、音乐等方面藏书。研究室供高年级学生、研究生、教师参加国家考试、撰写学位论文或从事专题研究之用。有的大学馆还开设有小型阅览室，专供小组讨论用。总之，阅览条件比较舒适。开馆时间一般每周在90—100小时之间。大学图书馆参考咨询和读者培训也作得很好。参考馆藏丰富，利用缩微目录和地区联合目录，但还未实现全国联机检索。大学图书馆一般备有录像设备，向读者进行形象化宣传，陈列如何使用图书馆、图书馆指南等小册子已是普遍的事。大学图书馆也积极参加馆际互借，发有"馆际通用阅览证"，在各大学通用（有互借协定的）。

三 联邦德国的学院图书馆

联邦德国的高校系统，除了大学外，还有技术学院或称高等专科学校、艺术和音乐学院以及 60 年代后出现的综合大学。

1.高等专科学校图书馆

高等专科学校原来称专科学院,包括工程师学校、各科高级专科学校。根据 1968 年 10 月 31 日各州签订的关于统一高等专科学校领域的协定,现在这些学校已统称为高等专科学校,归入高等教育领域。目前,在西德这类学校有 100 所左右,其图书馆也独树一帜。它们的图书馆都是在 70 年代才建立起来的。由于高等专科学校在教师、学生数量及专业方面有很大不同,图书馆方面差别也很大。如技术学校与贸易学校的图书馆,对图书的需求完全不一样。在这类图书馆中,较大的藏书在 10 万册左右,期刊有 500 到 1000 种。由于高等专科学校是由过去的专科学院合并成的,合并的学校越多,图书馆就越大。在这些小馆中,一般没有资格馆员。图书馆的主要任务是为教师和学生提供专业文献。与大学不同的是,它们提供的文献,不超出专业范围。但它也向校外读者开放,并积极参预馆际互借。许多高等专科学校建了新馆,一般都实行开架。图书馆的流通率较高,有些馆的流通量达到每年 10 万册。当然在高等专科学校图书馆中,教科书馆藏所占的比重较大。不管怎样,高等专科学校图书馆对本校的教学和科研是很重要的。它还是一种新型的图书馆,服务模式还有待发展,藏书数量还有待提高。

2.艺术和音乐学院

艺术和音乐学院在西德有 27 所。就学生数量来说,这类学院是高校系统中最小的单位,学生一般不超过 1000 人。因此,这些学校图书馆的规模和大学馆不能同日而语。但是它的藏书内容是独特的,图书只占藏书的极小一部分,期刊一般不超过 100 种。非书资料是重点馆藏。磁带、唱片等是音乐图书馆的特藏。在公共图书馆中这类资料也在增加,但艺术和音乐学院的馆藏专深,而公共馆则是普及性的。

3. 综合大学图书馆

综合大学是在 60 年代后出现的一种新型高等教育模式,是随着中等学校综合化的改革而出现的。它把各类高等学校结合在一起,取消院系划分,开设教学内容、修业期限和毕业资格各不相同的课程,并加强课程和课程间的联系和沟通。校舍、器材设备乃至师资力量统一使用。综合高等学校不一定有中心馆,其分类编目委托学校里的一个馆集中处理。没有中心馆是因为综合大学由各个系结合起来的,虽然课程上一体化,但行政上各学科间还是有所区别。如比勒费尔德综合大学,70 年代开始招生,按学科分系,图书和期刊分布在 15 个系馆中,无中心馆。编目分类集中,学校对各图书馆统一管理。波洪综合大学建于 1961 年,有近 40 万册藏书,1 个中心馆,30 个机构馆,但机构馆由大学馆领导。在计算机应用方面成绩显著,已利用计算机集中分编。布莱梅综合大学馆建于 1972 年,藏书达 35 万册,有一个独立医学馆和 35 个机构馆,有综合自动数据处理中心。多特蒙德综合大学馆建于 1963 年,10 万册书,有中心馆和 8 个分馆。康斯坦茨大学 1966 年开始招生,藏书 25 万册,有一个中心新馆。雷根斯堡大学建于 1964 年,有 56 万册书,1 个中心馆和 15 个学科馆,有电子数据处理中心。

联邦德国大学图书馆有新旧两种体制。学院图书馆类型多样,服务标准不一,趋向专业化。联邦德国高校图书馆是联邦德国图书馆合作网络的中坚力量。

叁 公共图书馆

一 公共图书馆概况

德国图书馆始于七、八世纪,当时爱尔兰和盎格鲁—撒克逊的修道士在德国中部和北部地区建了许多修道院。图书馆是这些修道院的组成部分。九世纪,修道院图书馆的发展中心移到德国西部。中世纪(10到13世纪),教会图书馆的发展几经曲折,至13世纪末发展到顶峰。但藏书大都不超过万册,多数在1000册左右。文艺复兴时期,私人图书馆、城市图书馆和大学图书馆是主流,公共使用的私人图书馆和城市图书馆可称为现代公共图书馆的前身。城市图书馆多为当地王公贵族所办,为宫廷服务,有时也称宫廷图书馆。在此期间,私人图书馆数量较多,但很少保留下来。倒是宫廷图书馆得以发展,并成为公共馆保留至今。

在以后的年代,城市图书馆大量发展起来,主要为学者服务,收集学术性藏书。特别是在17世纪,开放性质的图书馆从意大利流传到德国,并很快盛行。这可以说是德国公共馆最大量出现的时期。但是18世纪后,德国并未像英美那样出现现代意义的公共馆。大量私人藏书的存在使得公共图书馆失去了发展动力。直到第二次世界大战结束前,德国一直没有出现现代意义的公共图书馆。可以说,德国公共馆的历史很古老又很年轻。

在第二次世界大战以前,曾经出现过"人民图书馆"。这种图书馆主要功能是教育,是希特勒政府搞起来的,其藏书经过严格挑选,所有这类图书馆馆藏内容一致,实行闭架借阅,有很强的读者指导服务。这类图书馆在战火中大部被毁。留存下来的图书馆,剔除纳粹书籍后所剩无几。战后联邦德国图书馆是按英美模式发展起来的,具有藏书选择综合性、自由发展、开架借阅、参考咨询、情报服务等特点,这也适用于描述战后联邦德国的公共图书馆服务。现在联邦德国的公共图书馆事业与第二次世界大战刚结束时相比,已经有了很大的飞跃。1950年联邦德国初建时,发现77%以上的社区中41%的居民没有公共馆服务。但是到了1968年,80%的人口已经享受到公共图书馆的服务。当时公共馆藏书3000万册,年借阅量8000万册次。到1979年公共图书馆总数达

13588 所,其中 8685 所的总藏达 515 万册,年预算 6680 万马克,职工 5434 人。西德所有城市均有包括若干个分馆的中心大馆,进行综合性藏书和服务。

战后联邦德国公共馆事业和英美相比有两个特点。

1. 一些城市仍然有学术性市馆,以前它同城市中心公共馆系统没有多少联系,现在已同本地公共馆以及大学图书馆合并,提供综合化的图书馆服务,并具有地方特色,因为学术性图书馆仍负责收藏"地方性文献"。

2. 联邦德国存在着两大系统的教会图书馆:基督教图书馆和天主教图书馆。它们拥有上千所为公众开放的小型图书馆,是公共图书馆系统的有力补充。

二 公共图书馆体制

在图书馆方面,联邦德国各州都规定有相应的法律,没有全国统一的图书馆法。联邦政府要负责各州事务的协调。联邦政府的教育和科学部支持德国图书馆协会以及有关的机构,这些协会和机构起着跨地区的协调作用。各州设有教育与文化事务部或科学部管理各州图书馆的事务,部下设图书馆局,负责监督本州的图书馆工作,但具体事务由州以下的县、市或村(镇)负责。各州发展图书馆事业的做法不一,如巴登——符腾堡州公共馆的发展是和本州继续教育事业结合起来的,北威州对公共馆的支持是通过制定公共馆、博物馆、交响乐团、剧院的共同计划来对图书馆提供支持。州政府用在图书馆事业上的经费比地方政府少。据 1981 年统计,从最小的萨尔州(100 万人口)到最大的巴伐利亚州(1000多万人口),给公共馆系统的经费从 66.5 万到 1900 万马克不等。人均公共馆经费最多的是石勒苏盖格——荷尔斯泰因州,总的讲,没有州政府的参预,地方公共馆的发展将是很困难的。

基层公共图书馆事务是通过社区管理的。大一点的社区,设立专门的图书馆委员会负责公共馆事务。西德有 8500 个社区,其中 3000 个有对图书馆拨款的独立权力。没有独立图书馆拨款权的社区,一般由县拨款。

联邦德国公共图书馆一般分成:州图书馆、城镇图书馆、乡村图书馆。

三 州图书馆

西德共有 11 个州,其中 3 个城市州:汉堡州、西柏林州、不来梅州;另八个州是:巴登——符腾堡州、巴伐利亚州、黑森州、下萨克森州、北莱茵——威斯特法伦州、莱茵兰——普法尔茨州、萨尔州和石勒苏盖格——荷尔斯泰因州。

每州都有一个中心图书馆。州与州之间还有跨地区中心馆,中心馆就是州馆,一般位于州的首府。州立馆有 30 所之多,有四项功能。

1. 提供本地区图书馆事务方面的咨询,如就新馆建设、图书馆组织与管理问题等提出建议,特别是负责咨询本地区图书馆的选书工作,所有的州馆都出版地区图书目录以支持这一工作。有些州馆还出版供图书选择用的专门书目材料。在州图书馆之间还联合出版图书选择的目录。

2. 负责本州馆长、馆员培训,促进本州图书馆学的研究。州图书馆负责本州图书馆助理员的培训,特别是对小型图书馆馆长进行培训。还出版专业杂志,介绍本州图书馆工作经验和学术成果。

3. 负责对地方馆的拨款。这一点,州图书馆在本州或地区的图书馆协作中起着很大作用。它可以给专门的图书馆项目拨款,如给合作项目拨款,拨款较多的项目有图书馆家具和建筑等。

4. 负责收集本州的文献。州图书馆享有接受本地区呈缴本的权力。

州图书馆一般由州政府提供经费。国家在经费上没有给予太多的帮助,只是在行政上给予支持和鼓励。州公共馆类型多样,一般由州首府所在地的市馆担任,有些是市馆与大学图书馆的合并,西柏林是由美军纪念馆担任州中心馆,这是特殊的例子。州图书馆往往不负责全州图书馆事务,只负责一个或数个行政区的图书馆事务,只有萨尔布卢肯的萨尔州图书馆负责全州图书馆事务。州立馆通常由州文化部或州艺术和科学部负责。各州中心馆所服务的行政区域有所不同,一般不包括独立的县或市镇。州图书馆的主要目标是消除城乡图书馆服务水平的差别。一般由学科专家来负责对图书馆的评价和图书选择、图书馆建筑、设备等方面的咨询。州图书馆之间也有合作,这种合作是通过 FSB(州公共馆专业会议)来促进的,这种会议每年开一次,以促进各州馆间的相互接触和交流。

联邦各州图书馆,在协调和促进本州图书馆事业发展过程中起着较大作用,但经费、人员、设备都不足。各社区图书馆的发展在很大程度上要由社区承担。

四 城镇图书馆

城镇图书馆一般指人口 2 万以上的较大市镇图书馆。按照人口和藏书数,城镇图书馆可分为:

1. 超大型城镇馆。西柏林、汉堡和慕尼黑是西德三个最大的城市。人口分别为 190 万,160 万和 130 万。汉堡公共馆有 57 个分馆,总藏书近 300 万册,慕尼黑市馆有 61 个分馆,总藏书也近300 万册,西柏林的美军纪念图书馆有 12 个分馆,藏书近 400 万,其中非书资料 80 万件(册)。

2. 大型城镇馆。人口 50 万到 100 万的城市有九个,市馆藏书在几十万到百万之间,如汉诺威人口 52.5 万,馆藏 80 万册;杜伊斯堡人口近 50 万,藏书约 50 万册。

3. 中型城镇图书馆。人口在 20 万到 50 万之间,藏书从几十万到百万,有 19 个中心馆。

4. 中小型城镇馆。人口 10 万到 20 万,藏书在 9 万到 35 万之间,35 个中心馆。如 Ludwigshaten,人口约 18 万,藏书近 20 万。Koblenz 人口 11 万,藏书 18 万。

5. 小型城镇馆。人口 10 万以下的市镇馆。其中人口 5 万到 10 万的市镇馆有 86 所,藏书几万到几十万不等。如 Wolfsburg 人口 9.2 万,藏书 99387 册,2 万到 5 万的小市镇有 164 个,其中 90% 有中心馆,藏书量不等。

市镇图书馆一般由一个中心馆和若干个分馆组成。和英、美不一样的是,市镇图书馆和本地的"学术性"市馆并存。在德国这类"学术性"馆没有受到国家保护,只由本地拨款维持。现在大多数学术馆都并入公共馆或大学馆系统。学术性市馆的藏书很有历史价值。第一个学术馆可追溯到马丁·路德宗教改革时期。当时人民要求"所有民主的德国城市都要有好的图书馆收藏"。在 17—19 世纪,大多数学术性市馆是由市民投资兴建的,有的是倒闭的大学把图书馆留给政府的。

值得指出的是,尽管西德在法律上没有硬性要求市政府提供图书馆经费,但各市镇政府都把公共馆看作市民生活中不可缺少的部分,都尽力提供维持一个有效公共馆服务所必需的经费。以前,市镇馆的服务标准不统一,为此在 1964 年,机构管理联合会发表了"地方公共馆报告",该组织和德国图书馆协会(DBO)领导下的公共馆研究中心协商,建立了一个由地方专家和地方图书馆成员组成的委员会,来设计一万人口以上市镇的公共图书馆的蓝图。该委员会提出了如下标准:①馆长必须是资格馆员。②藏书的数量和质量要比较完善。③查寻资料便利,并要以专业方式提供,作好读者咨询和参考服务。④藏书开架。⑤书目及期刊须供读者使用。⑥积极参加馆际互借。⑦开馆时间方便人民等。要求这个标准必须在 5—10 年内达到。1973 年又发表了这个报告的修订本,

116

题目就叫"公共图书馆"。新标准希望达到:15%的人口应是公共馆的登记读者,每个读者每年要借30册书,或每人应有4.5册藏书。要求藏书至少要有一万册(不包括专藏和视听资料),每人至少要有2册书的保障率。具体建议有,①进行藏书剔旧,每年补充现有藏书数量(不包括参考书)12%的新书,整个馆藏要扩大3%。②公共馆有必要增加学术性藏书,即使在城市里有大学或州图书馆。③要为社区中的其他机构服务。④公共馆的位置应便于读者到达,每个读者距离最远服务点不应超过15分钟的路程(或一公里),在郊区可扩大到1.5公里。流动图书馆的位置应符合这一原则。⑤主馆每周要开40—60个小时,星期六也要开馆,分馆平均每周开馆时间为35个小时。⑥分馆应建在人口不少于一万人的地区,藏书不少于一万册,其中3000本必须是儿童书籍。⑦流动图书馆每星期"流动"一次。应有2500到4500册流动书,总藏书保证有1万到1.5万册。⑧公共馆应为公共提供资料,包括没有生活在社区中的"外来客",借阅图书除过期外,不应收费。⑨其他图书馆不应取代公共馆。此外关于人员也有要求。前后两个标准大大推动了市图书馆的发展。目前市镇馆藏书和设备较齐全,有德文书也有外文书(多是英文),一般有杂志一千多种,具有视听资料和地方文献,中心馆和分馆已成为联合的"承上启下"的图书馆体系(下对乡村馆,上对州馆)。

城市馆的中心馆和分馆间的关系比较复杂,有些分馆属地方政府,与中心馆只有业务联系。有些分馆是专门设立的,由市和地方政府共同负担,介于地区馆和中心馆之间。这种城市馆有四级系统:中心馆、地方馆、分馆、流动馆。市镇馆一般都设儿童服务部和青年服务部,这些部门和城市中的青年图书馆、学校图书馆、医院图书馆、盲人图书馆等都有联系。

近几年来,流动馆发展很快,它们大部分服务于那些人口较分散的城镇。在这些城镇中,分馆服务的人口少于一万人。与分馆比起来,流动馆可以开展多样化服务,能适应城市的发展。大一点的流动馆藏书在 4000 到 6000 册之间,但据标准,藏书量要有 1 万到 1.5 万册。这一点也比分馆优越。流动馆的服务人员,一般由中心馆派出,水平较高。在流动图书借阅中实行通用图书卡,即在流动车上借阅的书可以在本系统内的各个馆归还,不仅图书可以外借,期刊也可以外借。这也是西德流动图书馆的特点。流动图书馆在城市图书馆服务中正发挥着越来越大的作用。而且发展很快,1957 年只有 14 个流动馆,1967 年就达到 75 个,当前已达100 个。

五 乡村地区图书馆

一般指人口 2 万以下的村镇图书馆。西德有 8000 个人口在2 万以下的社区,其中 40% 的社区没有独立的图书馆。由于乡村社区没有足够的收入。因此只有少数乡村图书馆完全靠本社区维持。目前,700 个乡村社区是靠流动图书馆提供服务。这些流动图书馆是由几个社区全部提供经费或是由县政府拨经费来维持的。现在正在进行的行政改革,将使乡村社区规模扩大,这样乡村社区收入将增大,图书馆界希望这一改革有助于改善乡村图书馆服务落后的状态。

除了流动图书馆,一些县成立了地区补充图书馆和地区图书馆。前者是帮助那些无足够藏书和服务的乡村社区馆,后者则是通过地区中心馆的建立形成一个地区中心图书馆网络。

总的看来,乡村社区图书馆正逐渐被流动图书馆所取代,流动图书馆成为乡村地区图书馆服务的主要形式。根据 1972 年统计,乡村人口中只有 10—12% 的人是登记读者。因此,在 1000—2000人口的乡村社区中,小馆已被流动馆所取代。这是因为,乡村人口结构的变化使得乡村馆的服务有必要扩大。工业区越来越深入到乡村地区,新的产品和市场方式要求那些从事农活的人具有技术知识。市镇的居民也经常来往于乡村和市镇之间,这样乡村馆一般也要求有参考咨询服务的能力。同时,现代的大众媒介如电视、广播,使得在乡村地区生活的人们通过智力的开发,能参预自身环境的迅速变化,现代社会的发展带来了乡村馆服务扩大的需要,要求图书馆在数量和质量上都要达到一定程度,然而这是单个的乡村图书馆所无法达到的。

德国图书馆界也有人认为,光靠流动图书馆不能解决乡村地区图书馆的服务问题,因为流动图书馆没有参预职能,解决的办法是实现地区图书馆服务的最终平等。

六 专门的公共图书馆

除了综合性的公共馆外,还有一些专门的公共图书馆。如青年图书馆、老年图书馆、盲人图书馆、犯人图书馆等。为少年儿童服务由公共馆承担,公共馆中设有少年儿童部,或在成人部中设少年(10—12 岁)馆藏。青年图书馆有独立的,也有设在学校图书馆中的。综合公共馆负责对这些专门公共馆进行业务辅导。在德国有一所著名的青年图书馆,即慕尼黑国际青年图书馆,它也是世界上唯一的一所系统收集全世界青少年文献的机构。世界上 1000 多个出版商把它们最新出版的青少年图书赠送给该馆,每年进书量 1.5 万本。1986 年藏书达 45 万册,包括 100 个语种的出版物。另外有国内外期刊 230 种,参考书 2000 多种。文献中心藏有青少年的论文、讲话、报刊文章以及其他类型文献。它的藏书分两部分:一是研究性藏书,收集各种青少年问题的著作。二是外借图书,供公众借阅。该馆有懂得中文、荷兰文、日文、葡文、英文、法文等 18 种语言的工作人员,能开展各种各样的国际活动,每年还举行"国际青少年图书展"。它的情报服务开展得很好,为青少年提供咨询。有一套含主题目录、书名目录、国家目录、作者目录、年代目录的完整目录体系。与为青少年服务相比,公共馆比较不重视为盲人、病人和犯人服务。在一些市馆中设有盲人图书馆,但数量不多;只有一些大医院才有病人图书馆,但也不具备足够的藏书和馆舍,更不用说专业馆员了。

监狱图书馆属司法部门管,其藏书、服务质量都很低。公共馆服务也很少扩展到监狱。

军队图书馆分军事研究图书馆与战士图书馆,战士馆一般以营为单位。军队馆和公共馆的合作几乎没有。

德国历史上有工厂图书馆,它为工人提供职业培训、基础教育、媒介等方面的服务。其中有一些规模较大,并且有资格馆员。据估计,这类馆为 80% 的工人服务。随着社会发展,公共馆功能的扩展,已有一些工厂馆关闭了。

教会馆提供通俗小说、非小说类文艺书和普通作品,着重于宗教教育。二次世界大战中,这类馆遭受严重破坏,但现在已超过战前水平。根据最新统计,有 7188 所天主教公共馆,总藏书 1000 多万册。2298 所新教公共馆,总藏书 170 多万册。这些图书馆一般都很小,服务人员多是自愿的或兼职人员。它们经常通过专家的帮助,开展阅读指导,特别是对教会学校学生的阅读予以指导。有三个重要教会图书馆协会:基督教图书馆协会、天主教图书馆协会、德国教会图书馆协会联合会。现在,教会图书馆已经和公共图书馆通力合作,共同规划地区图书馆服务系统。

七 公共图书馆的服务

尽管现在还在努力实现地区图书馆间的合作,各城镇图书馆的服务已实现了集中化,中心馆为分馆和特种馆(青少年馆等)采购、编目、处理,并开展互借服务。在大的城镇馆,都雇佣学科专家负责某一专业方面的图书馆服务,他们常常是中心图书馆某一部的主任,主要负责选书,积极参预图书馆系统的藏书建设,为小馆提供藏书方面的咨询,最终目的是要在藏书发展中尽量考虑用户的需要。德国公共馆非常重视选书工作。州图书馆还提供选书清单。设在美军纪念馆的 EKE(公共馆购买中心),也帮助各馆买书,并给各图书馆实行随书配卡。许多小馆从 EKE 的服务以及州图书馆服务中获益不小,保证了采购质量。

公共馆的编目条例,用的是高校馆的老普鲁士编目规则的简化条例。这一条例现在仍在使用着,一些国际条例如 AAGR I,对公共馆编目产生了很大影响,但许多馆并没有因此放弃旧体制。公共馆的分类法是图书馆普遍分类法,EKE 和州图书馆多用此法。但一些大公共图书馆有自编的分类法。分类法不统一是德国公共馆的一个特点。现在正在计划一个标准分类法,这一分类法将更多地照顾到电子数据处理的应用。公共馆一般有书名、作者分类目录,一般没有主题目录,但有分类目录的主题索引。目录体系的不足,多以读者咨询服务的加强来弥补。现在大多数公共馆已实行开架。在新建的城市中心馆中,流行设立像美国那样的专科服务部门,这一部门实际上是专门情报服务部,它和读者书目咨询部一起,已被认为是公共馆最重要的服务之一。由于西德公共馆藏书有限,一般在服务上不像英国那样分参考部和外借部。公共馆服务新近的一个发展是增加了视听资料服务,特别是音乐资料的服务很受欢迎。

关于德国公共馆可以归纳如下几点:

1. 公共馆分三级:州馆;市、县馆(市镇馆);区馆(乡镇馆)。

2. 公共馆职能是满足人们对情报、教育和娱乐的需求,西德图书馆界认为,随着情报量的急剧增加,终生教育的开展,民主社会所要求的思想开放的增加,职业培训的需求的发展,闲暇时间的增多,公共馆在社会和个人生活中应具备上述三种功能。

3. 战后公共馆是按英美体制发展起来的,比较着重图书馆的教育功能。有中心馆和分馆。

4. 公共馆藏书是综合性的,一般都有参考工具书,有很多视听资料。

5.服务以方便读者为前提,目的是让每个德国人在最短时间内获得所需资料。为每一个公民服务,比较注意为老年人、青少年、残废人、病人、聋哑人、少数民族、盲人、外籍工人等弱质群体服务。同时,很注意公共馆外向功能的开发,加强与社会其他机构的联系,成为社区中心。

6.加强合作,认为合作加强了单个馆的整体功能。有公共馆间的合作,也有公共馆与其他图书馆间的合作。

7.基本上做到县县有图书馆。到1982年,237个乡村县都有图书馆;8504个社区中,有3206个有独立的公共馆。各社区馆的建设由社区中居民决定,因而各馆水平不一。一般来讲,居民数越多,图书馆越大。居民更多的关心剧场、交响乐团、博物馆的建立(和德国的文化传统有关),因而没能实现乡乡(区区)有馆。而且各县也很少有中心馆。

8.公共馆的组织分中心馆、分馆、流动馆和专门服务的图书馆。中心馆包括行政部,负责计划和图书馆系统间的合作,以及人员、预算、计算等,还负责与当地教育机构的合作,搞好公共关系。藏书建设和书目控制部,负责学科专家的工作和专门学科领域的书目与藏书工作。读者服务部包括中心服务与分馆服务部。中心服务部包括借阅服务、咨询、参考和情报服务、馆际互借;分馆服务包括流动服务,专门馆藏服务等。在市里,要学术馆和公共馆分立问题已得以解决,现已发展了综合性中心馆。在藏书组织上,公共馆不分借阅书和参考书,所有书都可外借。藏书是按部门组织的,没有统一分类法。图书分类按读者阅读兴趣分。

肆　专业图书馆与文献工作系统

和别的国家一样,西德专业图书馆多种多样,除了大商业公司、学会、联合会的图书馆外,还有州、联邦政府部门、地方政府部门的图书馆。它们唯一的共同特征是服务仅限于某一领域。据德国图书馆研究院报告,现有专业图书馆1600所,其中89所是非严格意义上的专业图书馆,即一些大专、艺术和音乐学院图书馆,以及大学中的机构馆。

专业图书馆始于19世纪末,20世纪已初具规模。分专门图书馆、政府和议会图书馆、中心专业图书馆。

一、专门图书馆

专门图书馆包括公共、教会和私家机构主办的图书馆。公共的专门图书馆主要是国家、州和地区的研究机构、学术团体、马克斯—普兰克研究会、博物院、医院等系统的图书馆。教会的专业馆主要是主教管区、教堂、教会教育以及宗教团体图书馆。私家机构的专业图书馆包括工业、商业公司,经济、技术联合会和私人资金组织起来的学术团体组织的图书馆,由此可见,专业馆范围相当广泛,很难描绘出特定功能,它与公共馆和高校馆间也有交叉。

专门图书馆的合作活动,是在 ASPB(行业图书馆协会)组织下进行的。比较著名的专门馆按专业可以指出如下:

1. 在人文科学方面,慕尼黑艺术史中心研究所图书馆,藏书20.4万卷;纽伦堡的国家日耳曼博物馆图书馆,藏书42.3万卷;柏林的普鲁士文化基金会拉美研究所图书馆,藏书53.8万卷;斯图加特的当代史图书馆,藏书28.3万卷。

2. 政治学、法学和经济学方面,有汉堡经济研究所图书馆,藏书80.5万卷;海德堡外国公共法和国际法研究所图书馆,藏书24万卷。

3. 应用科学、技术科学和自然科学方面,有慕尼黑德国博物院图书馆(科技及科技史图书馆),藏书67.3万卷;奥芬巴赫的德国气象办公室图书馆,藏书13.4万卷;汉诺威的地球科学原材料联邦机构及下萨克森石油科学署图书馆,藏书30.4万卷;勒弗库森的Kekale图书馆(化学、物理、处理技术、医学和药学专业图书馆),藏书52.5万卷;埃森的矿业图书馆,藏书19.5万卷。

4. 教育方面有:柏林的马克斯—普兰克教育研究所文献中心及图书馆,藏书10.8万卷;布伦瑞克的Georg Eckert国际学校图书研究所图书馆,藏书9万卷;法兰克福的德国国际教育研究所图书馆,藏书6.2万卷。此外,比较著名的还有:杜塞尔多夫的德国冶金工作者协会图书馆,藏书8.6万卷,还藏有DIN的标准和专利;杜伊斯堡的奥古斯特、梯森工厂技术图书馆,藏书2.5万卷;德国宇航研究与实验站图书馆,藏书5500卷;不来梅的海洋研究所图书馆入藏有关海洋生物学图书1.2万卷;汉堡的德国水道研究所图书馆,藏书8.6万卷;该馆收藏海洋地球物理方面的资料较多,有2万张海洋图和4000册海洋图书。

专门馆的藏书除了图书外,一般都有缩微品、幻灯片、录像盘、磁带、地图、手稿、报告、学位论文、专利和标准等。虽然行业馆有各自不同的领域以及特定的需求,仍然可以归纳出如下一些特点:

1. 专门图书馆的目标和功能,是由所属的机构——研究所、学会、博物馆、工业和商业等来决定的。因此它不是独立的,而是所属机构的一个有机组成部分。采购、编目和流通都要适合机构的需要。唯一的例外是斯图加特的当代史图书馆,它是一个独立的组织。随着专门馆藏书的增多,专门馆的服务范围也扩大到馆外,不仅由政府资金支持的专门馆,而且那些民间和私立机构图书馆也向外界开放藏书,提供情报服务。专门馆的外向功能正在加强。

2. 采购方针。采购极少是综合性的,一般采购的是有限领域内的图书,采购多少受到所属机构的监督。由于采购专门化,常能收集到专业领域内的最新出版物。采购过程和大学馆的采购过程一样,多由学科专家来完成。专门图书馆材料中,有很多"灰色文献",大多是经过非正式渠道获得,有报告和公司出版物等,也有很多通过交换和个人接触得来的内部情报。

3. 编目。编目规则多是自定的,因受行业馆工作实际情况的限制,这些馆从未使用过"普鲁士著录条例"。专门馆的目录,主要按词的自然顺序排列,即字顺目录。这类馆著录的特点是,在公布 RAK 之前,有著录团体著者,在技术馆有主题目录。专门图书馆都使用 UDC(国际十进分类法)。专门馆很重视会议文献、中期报告,以及一些重点期刊的分析著录。

4. 作好编目的同时,注意作好情报服务,包括购买文献、索引、联机检索等服务,把本系统计算机与外部联接起来。作好新到资料通报,生产个人检索目录和资料评论。有些专门馆的情报服务是面向社会的。

5. 专门图书馆一般不外借,只供阅览。但专门馆积极参预馆际互借活动,这在一定程度上减少了对大学馆学术资料需求的压力。专门馆还通过提供缩微品和提供信息来满足各地读者的需求。这些服务在研究机构的图书馆中开展得更好。

6. 专门图书馆的内部结构没有固定模式,大多数馆员没有受过图书馆学专业训练,他们是边学边干。这意味着专门馆工作不够专业(指图书情报专业)化。在一些大的专业馆,工作人员是按学术和专业水平严格分等级的。专门馆面临着中心馆和分馆的关系问题,需要解决编目、分类、采购方面的重复现象。小的专门馆特征是可以灵活地安排人员,根据需要进行工作。

7. 专门馆很注意合作。因为大部分馆不能自给自选。按专业联合是合作的主要方式,它们的合作有馆际互借,交换出版物和工作经验。由于专业的不断交叉,专门馆只有合作才能满足需求。在地方一级,专门馆还与其他类型的图书馆合作。

二 议会和政府图书馆

议会和政府图书馆可以分为州和联邦议会、法院、地方和州政府机构的图书馆、联邦政府机构图书馆,还包括工商业、保险公司等的董事会图书馆。它有一个专门组织叫 APBB(议会和政府图书馆协会),目前该组织的会员馆有 500 多个。

这类馆中一般只有少量藏书和一两名馆员。联邦议院图书馆是目前世界上最大的议会图书馆,藏书 75 万册,有大量德国和外国政府的出版物。另外,有些大型的议会和政府图书馆对学术活动有很大影响,它们是:德国专利办公室图书馆,藏书 81.8 万卷,有大量的专利出版物;外事办公室图书馆,藏书 20.9 万卷;联邦参议院图书馆,藏书 24 万卷;联邦统计办公室图书馆,藏书 20.9 万卷,联邦银行图书馆,藏书达 120 万卷。这几个馆还通过文献工作和情报检索服务的开展,积极为高校图书馆服务。

大部分政府和议会图书馆成立于 1945 年之后,它们有如下一些特点:

1. 只为上级部门服务,公众几乎不能用。

2. 藏书有时新性,适合于日常使用,其排列的要求是:任何时候都能最快存取。

3. 法规性文献是馆藏的重点,除了和上级部门活动情况有关的专门资料外,所谓的"灰色文献",即政府出版物、会议纪要、备忘录、报告、统计等占了大部分。

4. 经常剔除藏书,保持藏书时新,各专门馆间积极开展交换活动。

5. 由于有大量的"灰色文献",政府和议会图书馆已经从著者编目转向采用 RAK 的变体,RAK—PB,并被政府和议会图书馆广泛接受。主题编目主要根据联邦议院图书馆的词表进行编目,许多馆有分析著录。

6. 政府部门职员可利用参考书和期刊、报纸等,这类资料的组织,政府和议会馆做得比较好,一直很重视。

7. 由专业馆员开展工作。1979 年以来,已经形成了政府和议会图书馆馆员录取规则,其中包括经验、考试、专业教育等方面的要求。

三 中心专业图书馆(或称跨地区专业馆)

为整个联邦服务的专业中心馆,现有四所:科隆的中央医学图书馆、汉诺威的技术情报图书馆、基尔的中央经济科学图书馆和波恩的中央农业图书馆。这些图书馆具有现代图书馆的特色:为整个联邦服务,广泛采购,全面编制目录和索引,同国际翻译中心合作提供翻译业务,自由流通。

中央专业图书馆是参考性图书馆,不外借。但其藏书大量地在外面使用,特别是在馆际互借以及地区借阅方面被大量使用。汉诺威的技术情报图书馆是最重要的互借馆之一。

四个中央专业图书馆在 1973 年图书馆计划中(见合作)被列为第四级图书馆,根据该计划,它们收集本馆专门领域的出版物,尽可能地全面收藏,并尽可能多地收藏书籍、期刊之外的非常规文献。要完成文献工作和情报工作,提供翻译服务,藏书通过互借使用。可见中央专业图书馆是专业领域的"国家图书馆",事实上它是德国国家图书馆系统的重要补充。中央专业图书馆的经费由联邦资助。根据《研究赞助联合协议》,联邦承担 30% 的经费,州承担 70%。但中央农业图书馆主要由德国研究协会承担。

1. 科隆的中央医学图书馆,是北莱茵—威斯特法伦州的机构,是科隆大学和科隆州立图书馆医学部两者结合中产生的。现在的地址在科隆大学医学院内。它是人类医学和其基础科学的中心馆,任务是采购和提供国内外的医学文献。除了收集德国医学文献外,着重收集英、美和苏联的医学文献。1982 年,它共有 57.7 万卷藏书,其中有 25.7 万份学位论文,现期期刊 6500 种,85% 是外文期刊,还有丰富的英美医学方面的政府报告和半官方的印刷品。它出版有"医学期刊目录"。1981 年,馆际互借的要求有 26.8 万起,90% 得到满足。该馆提供医学期刊复印件服务。在科隆,还有"德国医学文献和情报工作研究所",该所大力支持和补充了中央医学馆的服务。

2. 汉诺威的技术情报图书馆(TIB)是下萨克州的一个独立机构,是联邦德国自然科学和技术科学的中心图书馆,同时也是汉诺威大学图书馆。一套班子两个单位。有不同的预算和计划,因此它身兼两职。汉诺威大学图书馆成立于 1831 年,拥有大量的德国早期科技文献,这些文献对科技史研究极富价值。在战争时期这些图书得以保存,因此汉诺威技术情报图书馆是目前德国保存最完整的科技文献史料中心。1959 年,联邦德国研究技术部决定把汉诺威大学馆扩建成全国性的科技中心图书馆,为此进行了大量投资。1965 年建成新馆。建馆伊始,就着重化学、数学和物理学等基础科学文献的收藏。它的任务是采购和提供科技文献,特别是外文文献,以及难以得到的出版物与少数语种的出版物。TIB有 125 万件以上的缩微品,近期期刊 19 万册,90% 是外文期刊,其中东欧期刊 5900 种,亚洲期刊 1200 册。还有本国学位论文 13 万篇,德国专利 159 万件,国外学位论文 13 万册,美国学位报告 62 万册,德国研究报告 3.5 万册,并编有"技术和自然科学研究领域近期书目"。TIB 馆占地面积 14000 平方米,有 330 个阅览座位,现有工作人员 207 人,用于图书采购的年经费在 400—500 万马克之间,该馆接受汉诺威大学和联邦研究技术部双重领导,并得到德国研究协会的支持。该馆的东方语言部每月有近期通报,名叫《东方语言专业文献快报》,有东欧和东亚两个分册。1982 年通报了 12 万篇东欧和东亚期刊与著作中的参考来源。TIB 与在代尔夫特(荷兰)的国际翻译中心合作,作为国家翻译中心开展科技文献翻译服务,TIB 还出版特别目录"EU89(80)",列出现期馆藏所有期刊和图书。1981 年,有 40 万个借阅要求,其中 70% 是通过馆际互借系统借阅。它还编辑《科技进展通告报道》。

汉诺威技术情报图书馆与国内外的文献或情报工作机构有着密切合作,如它与在卡尔斯鲁厄的专业情报中心合编《德国研究报告摘要》,该摘要记录输入全欧 SIGIE 数据库。

汉诺威大学评议会中设有图书委员会,对大学图书馆的重大问题进行审议,联邦研究技术部邀请有关人员组成顾问委员会,对技术情报图书馆的重大问题进行审核。TIB 的经费及人员由两个上级机构分别下拨与任命。图书馆下设采编、借阅、咨询、特种服务和技术服务五个部门。采编部又分采购、编目、装订三个组;借阅部分查询、借阅台及外借、书库、读者服务及联机检索等若干小组;咨询部分 12 个组,分别负责各学科领域的咨询及定题服务(计算机文献检索)、专业阅览室和专业图书特藏的组织工作,此外,还有东欧及东亚两个小组;特别服务部负责出版东欧及东亚两种文献快报、德国研究报告目录和科技进展报告目录。该部下设翻译中心,负责东欧文献代译及其他语种文献的委托翻译工作;技术服务部负责管理馆内的计算机终端、数据处理问题以及复制、装订等技术设施。

TIB 已实现近十年来文献的计算机编目,编目工作分单行本、期刊及连续出版物、研究报告三部分。单行本的编目是按下萨克森州图书馆的规范进行的,由终端联机投入书目数据,由哥廷根大学的计算中心进行汇总,编制成书目数据库,然后再由特殊的打印机复制成卡片或复制成缩微胶片,利用该数据库可寻找下萨克森州所有图书馆的馆藏。不过,由于终端有限,只能供馆内工作人员使用,不能供读者查寻。期刊及连续出版物是按照柏林州立图书馆的规范进行的。柏林州立图书馆正在把全国的有关图书馆组织起来,建立全国期刊目录数据库。书目数据由终端输入给汉诺威大学图书馆,复制成磁带寄给哥廷根大学图书馆,由它汇总,然后供下萨克森州图书馆网络使用,同时也把汇总来的数据按照柏林州立图书馆的规定,输入到柏林期刊书目数据库。通过柏林的该数据库,可对全国的期刊进行查询。对于未发表的内部研究报告,由汉诺威技术情报中心图书馆与卡尔斯鲁厄的能源、物理、数学专业情报中心(INKA)合作,编出内部报告目录,同时由卡尔斯鲁厄的 INKA 联机输入给全欧内部文献数据库(SIGEL)。目前 TIB 正在订购几千个终端,让读者通过终端查找馆藏文献,而不必使用手工检索卡片。

目前,TIB 有六个终端与世界各主要数据库联机,因而可为读者提供 SDI,必要时还可提供复制的文本。该馆还与本国及欧洲的主要情报中心配合,凡是在那些中心查找的文献线索,都可由TIB 提供原文。读者如急需,TIB 可用电话或电话预订。利用电传技术,读者两小时内可获得原文。

3. 中央经济科学图书馆同时也是基尔大学世界经济研究所的组成部分,所以又名基尔大学世界经济研究图书馆。它成立于1914 年,当时只是一个小小的社会科学研究组的图书室,今日已发展成为藏书 120 万册、剪报 975 万张、宏观及微观经济两方面的中心专业图书馆。它尽可能全面收集国外和国内的经济文献以及和经济相关领域如法律、政治、地理、社会学等方面的文献也略有收藏。除了学术性专业文献外,还有大量非常规的与经济有关的文件收藏,如商业协会、工业委员会的财政和行政报告以及广告材料、备忘录、统计、预算等。

该馆有 900 种德语期刊,5000 种外文期刊,2000 本德文年鉴,11000 本外国年鉴。该馆目录系统完善,有:①作者字顺目录。②社会团体名称目录。③政府机关名称索引。④专题标题目录。⑤

书架索引,按藏书号码编排的年鉴、期刊和报纸的卡片索引。⑥专题目录,包括 6200 专题,8000 多个简明提示。⑦地区目录,这是对同一馆藏文献按其机关的地理分布及国家进行分类所得到的目录。中央经济科学馆的目录体系在德国编目界很有影响。

中央经济科学馆出有《经济科学文献目录》,包括一万篇重要的经济文献。全馆工作人员只有 136 人,每人通晓一门外语,受过经济专业训练,因此咨询服务开展得很好。

1980 年,州政府批准它们安装电子计算机系统,目前,该系统已经运转。

4. 中央农业图书馆,前身是波恩大学农业系图书馆,建于 1962 年。农业图书馆的藏书,主要是农业科学方面的,包括有动物饲养、农业植物学、农业工程、田间管理、土地方针等,以及葡萄栽培学、园艺学、食物学、家政学、淡水养殖、水文学、地形保持和维护、排水工程、热带农业和土地法等。和农业有关的一些领域,如环境保护、兽医学方面的文献也有收藏。国外文献的收集着重于美、苏两国的农业文献,近几年来注意力更多地转到发展中国家的农业文献。现有藏书 16 万册,3 万多篇学位论文,8 万篇美国研究报告,1000 种德国期刊,2300 种外国期刊。在采购上非常注意交换和捐送。

在波恩的 EADI(土地文献和情报中心办公室)是中央农业图书馆的有力补充。

总的讲,德国专业图书馆各馆间差异很大,种类较复杂,虽然人员、藏书数量等方面还比较缺乏,自动化也不是很快,但它们的发展比较注意藏书的协调与合作,而且善于利用国家的联机网络,因此这无形中扩大了单个馆的功能。另外,和公共馆、高校馆等一样,专业馆也有个行会组织,即"专业图书馆组织",成立于 1946 年,它代表专业馆利益,成员来自各类专业馆,是德国大型图书馆联合会之一,拥有所有学术领域的图书馆成员。该组织在大家共同关心的如专业馆工作方法、人员培训、自动化发展等问题方面，积极牵头解决。

四 情报与文献工作系统

1.一般机构

联邦德国的情报与文献工作系统是按分散原则建立起来的，虽然各机构相互独立，但国家很注意各机构间的协调和在国家水平上共同规划。

联邦的教育和科学部负责制订国家情报政策和参预国际文献和情报计划，以及同国际组织〔如 OECD（欧洲合作和发展组织）、欧洲共同体、国际原子能署（IAEA）〕的联系与合作。教育和科学部给中心文献机构提供经费，这些机构是文献工作研究所、文献工作机械化中心、德国文献工作学会。此外，还对在原子能、航空航天、化学、数学、生物学、材料以及应用社会科学等领域的中心专业机构提供资助。此外，联邦政府各部负责本部门领域内的中心机构，这些领域包括医药、邮政、电话交换、农业、地球科学、专利和国防等。有一个跨部的委员会（属科学部领导）有责任协调各个联邦部门的文献和情报工作。

文献工作研究所（IDW）建于1961年，它负责制定和执行技术领域内的国家情报政策，它是马克斯—普兰克学的一个机构，也是德国研究协会的机构，但它是一个独立的学术组织。该组织主要为当前的计划提供临时财政帮助，或是给大的计划提供资助。IDW 的活动领域如下：

（1）协助和促进联邦德国文献工作系统的发展，加强与国际合作组织的关系，规划、资助、调查、咨询、扩大现有在科学、经济和管理领域的文献工作计划和情报系统。

（2）执行广泛领域内的研究项目（如工业情报、材料数据库、法律文献工作）。

（3）建立并管理一个具有咨询、培训和监督功能的部门。

（4）建立和管理在美国华盛顿特区的美国办公室。

（5）促进文献工作和情报领域内的研究和发展（分类术语学、各种逻辑问题、情报系统发展，着重于机械化方法）。

（6）促进培训体系完善。

（7）与国际组织（欧洲原子能委员会、欧洲经济共同体、粮农组织、国际文献联合会、国际科学同盟理事会、欧洲合作与发展组织、国际原子能署）合作，开发国际项目，如食品和贸易科学方面的项目。

（8）在德国文献工作协会（DGD）中设有医学文献和统计协会（GMDS），负责处理医学情报，办有《医学情报方法》。

德国文献工作委员会（DKD）有一些文献和情报中心组织，经常讨论和探索全国以至国际范围内共同感兴趣的问题，其目的是：对国际以及国际性的文献和情报工作进行思考，以期引起国际会议上的讨论与合作。

2.专门机构

文献工作自动化中心（ZMD）。它和IDW一样都是马克斯—普兰克学会的成员，负责实现文献和情报系统的机械化。此外，还进行文献工作机械化的研究。它的工作人员包括情报科学家、程序编写员、文献专家、操作员。中心设有计算机以及其他数据处理设备。工作重点是书目（国家书目、专门书目、索引等）文摘（如食品科学和技术文摘）的自动化生产以及检索系统，设有专门研究自动标引的部门。中心积极开展培训工作，开设有数据处理和文献工作自动化的课程。

德国标准委员会（DNA），是联邦在标准方面的国家研究机构。它负责编制国际性刊物"德国标准刊物"。该委员会下设120多个独立的专业标准以及分委员会。AKF（分类法委员会）负责处理分类法方面的问题，特别是发展、修订和出版十进分类法。图书馆和文献工作系统专业标准委员会,负责建立基本的文献工作标准。术语学委员会制定术语和词典编纂方面的标准。DNA 各分委员会同时也是国际标准化组织(ISO)相应委员会成员。

3. 教育和培训设施:

科学、技术、经济以及管理方面国家情报网络的发展,要求有足够的受过训练的专家,以及为这些专家提供继续教育的机会。因此,在国家情报计划中,培训系统有重要的责任。

法兰克福的文献工作培训机构是培养文献专家(不包括医学文献专家)的基地,该机构由德国文献学会给予支持,由 IDW 提供经费。

第一层次的培训(学术文献专家)是,在受训者完成大学学习基础上,在文献中心实习 1 年,并在机构中受训 1 年。2 年学习完成后,受训者要能根据文献工作的技术和方法,处理学术文献和数据,并提供文献服务。

第二层次的培训是,在受训者完成高中教育基础上,再接受 2 年的实际训练和 1 年的理论性训练。

第三层次的培训,要求受训者在文献中心接受 2 年实际训练,同时学习一些专门课程。

所有三个层次的教学计划都包括一般和专门的文献工作技术,以及图书馆学及实践的基本原理。

在一些专门领域还有继续培训计划,仅举如下三例:

(1) ZMD 的 4 星期的文献工作自动化培训课程,1 星期的数据处理课程。

(2) IDW 复制研究中心的 1 星期复制导论课程,为文献工作者和图书馆员开设。

(3)德国计算机中心,非数字部的 4 星期非数字程序编制课程。

医学文献工作者有专门的培训课程,它针对医学文献工作的

134

特定需要,一般为高中毕业提供 2 年培训课,内容包括医学基本知识、书目和数据情报工作、图书馆学、数学和统计、数据处理、程序编排。培训期满后可在医院情报系统从事专门的文献工作,还可就业于公共健康、社会保险、医疗保健等部门以及学术机构、医院工业部门等。这一类型的第一个学校建于 1969 年(IDW 提供资助)称 ULM 大学的医学设计、文献工作和数据处理系。另一所学校计划建在吉森大学。预计还需要另外设立三个培训机构,每一机构每年能培养 30 个学生。

情报科学家的培训。情报科学是一门交叉学科,被认为是情报系统和情报处理的科学,涉及学术——技术、经济——社会、文化和政治——行政等领域,但不包括机器处理、生物系统以及遗传工程。情报科学家受过高等教育后,担负发展和实施情报系统和处理的任务。很明显,现在和将来都很需要情报科学家,这方面的培训在联邦德国还很缺乏。西柏林自由大学有文献工作和情报科学系,法兰克福大学、波恩大学和累根斯堡大学以及杜塞尔多夫大学有这方面的教授席位。在大学里,专业情报科学家的培训点很多,这些专门情报专家包括法律情报专家、工业情报和经济情报专家,在医学文献工作和统计方面有 11 个教授席位。由于大学的培训能力不足,许多学术性组织承担了这个责任,如 EMD 在 1971 年制订的 2 年大学本科后培训情报科学家计划,着重标引和检索专业的培训。

情报用户的培训,也处在发展之中。有些大学已经开设如何使用文献的课程。技术学院以及工业机构也有这方面的短期培训班。

4.情报研究机构

和情报科学家的培训一样,情报研究还处在发展阶段。大部分情报研究主要由培训机构进行。

(1)中心研究机构:IMD 的研究部,主要研究自动标引和情报学与情报实践中的数学作用。数学和数据处理协会的情报系统研究所,主要研究情报处理方面的问题,重点是计算机辅助的情报系统设计和构建。该协会的政府数据处理系统部门研究政府部门情报系统的问题。海德堡的系统研究小组研究规划、管理情报系统的设计,研究情报科学中系统分析和系统概念发展以及情报和文献系统的评介与测试等理论问题。在 Parmstadt 的德国计算机中心的非数字部门,进行了应用性研究,如文本处理、语义数据处理和学术文献系统的建设等。此外,联邦政府正推行几个长期研究项目,如波恩的 LIMAS 研究小组开展的以可沟通式语法为基础的自动翻译,在德国语言研究所研究的计算机语言学及其在情报系统中的应用。

高等学校的研究机构,柏林自由大学提出了一个文献工作语言和用户分析的研究计划,波恩大学通信研究所研究文献工作和统计的机构开展了很多实际领域方面的研究。

其他机构,DGD 积极进行术语学和语言问题研究,也致力于化学文献工作的研究和发展。

5. 学科文献中心

在《书目情报中心导引》中罗列了学科文献中心。在《德国教学和研究机构指南》的 G 类中列出了一些最重要的学科文献中心。学科文献或情报中心的发展有两个趋势:①多个相关学科的文献中心的集中化。②国际化。文献的大量增加导致学科文献不可避免的重复和交叉。多学科之间相互依赖的加强,使人们越来越希望发展各学科的情报系统,而这些系统必须能相互交换,使用户能同时毫无困难地使用多个系统。换句话说,人们希望能产生一个联接在一起的有很强组织功能的情报提供网络和产生大学科情报系统。

(1)文摘服务和手册 文摘服务和手册是现代文献和情报系统的起源,德国在这方面的发展和国际合作中作出巨大贡献。著名的有"化学文摘",还有《物理报告》、《数学文摘》、《天文学年鉴》（1970年改名为《天文学和天文物理文摘》），另外有斯普村格医学和生物学期刊等。

（2）专门中心机构 有些中心机构既进行特定领域的文献和情报活动，也致力于和专门机构形成合作系统，它们一般与相应的研究所和专业图书馆紧密联系，它的活动在于促进国际性合作。这些机构有：原子能文献中心、航空、宇航文献中心、国防部文献中心、德国医学文献和情报研究所、交通和农业协调中心，还有生物文献和情报工作机构。

在化学领域，已经有几个重要情报机构联合成立一个研究小组，提出代表国家水平的看法，并代表德国参加设在法兰克福的国际化学文献工作协会。研究小组成员来自政府资助和其他非政府资助的情报机构。还有化学工业研究所，它的主要目的是建立一个由计算机装备的情报中心，能够为德国的各类用户提供德国化学情报以及美国化学情报系统。用户一般是国家或独立的研究机构，以及化学工业界的研究和发展部门。

IDW和ZMD参预食物科学的情报系统—国际食物情报服务（IFIS）。由ZMD提供技术帮助，该系统提供文摘服务，出版《食物科学和技术文摘》，该文摘已制成磁带，各协约组织为该系统提供经费。

由于情报查寻者的层次不同、需求不同，给情报存储的研究和发展带来很大困难。此外，对技术情报的大量需求，大大超出了现有财政资源和人力资源的能力。因此，技术情报中心的发展陷入了困境。国际范围内技术情报的改进，是通过相互交换和购买技术情报磁带来解决。

用户的要求和经济竞争的需求，必须保证足够的利用现代文献工作方法的情报服务。但是没有政府的支持和财政资助，这是不可能的。特别是那些有专门的公众兴趣和有国际义务的领域更是如此。这将导致情报服务的进一步集中化。在电子工程、机械工程、冶金学、海洋学和环境控制等领域，这方面的问题已有所解决。

社会科学情报工作主要在大学和专业协会中开展。现在有一些这方面的计划：如管理情报系统是在 IDW 的建议下建立的，有16 个德国大学的研究所参预了该计划，苏联、法国、英国、荷兰、意大利、瑞士和西班牙等国也参加了。其他计划有：社会科学中心情报署、应用性社会研究档案中心等机构的建立。在海外研究情报方面（发展中国家、外国资助等方面的情报），德国对发展中国家（非洲、亚洲、东方、拉美）的文献情报和在汉堡的四个海外机构已经联合起来，形成一个情报系统。几个专门研究机构在柏林的教育中心领导下，正在建设教育理论文献工作网络，以记录和处理德国和其他国家教育方面的文献。

总的讲，联邦德国的情报事业比较发达，这要归结为政府的重视和各机构不断追求自身的完善来满足用户的需要。根据《1974—1977 年联邦政府促进情报文献纲要》，拟在国内建立 20个专业情报中心，这些中心包括了几乎所有的自然科学、社会科学和人文科学领域的专业和学科。1986 年 6 月 25 日，联邦政府通过了《1985—1988 年的专业情报工作规划》，拟在四年拨款 9.39亿马克用于发展专业情报工作。今后情报事业发展能否在政府支持下形成国家一体化情报网络，提供良好的服务，还有待于进一步的观察。

伍 图书馆学教育

一 西德图书馆员的结构

在联邦德国,图书馆工作是受到重视的一门职业。而作为一门职业,它必须有其他人们没有掌握的知识和经验。藏书部门的馆员必须注意图书和媒介的输出和使用情况,这就要了解读者需求。在读者服务部门工作的馆员,要有丰富的文献知识,应该知道藏书的基本结构,懂得使用书目和情报工具,也要有与读者交流的能力。任何馆员都要掌握分类、编目和藏书组织的基本原理,要有对语言的掌握,特别是高校图书馆馆员,要对大量的外文书刊进行分编,做参考工作,外语要求较高。馆员还要参预图书馆的管理,因此要了解和图书馆组织有关的事情以及图书馆的发展过程。随着现代技术的应用,馆员还要知道计算机知识。图书馆对工作人员的要求可归纳为:对图书馆基本工作原理的掌握、与读者交流的能力、外语能力、参预管理的能力、了解现代技术等。

二 图书馆教育体制

西德的图书馆学教育体制有悠久的历史,形成了自己的传统。按照基本法,教育属于各州管理,图书馆学教育属各州文化部管辖,联邦政府只通过制定规则来进行协调工作。

西德图书馆学教育体制复杂,在《论现代图书馆事业的理论与实践》的丛书中,有一篇题为"德国图书馆事业体制问题"的文章,一开头就明确指出:"今天,在联邦共和国图书馆学的观察家面前呈现出一片杂乱无章和令人迷惘的现象。没有哪一个西欧国家像它那样具有这多形形色色的图书馆类型和图书馆部门,没有哪一个国家执意把职工等级分得这样支离破碎。"图书馆教育因受到图书馆体制的影响,也是多种多样的。有州政府办的图书馆学校,有联邦政府办的图书馆学校,也有地方办的小型培训学校。不仅有图书馆学校,在大学的各系、科里,有的也设图书馆专业。对人员的要求也不一样,有的要求国家考试,有的只要求一般考试,各州教育法对此规定不一。馆员的培养分高、中、低三级,有的学校只培养高级人才,但大多数着重培养中级人才,低级人才培养尚无着落。在培养的内容上,一直划分有公共馆和科学馆专业,两者界限一直未划清。各个图书馆学校发的文凭在各州间也未能统一使用。当然,这几年来图书馆学教育体制问题在德国图书馆学会协调下,正在趋向统一。如中级图书馆员教育和中级情报人员教育有一体化倾向,高级馆员的培养正逐步走向合作化。

三 学术图书馆专业教育

学术图书馆专业教育也分初、中、高三级。这种划分和德国公务员法的划分是一致的(德国公务员分为"非专业"、"初级"、"中级"和"高级"四等)。学术图书馆中,除工商业、教会组织的专门图书馆外,几乎所有的学术图书馆都由公共机关付工资,资格馆员算是公务员。这些公务员都分为高、中、低三级。学术图书馆初级馆员的申请,要符合候补公务员的一般要求,并且要有中学毕业文凭。初级馆员一般要在中学毕业后再受两年图书馆学专业教育,并通过考试。但各州都对初级馆员制定了特有的教育和考试条例。这些条例几乎只适用于学术图书馆的初级馆员,与高级候补公务员相比,通过初级馆员教育的是初级馆员候补。在初级馆员训练过程中,以实践为主,实践学习占 3/4 或 4/5 的比重,其他时间用来接受理论教育和准备考试。如在巴登—符腾堡、黑森、下萨克森和莱茵兰—法尔茨等州,训练时间仅 18 个月,以实践为主,理论教育最多为四个月。除柏林州、不来梅州和汉堡州外,其余各州都为初级馆员制定了特有的教育和考试条例。许多初级馆员是通过职业教育学校培养的。西德的职业学校按《教育结构计划》的划分,属中等教育第二阶段,约有 80% 的 16 至 19 岁的青少年要经过这种学校。绝大多数初级馆员是以半工半读的方式进行培训的,进全日制职业学校的人很少。

在西德,大多数是中级馆员,又称"文凭馆员",申请这一级教育的学生,要求符合国家规定的候补公务员的一般要求,并且要有专科中学(又称实科中学,六年制。主要为培养政府和企业的职员打基础)的毕业文凭或文科中学(又称完全中学,学制 9 年)文凭。进图书馆学校后,一般要学三年(巴登—符腾堡州为二年),头一年是入门教育,第二年教育实习,到图书馆或情报所实习一年,再回学校学习一年到一年半的理论,最后要通过国家考试。这一级教育所得文凭,是中级馆员证书。中级馆员的教育五花八门。有些学校已把中级馆员证书变为情报科学家证书。斯图加特、科隆、汉诺威的图书馆学校可获得这种证书。

高级馆员教育有悠久的历史,可追溯到 1893 年,那时颁布了第一个普鲁士教育和考试规定。

高级馆员的学习申请必须满足作为高级候补公务员(候补文官)的一般要求,要有大学毕业文凭。不限所学的本科专业,他们在大学毕业后再学二年图书馆学专业,然后参加由文化部指定成立的考试委员会进行的国家考试。合格者成为高级候补文官,证明具备从事高级馆员的能力。在两年的学习中,理论和实践各占一半,首先先实践一年,这是教育的重点,然后选择将来工作所需的学科。培养高级馆员的学校只有三所:科隆的图书馆学和文献学高级专科学校、法兰克福的图书馆学校、慕尼黑的巴伐利亚图书馆学校。在州一级还有图书馆监察员,要获得这一职位,学生所学课程,主要是法律和行政管理,一般先学上述课程,经过一年实践后才学习图书馆学专业。

四　公共图书馆专业教育

公共图书馆只有为数不多的文官职位。除了各类型图书馆都有的高级馆员外,没有像学术图书馆那样的严格等级。任何人上了高级专科学校,并通过考试,即可获得图书馆员证书,他不一定要成为文官。根据"联邦关于地方政府官员工资决议",职位晋升由工作成绩决定。由于工资不受文官职位的限制,在公共馆获得高职位,就可以获得高工资。和学术馆不同的是,未经过国家教育的人在公共馆中也能成为高级馆员。公共馆高级馆员中,有一些是经过文官考试后选择公共馆工作的。这类人员一般在公共馆中担任领导职务。公共馆助理员不需要成为文官所必须的专业教育或学习大学课程。但根据职业教育法,在"关于培养图书馆助理员条例"中规定,从事公共服务的图书馆员所受的教育,要得到国家的承认。即是说,这种教育不一定限于公家经办的图书馆,因此,只要获得一定的适合职业教育法的训练就行。它包括在图书馆的实践和职业学校中的学习,但是参加图书馆助理员培训的前提,要有实科中学或主要中学的文凭。

五　图书馆学教育机构

西德的图书馆学教育机构除了波恩州图书馆员教育经费由罗马天主教会赞助以外,其余学校都由州政府出钱。按图书馆学专业(公共图书馆或学术图书馆专业)以及培养的馆员等级,图书馆教育机构可以划分如下:

1. 完全培养学术馆中级馆员的学校有:

巴伐利亚文官专科大学档案和图书馆学系,在慕尼黑,有170名学生。

斯图加特公共管理专科大学学术图书馆和文献工作学系,70名学生。其中15名专业于情报学,要获"文献工作证书"。

法兰克福图书馆学校(属专科大学),70名学生。

汉诺威专科大学图书馆学—情报和文献工作系,140名学生,包括情报学和生命科学情报专业的学生。

2. 完全培养公共馆馆员的有:

斯图加特图书馆学专科大学,学生400人,还提供公共馆中从事音乐文献工作所需的课程。

波恩州图书馆学教育学院,学生30名。

下列学校提供公共馆中文官(中级馆员)以及图书馆员证书所需的课程。

科隆图书馆学和文献工作学专科大学,200名学生学习文官课程,400名学生学习公共馆助理员课程。

汉堡专科大学图书馆学专业,学生400人。

柏林自由大学图书馆学和图书馆学教育学院,270名学生。

提供助理员课程的有:

巴伐利亚国立图书馆领导的巴伐利亚图书馆学校,110名学生,申请公共馆和学术馆的助理员职位。

法兰克福图书馆学校,20名学生申请各类图书馆助理员。

科隆图书馆学和文献工作学专科大学,50名学生申请各类图书馆助理员。

汉诺威下萨克森州图书馆学校,40名学生。

卡尔斯鲁厄巴登州立图书馆,30名学生。

培养高级馆员的学校有:

巴伐利亚州立图书馆领导的巴伐利亚图书馆学校,专门培养古籍整理方面的高级人才。

法兰克福图书馆学校,教学重点是图书馆科学管理。

科隆的图书馆学和文献工作学专科大学,前身名为科隆北莱茵—威斯特法伦州图书馆教育学院,它是西德唯一的既为公共馆又为学术馆培养各级人才的学校。

六 图书馆学教育特点

1. 图书馆学、情报学教育一体化。

在德国,情报教育学院(成立于 1962 年)已作为德国情报工作学会的一个单位而受到政府的经济资助,但情报教育并不因此而获得官方机构的必要承认。以往,联邦德国培训图书馆工作者、情报工作者、档案工作者主要由州自己培养,自己使用。情报工作者则主要在德国情报工作学会受训。近几年来,德国的图书馆学和情报学教育正趋于一体化。他们认为,尽管图书馆员的教育和情报人员的教育侧重不同,但它们的教育内容是互相关联的,所以就有必要考虑对两者进行共同教育的可能性。目前,联邦德国有许多组织在研究这个问题。从 1976 年初开始,莱茵河的法兰克福文献研究院,承担了一项柏林自由大学的研究工程——图书馆、情报、文献教育一体化问题,由联邦研究技术部投资,此项研究尚未最后完成。下萨克森州根据 1973 年的教育计划和 1976 年的大学工作协调法,考虑建立图书馆学、文献学、情报学的三年制课程。巴登—符腾堡州的一个工作组,受文化部长会议的委托,提出学术图书馆和情报文献机构的中级馆员统一教育的建议,并设置一套适合这一级教育、在二年时间内开设的课程。科隆的图书馆学和文献工作学专科大学从 1980 年 10 月 1 日起,开始试行培养图书馆学、情报学人员的一体化综合计划。同时,联邦政府还制定了"联邦学术图书馆和情报所中级馆员的考试条例",按此规定,理论教育中应把图书馆学、情报学两个重点结合起来。目前,在图书馆学、情报学一体化教育方面,主要是在中级馆员培养层次上重点是学术图书馆员的培养上增加情报学的内容。关于公共馆是否也需要情报人员,进而是否需要打破学术馆和公共馆专业区分问题,仍在讨论之中。

2. 图书馆学教授席位缺乏,学科地位不高。

德国有悠久的研究图书馆学传统,但只是近几年来才承认图书馆学是一门具备学位资历的大学本科学科。尽管在图书馆学领域已取得了不少成果,但迄今为止,在德国大学里还只设有专职图书馆学的讲师职位。早在1886年,哥廷根的奥古斯特大学就设图书馆学终身教授职位。后来这个职位转移到柏林的腓德烈·威廉大学。1924年,以节省经费为由取消了这一职衔。在德国大学里,科学研究经费是按教授的课题拨给的,即一个研究项目要由教授主持,因而一个学科教授的多少,决定该学科的地位。詹尼士·古腾堡大学于1947年就图书馆学的一个领域—图书学(研究书籍、手稿、印刷术),设立了教授席位,开始由拨款解决经费,后改为终身教授制。与这一教授职位相关的是设立了图书馆学专业。1974年,科隆大学文学艺术系设立了一个图书馆学专职教授,在兼课讲师协助下开设图书馆学的各门课程。1977年,科隆大学才颁发了关于管理图书馆学研究的条例。总的讲,虽然各个大学也设有图书馆学教授席位,但这往往是名誉学位,而非专职。因此,图书馆学一直未能成为一个永久的、稳定的学术性学科。

3.没有统一的课程大纲,课程内容以应用为主,学习有主修和兼修两种。

由于图书馆学课程由各个学校自行规定,因此很不统一。不统一的另一个原因是,在全国范围内,图书馆学教育是分等级、分类型的,因而制定标准有困难。在课程内容上,偏重应用。一般有编目、分类、建筑、复制、电子数据处理、视听资料等。理论性课程偏重于史。图书馆学作为主修课,再加上其它两门选修课。在大学里,图书馆学系不能作为一个单独的学习科目,也不能有双主修课。科隆大学是联邦德国唯一的设有图书馆学硕士和博士学位的大学。在1985年,北莱因—威斯特法伦州学术研究部决定1990年停开图书馆学课程,主要原因是财政问题。这说明德国的图书馆学教育在今后也面临着危机。危机的起因,据他们认为是因为图书馆学没有显示出足够的学术性。

4.非正规教育发达。

过去德国图书馆员的培训,只限在本地区、州之内,现在图书馆员的培训已越来越成为跨地区的活动,且形成多样化。

地方的培训和继续教育主要由州图书馆协会其分会承担,当地的图书馆学校、州立图书馆、大型图书馆予以合作。在全国范围内,德国图书馆协会(UDB)负责对在职馆员进行培养和提高,它和证书级馆员协会(VdDB)一起,组织年度继续教育会议和每五年一次的图书馆大会。德国图书馆研究院每年举办15期图书馆员短训班,培训图书馆在职干部。联邦政府要求馆员每2年参加一次短训班,每次3小时,按专题在各州举行,重点是关于现代技术在图书馆的应用,如数据处理等。联邦政府还举办有函授教育和电视业余教育。此外,新教和天主教教堂也办有"教会图书馆助理员"培训班。德国图书馆研究院是图书馆学教育问题研究的重要组织和协调机构。馆员参预继续教育活动并不能获得立即晋升所必须的文凭,但这一因素在提升时会加以考虑,如果馆员确实承担了重任的话。

陆　图书馆的网络化与现代化

一　德国图书馆网络和图书馆合作的组织

德国图书馆的网络规划起于70年代,1973年的图书馆计划可以说是德国图书馆网络发展的一个里程碑。早在1969年,德国图书馆协会发表了一个题为《图书馆计划Ⅰ、普通公共图书馆综合网络模式》的文件,它提出了三级图书馆的层次。第一级图书馆服务于小型社区,如大型图书馆的分馆、乡村社区馆,至少有1万卷和有基本的参考工具书。每星期至少开馆 30 小时,要有专业馆员开展工作。必须是和中心系统相联结的一个有机部分,在图书选择、分编、传递、情报服务等方面,应是中心馆的"助手"。第二级图书馆提供高一层次的服务,主要是乡村地区的大城镇图书馆,是该乡村地区图书馆系统的中心和大社区的图书馆,它们对第一级图书馆提供帮助。要为系统中其他图书馆提供综合服务,包括联合目录和参预馆际互借。第三级图书馆是国家图书馆、州图书馆、大学和其他地区中主要的图书馆。它们要在地区中起协调作用,为地区中的居民通过馆际互借系统提供图书。它们必须组织和控制地区图书馆互借活动,并且要收集地区中所没有的藏书,为地方图书馆提供书目以及其他方面的服务。该计划的假设是:第一、二级图书馆着重于德文文献的收集和提供。外文文献重点在第三级图书馆中收藏。

　　这个图书馆计划于 1973 年由德国图书馆会议发表。由于各类馆的目标不同,给合作带来困难,这个计划提供了合作的基础,起了促进作用。在该计划中更强调网络,其理由是:第一,只有相互衔接的各图书馆组成的网络,才能提供促进社会发展和满足社会成员当前和将来需要的服务。第二,从长远考虑,由于单个图书馆在机构上的独立,有必要把图书馆系统与整个教育和情报系统联系起来,形成一个总体网络。联邦、州、区政府以及其他组织所属的图书馆面临着,在一定质量条件下发展这一计划的任务。在这一计划中,第一级图书馆直接提供读者经常要求的图书以及其他情报媒体,首要任务是便于读者利用。第一级图书馆还包括流动图书馆,人口 5000 以下的社区或镇图书馆。第一级图书馆要与当地的中、小学校成为一个整体系统。第二级图书馆,一些大镇和乡村地区的中心馆,它是地方网络的中心,不仅要满足对基本资料的要求,还要提供各个领域的专门资料和高一层次资料,要为第一级图书馆提供藏书和互借等方面的帮助。第三级图书馆要全面收集、学习和研究有关的所有德文专著,并有选择地入藏一些外文资料。第四级图书馆(具有全国意义的图书馆)提供跨地区的服务,提供所有学术领域的综合藏书,包括高度专门化的国内外研究资料与信息。

计划要求各级图书馆除了在采购上有分工外,在书目控制、馆际互借和情报服务上也有不同的要求。计划还对合作中的行政、经费分配等问题提出建议,重要的是建立协调机构,就合作的计划、组织、发展、藏书建设、藏书开发、藏书保护、建筑与技术问题、行政、读者服务、图书馆学研究等问题进行集中规划。在第二级图书馆中负责协调的可以是地区中心图书馆、州图书馆和地方图书馆协会。第三级图书馆要由州图书馆办公室、州图书馆协会,地区联合目录所在馆进行协调。第四级图书馆要由德国研究总会图书馆工作委员会、公共馆采购中心、联邦级各图书馆协会等进行协调。

这里重点叙述一下第四级图书馆协调机构,即全国范围内如何协调图书馆的合作。首先,1948 年州文化部常务会议成立,它是走向全国合作的第一步。会议考虑全国图书馆界共同关心的问题,如馆际互借的规则,馆员的教育、州图书馆的功能、学校图书馆的发展等。由于该会议的存在,使各州图书馆事务的合作有了"后台"。全国合作化步骤的加快是各类图书馆协会的成立(1961年)。1946 年,德国技术和科学图书馆联合会成立,后改名为专业图书馆协会。该协会成立伊始就开始编纂科技期刊馆藏联合目录,鼓励专业图书馆和专业教育方面的合作。同时它代表专业图书馆的利益与工业界接触,它是德国第一个全国性图书馆协会,目前在图书馆合作中,它主要协调专业馆和工商业的关系。

1948 年,在慕尼黑成立了学术和研究图书馆协会。它的成员都是高级的学术和研究馆的馆员,主要作用在于研究、发表出版物。它出版"Zeitschrift für Bibliothekeswesen und Bibligraphie"和

"Juhrbuch der Dentsch Bibliotheken"。在合作方面,它的具体任务是作出理论方面的解释。

1949年,公共图书馆员协会成立,它的目标是形成一个大的专业组织。在合作方面它可以起到馆员观念的统一作用。

1949年,德国图书馆学会成立,它是公共、学术和研究图书馆的总联合会,其任务是促进图书馆工作的发展,促进各图书馆专业人员之间的合作。它的成员来自各类图书馆,1983年成员达700人,来自不同的地区。它有7个分委员会,分委员会的成员来自其他重要的委员会,如咨询委员会的成员来自教育部长常务会议、州财政部、联邦政府、德国研究协会等。它还有公共馆、学术馆、专业馆、学校馆等分委员会。它重点考虑方法、预算等实质性问题,同时还是图书馆界信息交流中心。它在合作中起着总协调作用,并为图书馆的国际合作铺路搭桥。它是IFLA、ALA、LA、CLA(加拿大图书馆协会)等协会的成员。

1971年,德国图书馆会议成立,该组织的目的是能够对国家图书馆系统的规划以及图书馆和情报服务的协调提供咨询。它是德国各全国性图书馆协会的总协会,这些协会包括:专业图书馆协会、德国图书馆协会、德国图书馆馆员协会(即德国学术和研究馆协会),德国公共馆协会,学术和研究图书馆证书级馆员协会,北莱茵威斯特法伦州图书馆协会。它负责国际间的图书馆学研究的交流,决定学者的互派等,发表"Bibliotheksdienst",每五年举行一次年会。由于德国还存在着许多解决专门问题的协会,如艺术图书馆协会,农业图书馆事业和文献工作协会等,因此也不能完全消除分散状态。

目前,1973年计划的目标还未完全实现,特别是关于四种类型图书馆的划分法还有争议,但是各类型馆间国家网络和合作化已走出极其重要的一步。

二 图书馆的合作的内容

1. 图书选择的合作

自本世纪初以来,学术图书馆在德国研究协会(DFG)的资助下,致力于藏书建设,这一合作是和 DFG 的专门学科领域计划相联系的。这份计划的雏形是普鲁士文化部于 1910 年制定的,它组织了当时的六个大学,给每个大学一个"专门学科领域"。这样做是因为没有足够的经费让所有大学都收藏综合性书籍,1921 年该计划转由德国艺术和科学紧急委员会支持,着重于外文文献采购的合作。1949 年,DFG 重新起草了"专门学科领域"计划。考虑到当时的经济情况比第一次世界大战结束时更糟,经过几年的试验、建设,该计划的主要目的是,国外出现的任何主要的学术出版物在联邦德国至少有一复本。该计划分为 117 个专业领域,由大学州立馆等 25 个馆依据其传统及实际收藏情况分别负责特定领域的收集。如汉堡州和汉堡大学图书馆负责海洋法、政治与和平研究、经营管理、葡萄牙和西班牙语文化、爱斯基摩及印第安文化语言、造船、近海及远洋渔业等。这项计划经过 30 年努力已发展为跨地区文献收集与提供系统。其特色是按主题划分的中央图书馆系统。这个计划不断扩大,于 1975 年终于发展成"联邦德国科学和研究文献的超地区提供"计划。现在的文献提供系统有大约110 个"超地区图书馆重点"。参加这一系统的图书馆有 35 个,包括 16 所高校图书馆,4 个中央专业图书馆,3 个国家馆,12 个专业图书馆。这些图书馆负责尽可能地在所划分领域内,收集全面的德文和外文的学术著作,并通过馆际互借得以利用。由于这一工作是跨地区的,DFG 对各个馆给予补助,以使它们能够在本馆使用所有高专业性的文献。除了根据分工和学科重点进行藏书建设的合作外,还有验收和预订方面的合作。这一合作便于图书馆内部工作过程。这种合作主要发生在那些已经实现采购、编目、自动化的图书馆与德意志图书馆之间。DFG 并不帮助具体的单个图书馆,而是以实现协作收集国外文献、编制联合目录等计划为目的。

2. 在版编目

德意志图书馆的在版编目(CIP)服务,使得各类图书馆编目工作大大简化。出版商在 8 个星期以前把新出图书的样条(包括书名页、介绍、序言和内容目次)送到德意志图书馆 CIP 办公室,编好款目后送给出版商,出版商再打印到封底上。这一过程已实现了自动化。图书馆在图书出版前的 6 个星期就能收到带有国际标准格式的编目卡,再过两星期就可在磁带上找到款目。图书馆可以把这些款目作为图书采选的情报源。这种作法简便省事,不会因款目晚到而订不上书。

地区内试验着学术图书馆之间的各类合作,但都没成功的迹象。和学术馆一样,大的公共馆也用预告书目订书,但只在很小的采购范围内直接利用全国订阅记录。小型公共馆一般用州中心图书馆给的推荐性书单,有时在一个大镇图书馆系统中,有统一的藏书建设计划和中心馆为分馆的预订服务。大部分大、小公共馆的图书采选依赖于评介合作计划。

3. 评介合作计划

该计划始于 1973 年,作为德意志图书馆研究院(当时称图书馆学中心)的项目进行,受到德国教育和科学部的支持,同时 DBV (图书馆协会)、VBB(公共馆协会)和 EKZ(公共馆采购中心)也给予支持。计划的主要目的是给公共馆评介和选择每年新出的 5 万出版物提供条件,平衡藏书建设,提供一个作者和主题编目的基础。经过多次讨论,这一计划的组织和合作形式有了眉目。BDV 负责组织从大公共馆来的 50 名"评介者"进行合作。而 VBB 以其杂志《书和图书馆》的书评为基础,组织了 300 个评论员。EKZ 提供技术设备以及期刊,并且作为总编辑办公室。这一计划由"评介合作计划"委员会进行监督和控制。五年之后，德国图书馆研究院把该计划作为"中心服务的使用和其对组织机构以及图书馆工作的效果"研究里的一个部分。

"评介合作计划"所进行的选定和评介工作，导致了一系列"情报服务"。它包括 ID 卡片形式编的 BA（期刊评介和注释），ID 和 BA 都由 EKZ 发表。"当前新书选目"，州图书馆专业会议以及 ID、VBB 的专业期刊《书和图书馆》作为评介合作计划进行评论的讲坛。

目前，"合作评介计划"评介的主要对象，是非小说性图书，对外文文献以及其他类型文献还没有评论。1982 年，ID 有 9500 篇书评，其中不到 7000 篇是非小说类作品，1000 本小说，500 篇"非书资料"，还有小版 ID4000 篇。ID 由穿孔卡积累而成。ID 的用户主要是大镇、中型镇图书馆和较完善的中学图书馆。小版 ID 的用户是大镇馆的分馆和小镇馆。有 2000 个标题的《新书》每半年出版一次，由州图书馆中心分发给小馆，同时还有缩微平片式的书评。"评介合作计划"还要进一步扩大评介的图书种类，同时要完成标准的款目形式。

公共馆在合作中有不同层次的收藏责任。如根据 1973 年计划，一些州中心馆和县中心馆要有中心"补充馆"。采购全面合作的事例可举北莱茵—威斯特法伦州的"全州公共馆专门学科领域"计划，该计划最早由州教育与文化部与州图书馆协会于 1956 年拟定。随着社会的发展，计划不断调整，以满足不同时期的需要。该州制订这个计划是因为，一方面缺乏大的州图书馆，另一方面公共馆系统都集中在大城镇，因而计划使小型馆都能使用地区的互借系统。在北威州参加这一计划的有 25 个公共馆，它们要购买德国出版但在"德国书目"中没有的书。考虑到各馆采购经费的剧减，这一采购计划要求指定馆采购期刊。在"专门学科领域"计划中，州要提供 2/3 的计划所需的采购经费，在州的支持下，已发表了一些专门学科的一图书目录(有存取点)。

4.编目的合作

在各类图书馆,甚至在图书馆与图书馆之间都没有书目控制的标准形式,因此发展、维持和利用统一作者、主题或分类编目中心服务。如果能有书目中心服务,不仅减少图书馆的内部烦琐工作,更重要的是使读者能够有统一的作者、分类、字顺主题目录,从而更方便地使用图书馆。数据处理为合作创造了新情况,但由于地方网络以及环境方面的问题,数据处理间的合作还有一些限制。上面提到的书目情报服务中心对图书馆编目也有所帮助。

长期以来,学术图书馆编目用的是国家书目款目。1966年"德国书目"实现自动编目后,许多学术图书馆马上使用德图书目的款目进行采购和编目。这样做,图书馆节省时间同时能够用正确的款目。由DB服务的范围和速度越来越令人满意(因为自动化),使得单个图书馆能利用它加快自己的编目。

由于利用DB磁带作为数据处理的优势,自从60年代末波洪大学、Regensburg大学最早购买DB磁带以来,越来越多的图书馆开始购买DB磁带,用于初编卡片或缩微形式的目录。

地方编目联合体的建立给图书馆编目带来很大好处。北威州的HBE—Verband是由高校图书馆组成的编目合作体系。巴伐利亚编目联合体也是同样著名的。这些联合体不仅使用DB的磁带,也使用国外国家书目的磁带(这些磁带能由DB转换)。利用BASIS(DB为公共馆提供的磁带编目服务)是波洪州图书馆。

学术图书馆主题和分类编目的合作进展很快,首先出现了RSWK字顺主题编目规则,它由巴伐利亚图书馆首先引进,而且是德意志图书馆的研究项目。小型和中型馆的主题和分类编目,由公共馆"评介合作计划"提供直接辅助,这种辅助是以EKZ提供的其他服务为基础。现在各图书馆每年要采进10000个目录款目。

大型公共馆由于采选的图书很广泛,其合作计划要求更详细的分类体系。因此它们用扩大的 ASB,ASB 主要以 Daisburg 州馆分类系统(SSD)为框架。

目前,德国研究院正在重新考察"合作评介计划",进一步提高它们的灵活性,以求解决更多的问题。他们希望出一个更大版本的 ID,作为大型公共馆的工具,这个希望的实现也有赖于德意志图书馆和公共馆采购中心的合作。现在的计划是每年从"德国书目"的 25000 个款目中选取一定的款目。

总之,德国编目合作的关键,是抓好统一的编目标准。

5. 馆际互借联合目录

如果读者从本馆借不到所需书刊,总希望从别处获得需要的满足。几十年来,德国各类图书馆一直要满足读者的这一希望。德国图书馆馆际互借服务有几个层次:分馆和中心馆之间,一个镇中不同机构所属各图书馆间,城市图书馆和郊区的公共馆间,在一个县和大的地区间通过跨地区的馆际互借系统开展互借工作。此外,本国图书馆参预国际图书馆互借。

早在普鲁士时代的 1893 年,就发表了馆际互借规则(LVO),并于 1910 年修订。一个覆盖整个帝国的 LVO 于 1924 年颁布。1951 年新的 LVO 产生了,1966 年的最新 LVO 又代替了它。1966 年发表新 LVO 的原因是,当时在汉堡、哥廷根、柏林、科隆、法兰克福、慕尼黑和斯图加特已经形成了七个地区联合目录体系。哥廷根的下萨克森联合目录(ZK)中心设在哥廷根大学馆(同时也是下萨克森州馆),北德联合目录中心设在汉堡大学图书馆(同时是州馆),柏林联合目录设在柏林州图书馆,北莱茵威斯特法伦联合目录设在科隆高等专科大学中心图书馆,黑森联合目录设在法兰克福大学图书馆(同时也是州馆)。以上是北部地区。巴伐利亚联合目录设在巴伐利亚国立图书馆,巴登—符腾堡联合目录设在该州图书馆。这是南德地区。根据这一情况,1966 年的 LVO 产生了德国馆际互借的新系统,即把西德划分成七个馆际互借区,这些区域大小和州差不多,但互借区域与州的疆界有交互覆盖。这里重要的不是行政问题,而是作为超地区图书馆系统的成员如何有规则地把自己的新书输入联合目录。今天许多馆不是送卡片,而是把新书款目的缩微卡片形式送给联合目录中心。这七个地区联合目录记录共有4000万标题,如包括各个标题的地址,共需处理90多万卷书。

用户的馆际互借请求,打在一个专门表格上,送给联合目录中心。中心馆查到地址,通知有书的馆直接把书寄给申请馆。如果该地区联合目录上也查不到,则到另外地区的联合目录上寻找。总之,1966年的LVO为图书馆获得以七个地区联合目录为基础的跨地区图书馆系统的资料,提供了法律保证。10年后又需要新的LVO,这是因为:第一,参预馆际互借系统的图书馆越来越多,在这期间建了许多大学和其他类型的高等学府,许多专业图书馆加入了馆际互借系统。1966—1978年,馆际互借量从100万增加到200万。第二,出现了许多新的联合目录,因为原来的七个地区联合目录设有包括学位论文、地图、音乐和唱片、东方语言出版物、专利说明书以及政府报告等。这些出版物的联合目录由专门的图书馆负责编制。如普鲁士文化遗产图书馆有东方和斯拉夫语出版物联合目录,马尔堡的一个研究所编有东欧文献联合目录、图片资料目录,布莱梅大学图书馆编制德国报纸联合目录。需求这些专门资料时,可直接向藏书所在馆申请,不要再通过地区中心,这就要求对互借必须通过地区联合目录中心的规定放松。由于四个中心专业图书馆的建立,许多图书馆参预"学科文献收藏计划",要更方便的利用各馆的书,就要求直接互借,这样将大大加快速度。考虑到以上这些因素,战后第三次修订了LVO,并在1979—1980年间开始实施,各州的规定也基本上趋于一致。

1979年的LVO考虑到了一个重要问题,即在跨地区馆际互借系统建立后,应建立地区互借系统。早在50年代,在北莱茵—

威斯特法伦州的公共馆就建立了地方政府馆际互借系统,后来该系统成为地方馆际互借圈,又称为北莱茵—威斯特法伦地区馆际互借系统。这一系统主要以"专门学科计划"为基础,取得了巨大效果。同时,在其他州主要在第一级和第二级图书馆间建立了地方互借系统。如巴登—符腾州、萨克森和石勒苏盖格—荷尔斯泰因州即如此。根据1979年的LVO,地区馆际互借系统的申请者可送到超地区系统。

在联邦德国,互借已是读者不可缺少的服务。许多规则使馆际互借合法化,并克服了行政上的障碍。这些规章现在都增加直接申请的可能性和传递图书期刊复印件的可能性。但馆际互借还存在不平衡问题,有的馆输出太多,影响了本馆工作。在这一点上不如英国发达。建立一个完善的互借系统,还需要一段时间。

馆际互借已经超越了国界,IFLA的国际互借条例是以互惠为原则的,要求手续尽量简单,尽可能提供复印件,IFLA制定的国际互借申请表以多种文字出版,方便了国际馆际互借系统。联邦德国的国际互借系统交流中心,是普鲁士文化遗产图书馆。其他国家的申请必须通过它再转至七个地区联合目录中心。德国图书馆向国外借阅可不通过该交流中心,直接向需求馆申请即可。向英国申请是通过不列颠图书馆外借部。

除了上述超地区和地区图书馆互借系统外,在一个地方(县、区、市镇等)也有本地各类图书馆的合作问题。这包括学术馆和专业馆,地方公共馆和教会馆等。如果本地图书馆间合作成功,将减少互借系统的负担。为了减少本地图书馆资源的重复,最大限度地方便本地读者,各图书馆都在考虑与地区其他图书馆的合作。但地方图书馆合作存在着困难,因为各馆的首要任务是满足自己的需要,不像国家级和州一级的网络可得到政府的支持,地方合作完全是自愿的。

德国各地图书馆合作的发展是不平衡的。和英国相比,德国各地方馆自动化程度低一些,而最终改变合作状况的应是数据处理的有效使用。目前的本地合作,包括编制本地"图书馆指南",记录本地的一些或全部图书馆机构,各单个馆间情报和宣传材料的互换。读者可允许使用本地的各类馆,进行查阅和检索(当地的要求不能通过互借系统满足时)。有些图书馆间各自向对方提供藏书目录复印件,这些复印件可被读者使用。有的地方通过互换期刊目录作为合作的起点。本地各馆工作人员定期交流情报和经验,开展继续教育活动或进行专门讨论等,不仅密切了本地各馆的联系,也使开展合作项目成为可能。宣传合作包括:合作编书目、编宣传材料、举办展览等。地方公共馆和学校馆以及医院、监狱馆的合作是最经常的事。一些地方公共馆承担了本地各馆间中心协调的职能。

6. 与其他非图书馆机构的合作

这也是合作的一个重要方面。为了扩大图书馆的影响,完成图书馆功能,与本地其他机构的合作是必要的。公共馆与当地其他机构的合作是显著的,它们配合夜校或成人教育机构提供学习材料,与学校合作指导学校图书馆工作并且协调与学校馆在视听资料方面的馆藏合作,它们还提供视听教育计划,把一些仪器送给学校图书馆用。这样做似乎对本馆没有直接利益,但却得到了当地政府的重视,对公共馆的投资反而增加了。公共馆还与地方统计办公室合作编制地方信息指南,与博物馆合作共同举办大、中、小型展览,编图画目录,把公共馆艺术参考资料放在博物馆中使用。公共馆还与博物馆图书馆合作,向它们提供一些艺术馆藏、办展览。

对于剧院,图书馆可提供乐谱、唱片等,为戏剧爱好者服务。

在开展社区服务中,与医院、养老院、管教所、教会的合作是屡见不鲜的。与地区其他机构的合作,提高了图书馆的流通率,扩大了图书馆的影响。

与非图书馆机构的合作不限于本地,也有些跨地区的合作。合作伙伴有议会、政府办公室、政府机构和联邦、州和区的专门机构、科教文的组织、情报组织和文献机构。在跨地区合作中,通过一些和图书馆有关的协会如德国作者协会、德国图书贸易协会、阅读促进协会等开展合作。

在德国,除了图书馆间的合作外,还向着国家图书情报系统发展。1974年通过了"情报和文献工作发展的联邦政府计划",该计划是建立全国IUD网络的一个重要步骤。它导致了学科专业中心的建立,这16个学科情报网络包括:医药,卫生,生物,运动,农业,林业,营养学,化学,能源,物理,数学,冶金,金属制造和处理设备,原材料生产和地球科学,交通,区域规划,建筑和市镇规划,商品,商业和工业,法律,教育,社会科学,电气工程,精密技术,汽车制造,机械工程,国际事务。

为了完善上述系统,指定了4个机构收集专利,研究计划,制订环境和技术标准。系统的营建,则由专家们充当具体营建顾问。

1975年,联邦政府和各州根据基本法91条法案,对于联合支持研究问题达成了协议。早在1920年成立的德国艺术和科学紧急协会,于1949年重建,1951年改名为德国研究协会。该会为图书情报领域提供资金,鼓励专门学科跨地区和国家服务系统的发展。所供资金着重国家合作方面,避免学科文献不必要的重复。1982年该会总预算九亿马克(这笔钱主要来自联邦和州政府),用来支持专门学科领域外文文献的采购、联合目录的编纂等。35个图书馆负责的110个学科领域获得了资金,其中4个中心专业图书馆存款最多。

1977年,联邦政府和各州决定在法兰克福成立情报和文献工作协会(GID)。它的成立是因为联邦政府采购了IUD计划,该协会负责集中管理IUD活动。协会的目的是指导研究,提供咨询,提供技术服务,提供中心情报服务以及为联邦研究和技术部研究服务,参预国际合作。它现在是欧洲情报网络的主要成员。GID情报办公室在波恩、华盛顿和东京都有联系机构,联邦政府为它提供65%的经费,州提供35%。1981年的预算是2200万马克。它有一个专门图书馆,藏书5万卷,600种期刊,提供参考、检索服务等。1978年,德国图书馆研究院成立。该院的成立使图书馆合作活动开始集中化,该院是1978年根据柏林法成立的。根据此项法律,它的责任是为各图书馆提供超地区服务,进行图书馆学研究,促进图书馆事业的发展。它有5个理事会,成员来自文化部和财政部。它还有专业咨询委员会,为理事会提供咨询,有15名成员,都是图书馆事业的活跃分子。现在它的活动项目主要是跨地区计划和组织,工作计划和组织,采购、编目和藏书整理,预算,统计,帐目,用户研究,公众宣传,公共关系,专门用户组和专门馆,国际关系,继续教育等方面研究计划的组织。

德国图书馆研究院由教育科学部、德国研究协会和研究技术部支持。所谓支持不是采取行政指导来执行的,而是通过对图书馆的工作提出建议等,来促进合作的。

总之,德国国家合作系统(图书馆,图书馆与情报所)是通过专业协会进行协调。这种以协会为协调的做法值得借鉴。

三 自动化技术

在自动化技术方面,德国起步较早,1966年德意志图书馆就与联邦情报与文献协会合作,在世界上第一个做出了由电子数据处理设备生产出的《德国书目》。其数据库到1980年就有100万个条目。许多专业馆和一些大型馆都已实现计算机编目,自动流通系统在图书馆已经普及。大规模地以电子数据处理为基础的图书馆网络始于70年代。这些活动有如下一些特点:

1. 该系统以"单个图书馆建立的计算机编目系统"为基础,经改建和扩大后,这个单个图书馆就可以处理几个图书馆的资料记录,参加协作的图书馆必须接受统一的数据结构标准以及所建系统的加工办法。

2. 它们是联机系统。如果一个图书馆需要使用已经存贮的编目数据,则数据记录与提出要求的图书馆的本身数据一起被复制。这些系统中的文献目录数据的冗余是非常高的。

3. 图书馆协作及不同图书馆之间的联合工作是根据地区安排的。新建的大学图书馆共同在一个网络系统中工作。

目前,自动化协作重点是实现联机网络系统。在一份题为《关于地区网络系统和建立图书馆网络组织的建议》报告中,要求遵循区域原则,以7个联合目录中心为区域基础。这个中心提供必要的数据处理设备、程序与服务、集中各参加馆的智慧参预决策。这种网络是以地区图书馆中心为网络中心。在全国范围内,地区网络与全国性图书馆协作。法兰克福的德意志图书馆是德国文献中心,在发展网络时,它的主要作用是发行目录和提供标准数据。普鲁士文化图书馆的期刊资料中心是全国连续出版物总数据库。该库包括德语及其他语种连续出版物25万种和65万条记录,使用RNK,以缩微胶片输出。中央专门情报中心提供情报传播服务。

在协作过程中,中心馆为参加馆编制目录,订购图书,打印订货单,为馆际互借联系和借书控制数据的一致性统一校正文献数据。

各地区的自动化发展不平衡,只有很少几个州建立了网络组织,确定了软硬件,而且在系统分析和程序设计上投入了大量的人力。但至今未见有关于实现了联机网络的报告。

德国文献资料标准化格式的工作进展较慢,1975年才建立了机读格式MAB,1977年以来,DB利用该格式开展磁带服务,普鲁士文化馆的期刊中心也采用MAB交换连续出版物记录,各网络系统广泛使用了这种格式,MAB格式的结构和内容标识符合RAK。

为便于参加馆编制各自的资料,规定了单独格式。在标准文档上设计了团体著者的标准文档。柏林的文化图书馆、慕尼黑的巴伐利亚图书馆、法兰克福的德意志图书馆,已经把团体著者标准文档与目录的自动化编制、连续出版物目录、德国书目的编制相互联结起来。现在目录编制的自动化程序如下:当一书需要作团体著者记录时,将那个团体著者的控制号连同该书的记录一起输入,以代替输入标目的全文。然后从团体著者标准档中自动选择团体著者各种异名形式的全文和必需的参见款目,并把它们折排在适当的位置上。这个程序能保证,在此编制的许多目录中,同一著者的不同出版物所必需的标目和参见款目都是一样的,而且能保证在所有书名记录中只要那个标准记录一经修改,则所必须的标目和参见款目也就全部修改。在网络中,参加馆的各种数据、索书号、部门馆地址、主题等数据存贮在另外记录上,在存取方面主要是ISBN、作者、书名等作为检索点。德国地区网络使用的是IBM或西门子的硬件,在软件包上主要是IBAS,这是一软件公司在1970—1975年间为比勒费尔德大学馆编制的。它为多卷著作、丛书、机构提供了记录关系。BUS是网络系统的西门子软件区,用于文献联机检索。HEBIS是黑森网络系统的名称,该系统还在发展中。

综上所述:①德国合作分国家和地区两级;②注意图书情报一体化合作;③自动化技术各馆都有,缺乏全国统一性;④注意藏书分布和联合目录编制;⑤协会起重要协调作用;⑥技术方法如联机、编辑、数据库软件等方面,还有待发展。

法国图书馆事业

壹 法国图书馆事业的历史与现状

一 从修道院图书馆到国家图书馆

法国近代图书馆事业的发展,与邻国相比,显得缓慢,这是有历史原因的。要了解现代法国图书馆事业不断变化的特点和复杂的体系,首先要了解图书馆事业的历史。

和其他西欧国家一样,中世纪法国图书馆事业是和修道院图书馆联在一起的。它们为收集和保存早期文明的文献记录做出了贡献。文艺复兴时期是世俗图书馆辉煌时期,当时修道院图书馆在衰落,而且破坏严重。路易七世在布洛城堡建立了皇家图书馆,藏书大多数来自意大利的米兰公爵专藏。

对于法国图书馆来说,17 世纪才是辉煌时期。当时由于收藏者、学者的需要,大量的图书资源得以积累。这一时期的图书馆事业与诺迪以及马赞林图书馆的名字分不开。马赞林是 17 世纪时路易十三的权臣。他把自己的 5000 册藏书从罗马带到巴黎,1642年,买了图伯夫旅馆作为馆舍。诺迪是一个学者和图书馆爱好者,虽然他的专业是医学,但他的事业却是和书联在一起的。诺迪的图书思想是图书馆不应该只让昂贵的书供少数人使用,而应该为大众使用。他接管马赞林图书馆后,开始分类整理藏书,认为图书馆没有把藏书排好,不应称为图书馆。马赞林图书馆于1643年开放(当时有藏书12000册,手稿400件,有目录)。1644年规定每星期四向公众开放。诺迪旅游欧洲买了大量书,使藏书达4万册。1647年,该馆向所有人开放。

由于著名藏书家科勒伯尔的努力,皇家馆的藏书不断扩充,18世纪,它获得许多官家藏书,于1720年向所有学者开放。当时有印刷书8万册,1.6万多件手稿。在巴黎,为学者开放的图书馆有圣·热内瓦图书馆、圣·维克多图书馆。这种状况一直延续到法国大革命期间。在18世纪后半叶,启蒙运动时期,许多学者提倡学习文化、科学技术,反对宗教,反对神学和唯心主义,这一浪潮导致藏书使用率提高。这时期科学研究加强,出现了科学期刊。在各省,私人藏书也向学者开放。艺术、科学和文学的支持者(如议会会员、高级教士)愿意把自己的藏书赠给学院、科学机构等。

1789年大革命导致公共图书馆系统的产生。属于贵族、教会以及一些私人图书馆的1000万册图书和26000件手稿全部充公。后来(1794年)由国家统一管理并加以分配。国家图书馆获得30万册,圣·热内瓦图书馆和阿桑那尔图书馆也收到不少图书,大部分归市政馆,以至许多市政馆,因这些宝藏成为目前的"保存图书馆"。这些图书馆关心藏书的保密更甚于向公众开放。由于历史、文学、神学方面图书的极为丰富,致使长期以来法国图书馆重藏轻用,直到20世纪才有所改变。

无论如何,19世纪是法国图书馆的变革时期,国立图书馆因获得从"自由主义者仓库"来的大量藏书成为全国最重要的图书馆。

二 对公共图书馆的重视

我们必须看到,一些有识的政治人物已认识到图书馆公共服务的概念。1832年,基佐任公共教育部长。他是公共馆的积极倡导者。他认为目前的藏书没有寻求如何与居民的需求和鉴赏口味相一致，为此他发出通知，提出了供公共使用的图书复本清单，要求图书馆进行交换。1839 年 2 月 22 日颁布法令，要求在"监督和购买委员会"指导下重新组织公共图书馆。这些图书馆由图书馆总督统一领导。1864 年，巴黎第三区的印刷工人吉拉德在教育之友协会成员资助下创办了一个图书馆。第三帝国后期，在当时的公共教育部长维·杜里指导下，出现了一些有价值的藏书。在这时期，富兰克林协会鼓励发展通俗图书馆，这些图书馆出现在最贫穷的乡村。该协会也致力于学校图书馆的发展，在 1862—1863 年间给图书馆送了 10 万册书。遗憾的是，政府以及一些个人没有认识到公共图书馆的重要性。另外，传统的市立图书馆不愿担当"通俗"图书馆的任务。这样，在历史上就造成了为学者服务和为大众服务的严格区分。这种分割的结果给今天的图书馆事业带来了不良影响。

　　20 世纪的头半个世纪，法国图书馆专业群体认识到，与邻近的英国、北欧相比，法国图书馆落后了。1906 年，成立了法国图书馆协会（ABF）。没有哪一个国家的图书馆协会像法国图书馆协会那样对促进自由思想做出了特殊贡献。它的《法国图书馆协会通讯》把每个图书馆员团结起来。一次大战后，在卡内基捐款的帮助下，一些图书馆获得新生，并开展了一些服务实践，开创了新的服务风气。这一时期还产生了儿童图书馆。

　　1929 年，成立了公共阅读委员会，它开展了公共阅读调查。尽管官方参预了图书馆事业，但发展还是缓慢，1936 年后"闲暇政策"的实施产生良好的阅读气氛，特别是乡村地区，1938 年成立了"公共阅读发展协会"，它办的"书籍杂志"介绍了许多外国阅读经验。

　　但是这些私人和政府的对图书馆事业所做的零散努力，并未提出使公共馆有效服务的必要方法。许多地方政府和市政府对发展图书馆事业表现冷淡。二次大战后,戴高乐将军的临时政府设立了法国图书馆局,它除了行政功能外,还积极致力于图书馆技术服务的发展,它是图书馆事业的总监督。该局立即着手的工作是在最被忽略的领域——乡村公共阅读。自 1945 年起,各县建立起中心外借图书馆,并且有了流动图书馆。

尽管战后新建了许多公共图书馆,但与英国、丹麦、德国相比,公众对公共馆的发展并不满意,由总理领导的一个部级委员会下属的图书馆工作小组在 1968 年发表了一个重要声明,要求法国以其资源和在欧洲团体中所承担的义务相对应,开展图书馆服务。1968 年后,图书馆局易名为公共阅读图书馆委员会,协调和促进各馆间以及图书馆与愿意合作的情报中心间的技术合作。为了发展新馆舍,鼓励公共和私立馆发展阅读,集中传播信息,传播科学,图书馆委员会扩大机构,办了公共阅读服务中心,以实现多方面的功能。

目前,50 所市立馆称"保护"图书馆,直属国家领导。它们收藏了最大部分的古籍。1897 年的一项法律重申了国家领导这些馆的权力,而且禁止这些国家财产转移。1931 年国有化法认识到国家发展图书事业的特殊责任,为这些市立馆配备资格馆员(一般是古文书学家)。

图书馆局建立以来,对市图书馆的发展做出了特别的努力。目前国家提供市馆建筑和设备费的 50%,许多图书馆搬进了新的现代化大楼。该局还根据馆员的意见,资助建立图书馆读者服务体系、开展借阅服务、儿童和少年服务,建立视听部、城镇流动图书馆。由于国家的积极支持,地方政府也重视图书馆事业发展。公共馆日益成为社区的中心。

在巴黎,图书馆的发展复杂一些。例如 1970 年 12 月,一所新型的图书馆 Massy 公共馆开放了。它的服务区域包括 6 万居民,其中 1.3 万是儿童。他提供的服务很全面,包括成人、青少年、视听资料服务,并且有高度自动化的外借系统。同时它还是国立图书馆馆员高等学校的情报和实验中心。

巴黎缺少一个大的中心公共服务馆,使得国家馆的工作过于紧张。在第5个计划中,国家拨了一块地皮建设新馆,作为综合性的参考图书馆以及情报中心,同时是展览、会议中心,并开展一系列图书服务自动化研究,但没有外借藏书。

法国市立图书馆是公共馆的一支重要力量,现有1000所。97%的2万居民以上的城市有图书馆,91%的1万居民以上的城市有图书馆。这些图书馆由当地政府主办。许多市立图书馆产生于1803年1月28日的法令,法令要求把旧的中学中心图书馆交给城市,从此公共馆系统出现了。1897年法令要求这些馆组织藏书,产生了分类法。现在市立图书馆分为"保护"性市立馆和"非保护性市立馆"。

图书馆总监对市立"保护"馆实行集中管理,所以市立"保护"馆藏书受国家控制。市馆建筑发展很快,总面积翻了一番。1977年建了10个新馆,并翻修了许多老馆。1975年后,市馆的任务转向促进城市居民阅读,因此现代读物的收藏大量增加,图书馆开始变为城镇文化中心。

随着城市化现象出现,乡村地区越来越依赖于乡村流动图书馆、省外借中心图书馆。现已有半数以上省份获得了这种服务。图书馆局平均每年建四个新的流动服务点。国家在这方面做的努力是巨大的,从1966年到1968年,12个外借中心图书馆已实行开架借,并设许多流动点(通常设在学校)。一些宗教协会办的图书馆已经发展了自己的网络。1934年产生的"妇女天主教活动组织"建立的大众图书馆就是一个例子。目前它有1.8万所图书馆和1200个流动站,法国教育协会公共阅读非教会中心已经组织了4000所外借图书馆,为一些地方的青年俱乐部和学生宫服务。此外,还有一些协会组织了病人图书馆服务网络"疗养院阅读",

这个组织为生病不能上学的学生提供设备良好的图书馆,在法国大学生健康基金会合作下,图书馆局1955年开始管理为巴黎地区生病学生服务的中心图书馆的外借服务,该服务为50个单位的住院学生寄书,图书馆有2.8万多册书。此外还有为盲人、残疾人服务的专门图书馆组织。1934年成立的"公司委员会"已为在职人员建立了许多图书馆,包括文学、美术、历史、科学和技术的著作。法国有很多外籍工人,公司图书馆的发展是很重要的,但公司图书馆发展在各地方是不平衡的,公司图书馆由本公司图书馆委员会管理,公司图书馆的发展得到了劳动和文化联合会的大力支持。全法铁路联合会的372所图书馆受到读者热烈的欢迎。

三 学校图书馆

法国图书馆系统中最忽视的是学校图书馆。小学、公立中学和师范学校的图书馆没有足够的馆舍,没有资格馆员,也没有纳入图书馆局的计划。1958年以前有高中图书馆,但也只供教师和课堂上使用。1958年以后,特别是自1968年以后,教师图书馆和教室图书馆结合成情报资料中心(CDI)。现在,在法国7510所高中里,3500所有CDI。CDI一般由教师管理,而教师充其量也只受过图书馆工作的短期培训,官方不承认高中图书馆馆员的身份,所以他们只有教师身份,中学图书馆的资助来自中小学局。

虽然中小学图书馆发展较慢,但公共馆的儿童部却得以顺利发展。目前,每一公共图书馆几乎都有儿童部,图尔市馆还有为学校服务的流动图书馆。

1960—1970这十年间是法国大学图书馆发展的重要时期。据1962年图书馆局的指示,大学图书馆能够以更为自由流通的方式进行组织。二次大战后,学生数量的增加,对教学计划和方法改革的要求,导致法国传统的大学结构发生了变化。1878年的法令产生了学院和研究所图书馆。直到1975年,大学有4个学院(法律、人文、医学、科学)以及各学院附属的研究所(医学、数学研究所等),1978年有47所大学图书馆,14所校际图书馆。

典型的学院图书馆管理是馆长负责制。由包括学院成员、学生、图书馆工作人员组成的委员会给以辅助。80%的经费来自大学部,其余的主要来自学费(学生每年要交15法郎的图书馆费)。1970年,许多大型大学(3万学生)分解为小型大学(6000学生)。1970年12月23日法令确定大学图书馆分为大学图书馆和校际图书馆。校际图书馆藏书较多,能同时为几个大学服务,建立校际馆的目的是改变大学藏书孤立和服务不定的状况。校际馆在各学区设立困难不大,在巴黎地区校际馆的组织却颇为费事。

大学图书馆目前还没有完整的联合目录和统一的采购方针,主要通过大学交换服务中心开展沟通活动。该中心设在索邦图书馆,进行全国和国际的论文交换。要建立健全的法国大学图书馆情报网络还需做很多工作。

1962年后,法国大学图书馆的藏书开始按 UDC 进行分类组织,并分成"应时书"和"过时书",前者在阅览室开架阅览,后者则放在书库里以备偶尔外借之用。图书馆的服务也分两级,一是为一、二年级学生提供教科书,二是为研究者、高年级学生、教员提供专门服务。

1950—1970年,法国大学图书馆建筑大发展,一座座新馆在校园里出现,一些老大学图书馆得以翻新、维修,共建120所新馆,主面积450呎^2(大学图书馆藏书点面积为600万呎^2)。1977年,大学图书馆的总工作职位为3118,其中1275为专业职位(馆员、助理馆员),平均每630个学生一个专业馆员。法国各大学图书馆的数量和质量差别较大,有的馆藏书数百万册,拥有手稿、古印本(如索邦图书馆,巴黎大学医学馆,圣·热内瓦图书馆等),而另外一些新建馆则藏书少,无古籍。但是大学图书馆古籍藏书远不如"保护"市馆为多。大学图书馆总藏书120万册(1976年),不算论文和期刊,每年进书量约4万册。

四　专业收藏

自19世纪初始,和欧洲其他国家一样,法国的专业图书馆开始发展。现在有许多专业图书馆藏书丰富,但资源却鲜为人知。就专藏来说,一些公共馆特别是市政图书馆有自己的专门收藏。如里摩日市馆,有许多陶瓷专藏,因为里摩日是法国的"陶城"。大量的专业图书馆和情报中心聚集在巴黎。许多机构和研究所有非常古老的藏书,巴黎天文台图书馆有精制犊皮纸书,法兰西学院的埃及学、亚述学研究资料举世无双,法兰西研究所的藏书自18世纪始就开始发展,现有150万册书,2.2万种杂志。在夏勒宫的人类博物馆、人种学博物馆的专业收藏按LC分类,并向研究者免费开放。人文科学之家图书馆是非常新型的专业图书馆,有现代化的馆舍。巴黎市政府直接管辖这些专业图书馆。

其他一些专业馆及大学的院、系新图书馆,经费完全来自国家。这些图书馆只为一部分人服务(研究者,大学成员),如音乐学院、拉丁美洲高等研究院和亨利·普安卡热学院等都有非常重要的藏书。归各部领导的著名专业馆有国家经济学统计学图书馆、萨克雷核能源文献服务中心,其中还包括一些大的工程师学校图书馆,如矿业学校、综合工科学校。

和德国一样,法国的工业图书馆、情报中心与传统的图书馆已不一样,它们重视使用,服务方法、技术手段也有许多进展。这些专业图书馆的情报化趋势,已经导致为它们正名的问题,在这些机构中著名的有巴黎钢铁冶金资料所。

五　国家图书馆的作用

国家图书馆在现今法国图书馆事业中起着重要作用。它不仅是建立国家图书馆网络的中心,还发挥了协调的功能。

国家图书馆尽管规模很大，但为公众服务却有限，它最重要的是起网络中心的作用。它的中心作用体现为呈缴本中心、国家交换服务、手稿和印本的集中外借服务（外借复印件），这些还是传统的作法。近来国家馆开展了一些新的中心服务，包括编制外文著作的联合目录，该目录收集了 550 万张公共和私人机构的外国书卡片，大学和研究图书馆可根据目录向国家馆索借。另外一个重要的中心工具是定期期刊入藏清单，每一期刊有各藏有馆的编号，其他图书馆据此清单也可来补。但在自动化集中服务方面，国家馆比其它国家缓慢。1981 年以后，国家书目处才开始进行国家书目自动化计划，它要建立一个国家书目数据库。在此之前虽有过打算，但计划不合理，组织不得当，结果令人失望。它们没有自己的计算机，工作人员流动性太大。1981 年成立了自动化计划小组，工业部派了一个高级计算机专家来协助此项工作，并且由馆长亲自领导，该小组为国家馆自动化发展提出了详细计划，规定了目标和任务。

在自动化方面，人们对 MARC 的兴趣较大，特别是大学图书馆中那些新建的系、院、馆，由于文献较少，乐于开展电子实验，而且这些实验以及相应的研究得到了校方的支持，格勒诺布尔大学图书馆正就科学文献实施 MARC 计划。于勒梅尼图书馆（马赛附近）原藏科技图书，现已是综合图书馆，它重新组织传统的目录，实验自动化计划，发表机器打印的一套新的主题目录。专业图书馆和情报中心也积极应用新技术，如自 1966 年开始，法兰西石油学院已经开始自动打印目录和索引，矿业学校的一项电子书目已取得成果。新建图书馆和情报中心便于实施自动化的原因是，它们许多藏书是近期的，而对于要承担保存大量藏书的图书馆来说自动化就较困难。国家馆正着手解决"国家书目"，"新到期刊目录"编制自动化问题。在法国，科技文献的自动化处理研究明显优于社会科学，因为古藏书的处理技术还未改进。在文本研究所

170

合作下,法国图书馆的图书调查自动化处理计划正在进行中,该调查量包括1千万书目单元,目的是实现以利用编目信息为标志的检索系统,找到识别复本的自动化系统以及自动分类、编目的方法。

新的技术开放需要标准化。法国在这方面的步子走得较快。老的标准需要修订,如把旧的编目规则修改得适合于自动化等。

技术的迅速发展导致了情报服务手段的变化,同时需要对馆员和文献工作者的教育方法加以改变。馆员知识需不断更新,工作岗位需不断变换。如何适合图书馆新技术应用的要求已是成千上万馆员共同关心的问题。

六　专业培训

在19世纪,专业培训问题被忽视,法国图书馆常常由图书爱好者管理。后来发现培训是必要的,因为图书馆工作需要多种技能。20世纪初,出现了一些为图书馆工作人员开设的课程,这些课程极为简单。但法国图书馆协会还是努力通过培训来团结广大图书馆员。1932年,巴黎文献学院开设图书馆系,授予图书馆学技术证书,它的教学内容比较贫乏,着重采购技术。文献学院学生或学士学位获得者可来系学习,在教学计划中包括必要的实习。当时刚刚成立的图书馆局参与了对图书馆专业人员的组织领导。在《公务员章程》中包括了对图书馆员的要求。1952年章程中提出馆员的资格要求。1950年颁布了助理馆员的资格要求。

1950年,开始颁发图书馆员高级证书,它是扩充了原先的教学内容后颁发的(新的教学计划着重于书目和分类)。1952年,根据法令,需通过考试由图书馆局批准方可获得馆员资格。这些规定满足了工作人员的愿望,促进了他们的成长,造就了一批受过相同训练,有比较一致的工作环境和工资的图书馆工作人员。

但是,图书馆员仍然缺乏,教学计划仍不能使人满意,特别是它不能适应技术发展的新内容,为此,需要建立更多的图书馆学校。1963 年,在图书馆局努力下,成立了国立高级图书馆学校(后改名为高级图书馆学校),学制 2 年。在该校毕业的学生才能成为国家办的图书馆的领导者。毕业生要工作十年,并通过考试才能升任大馆的领导,如"保护"馆、国家馆,大学馆或外借中心馆。这个学校还培训低级的图书馆员,他们可以获得"能力证书",毕业后在研究所图书馆、学校图书馆、一般市图书馆工作。目前,高级图书馆学校把原来的一年制课程改为两年,要求在第一年里掌握图书馆学知识,在第 2 年内修完证书所要求的课程,这样能确保重要图书馆领导者的能力。

除了高级图书馆学校外,图书馆学的教育单位还有"国家文献技术学院"(巴黎国立工艺博物馆),学制 2 年,培养文献专家,国家承认证书,主要为私立单位图书馆输送人员。巴黎天主教学院所属图书馆员和文献专家学校也发证书(国家不承认),但其毕业生是公认的。另外,法国图书馆协会还办速成班,发实际工作证明。

七 图书馆协会的作用

法国有 5 个图书馆协会。大学图书馆馆长联合会成立于1971 年,由各大学图书馆馆长和部主任组成,内部组织严密,有会员 100 人。1968 年大学改革以及 1970 年大学图书馆重新组织之后,图书馆馆长们开始认识到需要组织起来,针对公共机关的情况以保护大学图书馆、研究大学图书馆的组织和管理的特定问题,对超出图书馆权限的工作方针和技术过程进行协调。它没有出版固定文献,但经常根据需要发表技术报告。

法国图书馆员协会成立于 1906 年,是法国最早、最大的专业图书馆员协会(成员 2500),经费来自成员会费和少量的补助金,目标是在广泛的意义上保护图书馆员的专业性,通过研究、会议、报告促进图书馆事业;不论工作、能力、级别或观点,把所有对图书馆事业感兴趣的人结合到一起,与图书馆有关的单位或个人,如出版商、图书处理(如装订等)人员、文献工作者等均可入会。协会设大学图书馆、国家图书馆、公共图书馆、专业图书馆分委员会和17个地区工作小组。由于缺乏必要的资金,协会难以开展全国性的活动,但地区工作小组非常活跃,并致力于地区专业活动,如召开会议、编制联合目录及图书馆指南等。协会每年开年会,就专门的专业问题进行讨论,并组织工作小组和会谈。协会维系了国家资助的图书馆和私人图书馆之间以及图书馆与政府之间的联系,提供了一个论坛,并向政府提出建议,致力于图书馆间的合作,办有会刊《法国图书馆协会通讯》(季刊),出版一些信息通报和专业小册子。

法国文献学家和专业图书馆协会成立于1963年,目的是把情报和文献专业的人员组织起来。学会分几个工作小组(按学科专题分,如电子学、交通等)和7个地区小组。活动目的是改进情报处理和传递,活动的方法是圆桌会议、互访、讨论班和全国大会。协会办有季刊《资料员》,出版每月情况通报和系列小册子。

国立高级图书馆员学校协会(ENSB)成立于1962年。它由里昂国立高等图书馆员学校的校友组成,1979年有550个成员。它关心图书馆教育的所有问题,特别是保持ENSB与法国其他教育机构处在同等水平上。它还声明要改善图书馆员的地位。该协会发表内部情况通报,同时也是ENSB出版社的创立者之一,该出版社专门出版图书馆学书籍。

图书馆员文献学者学校毕业生协会建于1936年,由巴黎天主教学院的文献学者学校的毕业生组成,有500名成员。它为文献图书馆学校的毕业生找工作,并与其他协会一道保护图书馆事业,每半年发表一次情况通报。

以上这些学会对法国图书馆学的发展所起的作用是不可估量

的,它表明了图书馆事业的发展、地位的存在,促进了馆员间的思想交流、图书馆间的合作、图书馆学的研究,特别是大大加强了图书馆学教育。

八 与其他国家比较

1. 每人每年平均向公共馆借量:英国 11.6,丹麦 9.1,芬兰 6.3,瑞典 6.1,美国 4.2,加拿大 4.0,荷兰 3.0,挪威 2.6,西德 1.6,法国 0.6。

2. 平均每人每年公共馆的费用(法郎):丹麦 45.69,加拿大 10.15,瑞典 21.84,挪威 6.91,美国 17.35,西德 6.08,英国 13.89,法国 2.26。

3. 公共馆费用占国民收入的比例:丹麦 4.41,芬兰 2.13,英国 0.71,西德 0.55,瑞典 1.44,荷兰 0.85,挪威 0.71,奥地利 0.32,法国 0.24。

4. 每人占有公共馆的册数:冰岛 3.4,丹麦 3.3,瑞典 2.8,挪威 2.0,比利时 1.5,英国 1.4,爱尔兰 1.1,瑞士 1.1,加拿大 1.0,西德 0.8,意大利 0.8,法国 0.7。

同时,人们已认识到,尽管专业图书馆和情报服务中心有较高的服务水平,但这并不能补偿学校图书馆和公共图书馆服务的缺乏,因为这意味着大多数人不懂得利用情报资源和参考工具。这种情况已经被越来越多的图书馆专业人员、教育工作者,以及一些政治和经济人士所认识,现在正把专业图书馆纳入整个图书馆服务体系中来考虑。

建立国家服务体系需要现代化的技术手段,这几年来对图书馆自动化的研究加强了。全国文献自动化研究协会(ANEDA),已发表了一些报告,找出实现图书馆和自动情报服务的可能性。科技研究全国委员会支持了这方面的研究,这些研究有些获得了国际承认。1973 年后,国家科技情报署开始活动,同时成立了计算机科学和自动化研究所,该所做了许多计算机科学在科技情报中应用的研究。许多情报中心和图书馆开展了 SDI 服务,专业资料的数据库不断增加,以及出现了法语叙词表和语义分析技术,检索技术大大提高,为形成国家图书情报网络创造了条件。人们相信,随着新技术在图书馆中的应用,以及情报服务的广泛开展,将形成新型的以情报技术为基础的图书情报网络。尽管目前图书馆自动化在法国图书馆中实现的仍很少,但有许多馆已着手这方面的实验和计划,视听资料在馆藏中的比例已经增加。

在过去的十年里,法国图书馆发展计划汲取了英国的模式,正考虑形成科技图书国家外借中心,以及建立地区图书馆网络。过去的法国地区的图书馆网络是把城市和乡村截然分开,现正把两者的图书馆服务在地区范围内加以组织。

贰　国家图书馆

一　概况

法国只有一个国家图书馆,即法国国家图书馆。是世界上最大的图书馆之一,它有最悠久的历史。

和大多数西欧国家一样,法国国家图书馆起源于皇室藏书。1536 年,国王查理五世下令把皇家历代收藏的图书、手稿,集中在卢浮宫的塔楼里,当时藏书 800 册(手抄本)。

1537 年,弗朗索瓦一世颁布了曼皮烈法,规定凡在法国境内出版的图书,必须缴送一本给皇家图书馆保存,叫作备案本,这就是最早的出版物呈缴本。1538 年,皇家图书馆正式成立,吉洛姆·比迪当馆长,成为法国历史上第一个被称为图书馆管理者的人。当时藏书 1890 册,其中 109 册是印刷本,允许法国和外国的学者前往参阅。

17世纪是法国图书馆历史上一个辉煌时期,当时学术和社会的发展,对图书馆产生了巨大需求。这时期,著名藏书家Golbert任皇家图书馆馆长,他大力扩充该馆藏书。到1720年,皇家图书馆向所有学者开放,当时有印刷书8万册,1.6万多件手稿。

1789年,法国发生资产阶级大革命,制宪会议颁布了充公法令,皇家图书馆被收为国有,开始向国民开放。同时还接收了当时教会、流亡贵族和其他流亡国外者的大量藏书,因而成为全国最重要的图书馆。

19世纪,法国国家图书馆致力于分类、编目,出版目录,如1855—1865年间发表了法国史方面的系列收藏目录,1897年发表了"国家图书馆印刷品目录"。

20世纪,法国的读者服务工作有所加强,开始编制国家书目,但是直到现在,法国藏与用的矛盾仍很突出,总的特征还是重藏轻用。

战后一直到1975年,国家图书馆归文化部管。1975年,根据有关文件,国家图书馆规定为研究图书馆,属大学国务秘书处管。大学国务秘书处内设图书馆局,管理所有大学图书馆和一些大图书馆。1981年,又改为由文化部的阅读和图书局管辖,但它拥有财务和行政上的自主权,法国国家图书馆的职能为:收集资料,完整无缺地收集版本备案制度中规定的所有文献;保存资料,使所藏的文献处于完整状态;交流,让读者了解和科学地利用它所收藏的文献。在实现三个职能的同时,还担负着下列任务:国家书目中心、国家交换中心、国家外借中心、国家古籍和珍贵文献中心、文献修复中心。

这几年,国家图书馆又发展成联合目录中心,负责编制全国联合目录,已收有公共和私人机构的藏书卡片550万张,编有期刊联合目录;也是自动化研究中心,1981年后,开始实施国家书目自动化,并成立自动化计划小组。

法国国家图书馆现有各类文献近 3000 万册,其中图书 1200 万册,40 多万册各类期刊,30 多万份著名作家的创作手稿、笔记、私人来往信件,1200 多万张绘画,地图 80 万幅,还有大量的乐谱、广告、照片(40 万)、钱币(80 万)、证章和乐谱等。它可以说是世界上收藏最多的图书馆之一,连巴黎公社时期在硝烟弥漫中散发的传单、墙头布告、招贴以及当时出版的各种报纸等都有收藏。现馆址仍是 1721 年路易十四时期迁入原路易十三宰相黎塞留的府邸。位于塞纳河畔。虽几经扩充,由于藏书太多,馆舍紧张一直是个问题。

为了保存和利用巨大的文献资源,法国国家馆进行了合理的组织。组织结构分为四大系统:行政系统、业务系统、特别部门系统、国家中心系统。

行政部门除主管财务、档案、人事外,还兼管文件修复。行政部门由秘书长总管,秘书长通常是图书保护专家。还设立一个与秘书长平级的特派员,负责读者宣传和辅导、出版物版本备案、印刷、展览、缩微摄制以及负责了解各业务部门中心的要求。特派员和秘书长共同管理档案、邮件、文书、司法等。呈缴本事务原归进书部,现已划入行政部门。原因是呈缴本事务繁多,与各部门都有联系,需要集中管理。管版本备案处的是内政部派下来的官员。馆长主要负责业务部门和国家中心。业务部门不按图书处理程序划分,而是按藏书情况划分,每一个部都相当于一个小型图书馆。有自己的藏书、目录和阅览室,以及独立的采购、整理、保管和编目工作。下面分组织系统介绍法国国家图书馆。

二 业务系统

1. 阿桑那尔图书馆(Bibliotheque de L′Arsenal)
最初是阿尔图阿伯爵即后来的查理十世于 1759 年创立的。

1792 年被充公,1793 年成为公共图书馆,1934 年成为国家图书馆的分馆,现属法国国家馆的一个独立的业务部门。它的馆藏以文学、艺术、历史方面的藏书为其特色,而且有许多珍藏,共有藏书150 万册(件)。文学书籍收藏更为珍贵,购买了德波尔米侯爵的全部藏书,使得该馆拥有 17 和 18 世纪出版的几乎全部法国小说,它享有接受文学教科书的呈缴本权,其中不少极有价值。它在戏剧档案方面的收藏是无与伦比的。现有工作人员约 50 人,设有阅览室并公开开放。它现在还有原始手稿、钱币、徽章、各种地图以及巴士底监狱的档案。

2. 进书部

它是法国国家图书馆最复杂的一个部门。原一直归该部管的版本备案事务处,现归行政管理部管。政府出版物原也归进书部管,现已成为独立的部门。此外由于成立了国家书目中心,把原属进书部的法国国家书目服务移到了中心。所以现在进书部不如以前那么重要。现在的职能是:负责管理非版本备案得来的,而且是通过指赠和采购来的法文图书和外文图书的采访;负责为这些书著录和编索引。

3. 政府出版物部

法国国家图书馆已被指定为政府出版物的保存馆。该部建于1976 年,它收藏着大量的国内外政府出版物。任务是收集、整理、保存和流通政府出版物。根据法国与外国的政府出版物交换协定,该部收集国外的政府出版物。1943 年 6 月 21 日的法令及一些决议都明文规定了政府出版物的缴送办法。该部分三个组:法国政府出版物组、外国政府出版物组和国际组织出版物组。法国政府出版物组负责检查政府出版物的缴送情况,对政府出版物进行国家登记。外国政府出版物组负责收集、整理、收藏外国政府出版物,这些出版物一般通过国际交换获得。与法国签定交换政府出版物协定的国家有奥地利、英国、比利时、丹麦、以色列、加拿大、美国、西德、日本等国。此外,还与一些国家的图书馆建有直接交换关系。国际组负责收集、加工国际机构的出版物。一年平均入藏政府出版物13500余种(不包括期刊)。

4.期刊部

该部于1945年从印本书部分出,负责近期期刊的收集、记录、保管、目录组织和流通。

期刊部收藏的法国期刊大部分依靠缴送制度获得,外文期刊靠购买和交换。1984年馆藏期刊总数为50余万种,2000万册,除期刊外,还负责收藏各种报纸。有路易十三时期创办的法国第一份报纸——《法兰西报》。此外,还保存着许多连环画,使法国国家图书馆成为世界上第一个收集连环画的图书馆。期刊部有一阅览室,只出借当年的期刊和报纸,过期的在大阅览室借阅。由于报刊流通量大,为了保护资料,1958年该部与新闻界联合创办了一个报刊保护与照相复制协会,其宗旨是复制和提供法国大型报纸和期刊的缩微胶卷。现在可供使用的有几千种,向国内外征订。原先该部负责编由版本备案得来的期刊目录,和给连续出版物编代码。现在工作已交给国家书目中心。连续出版物代码由国家连续出版物登录中心(CNEPS)制定,该中心是法国在国际连续出版物登记中心(CIEPS)的代表。

5.印本书部

它是法国国家图书馆最大的部门之一,拥有一个大书库和一个有360个座位的大阅览室以及各种形式的目录。任务是负责所有书籍和期刊的登记、保管和流通工作,编辑法国国家图书馆的藏书总目录和专题目录。印本书部收藏有1537年版本备案法颁布以来的法国出版的几乎全部图书以及大量国外出版的图书。该部的特藏部门负责保管犊皮精装本、印刷术初期的摇篮本以及其他珍本。至1984年有书籍1200万册。除提供阅览,还负责国内外的图书外借工作。每天可接待1000名读者,1982年共借阅书籍

100 多万册。

6. 舆图部

成立于 1942 年,负责保管并出借重要的地图、图册和有关地理方面的资料。许多藏品极为著名。它同时也是巴黎地理学会图书馆,还从事 17—18 世纪地图绘制术的研究。

7. 图片和照片部

藏有 1500 万张十八世纪以来的图片(其中有 3000 张是 1800 年以前的)和 3000 万张 1826 年以来的照片。该部经常举办展览,并且已开始把收藏的图片拍摄出来与公众见面。

8. 手稿部

是法国国家图书馆最负盛名的部门之一,藏书以古老著称。它收藏着大量的各种语文和各个时期的手稿 18 万件。有印刷术发明前的手写术,还有著名作家的手稿和信件。该部收藏的手稿以文学和历史为主,也藏有相当数量的中世纪以来的其他科目的手稿,其中约有 1 万多张珍贵的中世纪手稿。按语种分,有希腊文手稿,拉丁文手稿,法文手稿,东方语文手稿等。西方分部主要是法国王室藏品和大革命时期查封的文献。它拥有君士坦丁帝国衰落以后法国历代国王收购的大批希腊手稿。这批手稿使法国国家图书馆成为世界上拜占庭文献最多的图书馆。西方分部还有众多中世纪的绘画原稿。东方分部的收藏也极为丰富,它藏有一大批敦煌手稿和近东、远东、埃及手稿。有许多中国 16—17 世纪出版的古籍,如《资治通鉴》、《农政全书》、《本草纲目》等。

9. 钱币、徽章和古玩部

创始于十六世纪。它是以法国历代国王的纪念章收藏室为基础发展起来的。法国发现的钱币、徽章均送至该部登录收藏。十九世纪时又开始收集古代文物(如古希腊的花瓶、古代小雕像、古罗马的玉石浮雕和玉石凹雕、古希腊铸币等)。目前,该部共藏有 80 万件钱币、徽章以及浮雕和凹刻等古物。

10. 音乐部

是 1942 年从印本书部分离出来,1965 年迁入新址。该部收藏国内外音乐作品和音乐家的手稿与信件等。除了中世纪音乐作品保存手稿部外,根据版本备案制度缴送的全部法国音乐作品都藏在这里。藏品已达 40 多万件。

11. 视听资料部

视听资料部最初是单独的馆,与国家馆有密切的关系,建于1938 年,负责保管法国生产的视听资料,据法国版本备案制度,视听资料免费交给国家视听资料馆(即现在的视听资料部)。它原属巴黎大学,1976 年正式成为法国国家图书馆的下属部门。现收藏唱片、磁带 100 万张(件)。

12. 戏剧艺术部

戏剧艺术部是新建部门,1976 年才从阿桑那尔图书馆中独立出来。1920 年隆代尔赠给国家的大量藏书转到阿桑那尔图书馆,其中有几千部剧本、脚本及与戏剧有关的模型、服装及剪报集锦等。后来,安德烈·安杜纳等又陆续捐赠了大量的戏剧方面的藏书,使阿桑那尔图书馆中聚集了全法国最重要的戏剧专藏。为此,戏剧艺术部从阿桑那尔图书馆中独立出来,成为专门处理戏剧专藏的一个独立部门。法国政府已计划以该部为雏形建造"戏剧艺术图书博物馆"。

三 国家中心

国家中心由馆长直接负责。法国国家图书馆是法国图书馆系统的合作中心,法国很早就有国际交换部。法国国家书目的编辑原归进书部管,外借和修复服务原归行政系统管。1975 年,为了加强这几方面的工作,成立了国家书目中心(CBN)、国际交换中心(CNE)、国家古籍和珍贵文献中心(CNLDR),国家外借中心(CNP)、文献修复中心(CNRR)。当时法国政府同意图书馆技术方面的事务由法国国家图书馆自行决定、管理。最后成为"合法"中心,是 1977 年 2 月由法国大学国务秘书签定的。

1. 国家书目中心

国家书目中心是国家编目机构,负责撰写编目条例和编制全国联合目录,它同时也是全国连续出版物登录中心。CBN 是法国国家图书馆的一部分,由进书部和期刊部的编目中心组成。

2. 国家外借中心

国家外借中心的任务是发展和促进法国各图书馆间的资料互借,同时也要满足外国读者对法国图书馆的外借要求。有专门的外借专藏,大部来自呈缴本,原先是法国国家图书馆的外借处。

国家图书馆书库里的资料一般不向远距离的读者外借。为此,在外借中心设了一个开展外地借书的特别处。其藏书通过购买、捐赠、版本备案等渠道获得。1976 年外借中心共收到 22777 条借书要求,满足 10240 条,其中 1/4 是通过巴黎的其他图书馆的帮助获得满足的。大多数外借要求来自国外。外借处得到司法部图书馆、大学图书馆、国家档案馆等的重要捐赠。

国家外借中心现正考虑建立省外借中心。外借中心的重点是侧重于满足对本国现时印刷品的要求。

和 BLLD 相比,法国外借中心的收藏和效率都远不及英国。现正在注意发展这方面的工作。

3. 国家古籍和珍贵文献中心

该中心取代了过去隶属行政部的古籍服务处。它的主要任务是负责保管 1810 年以前的印刷书籍和法国图书馆的特藏。负责清查古籍和进行古籍研究。它在外省将建不少分点。

4. 文献修复中心

文献修复中心的任务是研究和执行最合适的图书修补和装订方法,培养修复专家。

5. 国际交换中心

国际交换中心包括国际交换处，它是外国同类机构的联络员。其主要任务是促进和协调法国图书馆与其他国家图书馆间的交换活动。通过该中心寄给交换国的书，大部分由版本备案处提供。法国国家图书馆的国际交换工作始于1694年，它是欧洲最早开展国际交换工作的国家之一。在布鲁塞尔协定（1876年）的第二年，法国建立了国际交换部。1935年5月，该部归法国国家图书馆管辖。国际交换中心目前负责全法国的国际交换工作。该中心参加了教科文组织于1958年在巴黎召开的关于新的出版物的国际交换协定。1976年法国国家图书馆与比利时、美国、英国、奥地利、以色列、西德、加拿大、丹麦等八个国家，签订了政府出版物交换协定。根据法国法律，交换用的政府出版物，由出版社免费提供。1984年，它与80个国家的400个单位进行书刊等资料的交换。该中心交换经费有限，只向交换单位提供法国出版物的缴送本和法国的复本书。

四 特别部门

1. 呈缴本部

1537年佛朗索瓦一世制定了呈缴本法，目的是充实王室图书馆的珍品以及审查印刷品。现行呈缴本法是基于1943年6月21日341号法律、六种政令，规定以下一些出版物必须呈缴：图书、小册子、连续出版物、地图、乐谱、绘画、照相、广告、彩色明信片、各种视听资料、徽章、纪念章。还规定凡印刷出版物发行者，必须在销售前的48小时内，向国家图书馆呈缴4部，向政府内务部呈缴1部。重版书，300部以下的特殊精装本，200幅以下的版画准许送缴一部。另外，印刷者也必须向有关部门缴纳2部。如印刷厂在巴黎，则交给国家馆，在外地，则向所在地指定的市馆呈缴（法国全国有19个这样的指定图书馆）。视听资料根据1975年7月30日的行政命令，制作者和发行者各向国家图书馆呈缴一件。

一种出版物,发行者和印刷者各自要向图书馆送缴六册。除一册放在图书互借部作为藏书之外,其他分给国内的主要图书馆或作为与国外交换的资料。

2. 藏书保护部

法国国家图书馆藏有大量的图书,而且有许多年代很久远的收藏品,为了收藏好图书,图书保存已成为法国国家图书馆面临的重要问题。因藏书和人员增长,书库将达到饱和,需要把非主要的复本和出版物存放到凡尔赛分馆。由于主馆缺少藏书空间,有外借要求时,需要经常搬动,因而造成图书的损耗。法国国家图书馆的重要任务之一,是长期保存馆藏的各种文献。除了目前"搬动"引起书的损耗外,图书本身也在老化。从十九世纪末开始,西方开始用木浆造纸,生产的纸张酸性较大,据有关专家推断,目前用这种纸印刷的书,使用寿命大约只有 100 年左右。17 世纪以前的藏书,目前保存较好,这是由于当时用破布作为造纸的原料,纸的质量较好。但是这部分图书,也受到气候条件的影响,法国国家图书馆保存旧书的地方有空气调节系统。另外法国国家图书馆主楼原为了采光,玻璃门天窗多,且经常大开,这对图书保护都不利。因此,无论什么样的书,都面临着保护问题。

法国国家图书馆保存书的方法,一是现期书的精装(因为大多数法文书是简装的)。图书精装大多是在法国国家图书馆的附属工厂中进行的。工厂拥有六十多个修复专家,二十名修复工人,此外还有 32 名摄影师。他们负责图书保存的第二项措施—再生性保护,开展缩微保护工作。法国国家图书馆在 50 年代开始与报刊保护和照相复制协会合作,把馆藏旧报和新出版的重要报纸拍摄成缩微胶卷。第二项措施是延缓性保护,分修补和脱酸两种。据悉,脱酸后的报纸可保存上百年。书籍的脱酸工作则仍处于实验阶段。

根据 1976 年的调查,发现法国国家图书馆丢失的出版物达 9

万册,不能流通将要注销的出版物达 67 万册,还有 66 万册藏书不久将遭到纸本身破坏的危险。在连续出版物部已被损的杂志达 700 万页,不能再利用。其他一些珍贵文献也面临着损坏。这一情况受到了总理和总统的关注。为此,法国国家图书馆提出了抢救措施方案,政府给予适当的补助金。手稿本、古地图、版画等修复业务在巴黎进行。图书的修复、缩微化作业在赛布尔分馆(巴黎西南 264 公里)进行。杂志、报纸在鲁里万分馆(巴黎东南 85 公里)进行。这两个分馆,是根据国家图书馆的地方分权政策设置的。

3. 读者指导部

法国国家图书馆的馆员,具有较高的科学素质,馆工作人员总数达 1200 人,其中 300 人为官员和高级馆员。1984 年经费为三亿法郎,还有出售印刷品和复制品等的收入。由于藏书、人员、经费方面的优越条件,法国国家图书馆在整个国内及国际情报系统中占有十分重要的位置。在处理交流和保存的关系上,法国国家图书馆有自己的做法。认为一方面应该尽量满足研究人员和专家的情报需求,另一方面也必须满足广大读者的需求。对于研究人员和专家学者提出的资料要求,在巴黎和外省都可满足。在巴黎,法国国家图书馆几乎每天要接待读者,设有读者接待处,给读者以指导。它能够告诉读者什么地方有什么资料,资料需求该到什么地方得到满足。1976 年,接待处接待读者 46305 人次,平均每天接待 183 人次(全年开放 285 天)。利用法国国家图书馆,要办读者卡,只有 18 岁以上且被证明在大学里做研究工作或专业性工作,学士学位以上,并能对法国国家图书馆藏书提出意见者,才能获得。办卡要交一点费用。

4. 图书馆出版物

外地读者使用法国国家图书馆主要通过目录。国家馆有自己的刊物向读者介绍本馆所收藏的一切书籍,该刊即"法国新书目录",它有四个分册:连续刊物(每年十二期)、正式出版物(每年六期)、音乐(每年四期)、地图(每年三期)。还不定期出版通过版本备案所得到的雕刻、照片、徽章、唱片、视听资料等目录。送交版本备案处的文献,在两个星期至三个月内就能在"法国新书目录"上反映出来。不过读者一般认为,这种目录太慢,它们希望能通过电子计算机尽快得到新书卡片。

为了让更多的人了解法国国家图书馆,1976年5月创立了《法国通讯》,每年出版四期,其中包括对图书馆重要书刊的介绍,和图书馆业务活动的报道,注意知识性和简单报道间平衡的掌握。国家馆经常举办展览,介绍新书,并且为在国外的法国图书展览提供书源。

法国国家图书馆与法国的主要日报、周报、电视台建立了十分密切的联系,已由法国电视一台拍了一部法国国家馆的电视片,向公众播放。

法国国家图书馆下设一些协会、团体。这些组织的目的都是促进法国图书馆的发展。如法国国家图书馆朋友联合会,每年向法国的许多部门提供捐赠。

国家馆还利用自己所拥有的巨大知识财富,以及所拥有的高级专家人才,在法国的人文和自然科学领域内的科学活动中发挥一定作用。法国先后出版了许多知识性、学术性目录,开展了不同课题的学术研究,举办各种科学性会议,它的馆长经常参加国内外举办的学术会议或工作会议。

5. 文献复制与修复部

法国国家图书馆与其它图书馆在购书方面有合作。它经常把通过版本备案制度所获得的书,复制之后送给其他图书馆。1976年共赠送复制品18672册,另外国家馆比其他图书馆有优先购买权。它还负责对允许出口的印刷品、手稿、印本书、徽章等进行检查,如在外省出口,则当地图书馆代表国家馆检查。

法国国家图书馆的修复车间为各图书馆修复精装珍贵资料。1976 年修复 61 本总价值达 1125385 法郎的书籍。

国家图书馆还负责对其他各图书馆馆长、图书馆助理馆员、工人、修复专家、书库保管员等进行职业培训。

叁　大学图书馆

一　大学图书馆的发展

法国大学图书馆具有悠久的历史,早在十二世纪,在塞纳河左岸的圣·雅克街,一些宗教界人士建立了学者协会,它虽是一个宗教性组织,但同时也是学习中心,并拥有大量藏书。这时期大学一般置于大教堂下,著名的大学图书馆有巴黎大学图书馆、纳瓦勒学院图书馆、路易·勒·格朗耶苏学院图书馆(当时藏书 5 万册)、热纳维修道院图书馆等。这些图书馆的主要职能是保存手稿,收藏宗教文化典藏和教材。1789 年以后,不少教会大学被撤销,许多书籍失散。拿破仑建立了帝国大学,神、法、文、理、医学院分立。全国划 29 个学区,每区一所大学。第三共和国时期改革大学,要求在高等教育内部发展责任感和自行管理的习惯,以便有一个与生产相适应的高等教育。1878 年 5 月 4 日,法国政府颁发了关于大学图书馆的性质职能的第一个法案,1886 年 11 月 20 日的有关公报中,也进一步明确了大学图书馆的职能作用,但在当时条件下,这些法案并未得到很好的贯彻。那时,大学图书馆除了一些古书外,现代图书收藏很少。1865 年法国各大学总藏书量只有348782 册,而当时德国大学总藏书量为 200 万册。

第一次世界大战期间,大学图书馆受到很大损坏,同时也来不及建立新馆,以至于各大学馆非常拥挤。第二次世界大战期间,损失更惨,冈城大学图书馆全部被毁,斯特拉斯堡大学馆也部分被毁,大多数大学馆的藏书大量丢失,或因长期无人照管而损坏。

二次大战以后,法国政府认识到大学馆对于高等教育发展的重要性。由于学生人数增加,尽管战后经济困难,仍然要求建设大学馆。1945年,在教育部下成立了图书馆局,全面负责全国各图书馆的发展,并制订了图书馆发展计划,其目的是:修复战争所造成的破坏,增加图书收藏面积,使用标准的可调书架,增加阅览座位,提供卡片目录和书目辅导设备、改进期刊收藏的范围,为工作人员提供良好的工作场所,改进照明供暖和通讯,利用升降机和图书传送机加快内部流动。为此制定了一系列政策和措施,并在财源上予以支持。

1955年—1967年,大学图书馆的建设着重于各系馆的发展。传统的大学只有神、法、文、理、医学院,所授教育偏重理论,随着这一时期学生人数的增加(1949—1968年,学生数从116000—508119人),给总馆造成较大压力,因此,这一时期着重于各系分馆的建设。多是一个学院建一所分馆,如格勒诺布尔、波尔多、奥尔塞和奥尔良等大学的图书馆。其中理科馆21个,文科馆5个,法学馆3个,医学馆5个,而中心馆只发展2个(冈城大学和迪戎大学)。同时,大兴土木扩建和改建馆舍。1955年—1967年,总共增加馆舍面积近15万平方米。尽管采取了许多措施,但由于教师和学生人数的增加,还需要改变传统的设备、管理方法和服务手段。法国大学部(属教育部)于1962年6月20日通过了关于建立大学图书馆技术改革机构的建设,以统筹在大学图书馆引进新技术,包括照相复制、缩微胶卷(片)、视听资料设备、电子计算机和数据库等。同时于1962年7月20日发表了"指导规定",要求最大限度地为学生提供开架流通服务。在编目工作中实行标准化和统一采用UDC。在这以前,各大学馆都是按1898年的《大学图书馆指南》来开展服务的。

60 年代,法国大学的学制也有所变动,明显表现在水平结构的变化上。在第二次世界大战前,法国大学只授予学士和博士两级学位,之后逐渐设立了二年制的大学普通学习文凭,在大学三年级设学士学位,四年级授予硕士学位。在大学文、理、法科设立了第三阶段专业博士学位,以及深入学习文凭和高等专业学习文凭。由于大学从学士到博士学位是分阶段进行,学生逐级淘汰,流动性很大,要求图书馆就学习的各个阶段配备不同学习资料,开展不同形式的服务。如大学图书馆对第一、二年的学习,就主要是配备大量的导读性书、教材和非专业的参考书,这些书复本量大,提供外借和阅览。

二 大学图书馆的组织和管理

1968 年,法国大学进行了大调整。在 1968 年以前,法国大学是中世纪大学(自治的,设神、文、理、法、医五学院)和帝国大学(中央集权的,学位文凭国家垄断)的混合。进入六十年代后期,这种"混合"式大学偏重基础理论,毕业生在劳动市场上的价值逐渐降低,致使大学教育与科学技术、经济发展的现实相脱节,造成社会缺乏人才,而大学则人满为患。进入大学的学生中,工人、农民子弟的比例很低,造成了不平等的现实。总之,大学的关闭守旧、英才主义、中央集权,终于导致了 1968 年 5 月风暴,学生运动要求改革现行教育制度。1968 年 12 月,法国政府颁布了《高等教育方向指导法案》,要求以"自治"、"多科性"和"参与"作为改建大学的原则。

1968 年 12 月,首先建立了"教学与科学研究单位",取消原来的学院。"单位"由它的教师、研究员、行政人员和学生分别组成选举团,选出审议会和主任。审议会成员不超过 40 名,它决定自己的预算、教学和科研计划,通过主任行使它的管理权。主任任期三年,从教授、研究员或讲师中选出,若选出的是行政人员,则须经教育部同意任命,这就是"单位"的自治与参与。若干个单位组成一所大学,大学设审议会和校长。大学的财产、国家拨给的经费和其它收入,均归学校自己支配。大学有任免人员权,教师和研究员有讲学和研究自由。这是大学的自治与参与。大学可以一种使命为主,但必须是文学与艺术同科学与技术尽可能的结合,它是多科性的。总之,1968年以后,大学的学院取消了,只有教学与科学研究单位,大学的结构、规章、制度、教学和科研计划、预算和人员任免,都由自己决定。

在这种情况下,法国大学图书馆也在行政上进行了相应的调整。一些公共馆和专业馆在高校组织中并入大学馆。一些学院馆也进行了合并、重组。在1968年《高等教育方向指导法案》中有关图书馆行政管理条例的基础上,于1970年12月进行了部分修改,并经1976年3月23日补充修订,制定了现行大学图书馆行政管理规定。根据条例规定,大学图书馆分为二类,一类是为所在大学中的教学科研单位服务的大学图书馆,另一类是校际图书馆。校际图书馆一般馆藏丰富,设在某一大学,供附近的数所大学共同使用。如巴黎大学,有3个校际馆和29个大学馆,为巴黎各大学的师生服务。校际馆的设置主要为解决学科交叉引起的图书供应问题。

不论是大学馆还是校际馆,馆长均由法国大学国务秘书直接任命,馆长领导理事会,理事会是图书馆管理机构,它由对等人数的老师、研究人员、学生和馆员代表组成(理事会中有馆员是此条例专门规定的),其中五分之一的名额是大学校长聘请的社会知名人士,整个理事会人数,一般在20人左右(校际馆多些)。理事会主要是监督图书馆对有关法规条例的执行,对图书馆的活动如何适应教学和科研工作的需要提出方向性建议,对馆内工作计划作评价,制定一系列的执行方法和措施。此外,还负责图书馆预算。对于图书采购工作,专门成立咨询组给予检查,有关具体的行政业务由馆长负责。

到1980年止，法国大学图书馆共有59所。其中，校际馆20所(11所设在各省，9所设在巴黎大区)，大学馆39所(25所设在各省，2所设在海外省，12所设在巴黎大区)，收藏各类型图书资料共1200多万册，现期期刊85万种，平均每年入藏的图书资料递增约40万册(种)左右。

大学图书馆隶属于法国大学部图书处，该处除负责向各图书馆提供经费和设备，调配图书馆高级业务人员外，还担负着指导大学图书馆进行技术改革、设备更新的任务。大学图书馆由教育部下属的图书馆局，从教育部的经费中，根据师生总人数、馆内部门设置等具体情况来拨给经费。这部分约占全部经费的80%。馆员的工资由国家支付，不算在这笔经费里。另外图书馆局还对大学馆业务费和采购费补助，如纳入大学部基建计划的图书馆不动产(主要是指馆舍)建设，大学部另追加经费。自1976年起，法国文化部属下的国家文学中心每年还向大学馆资助一笔费用，具体数目每年不等。1977年以来，大学部还向各大学馆拨给一笔作为设备更新的年度津贴费。另外，从1968年开始，规定每个大学生在入学注册时，需缴纳15法郎图书馆费，这部分收入约占图书馆每年总经费的13.5%。图书馆还经常得到其他部门或社会团体的资助，以及一些社会名流的捐赠和遗赠等。

三　大学图书馆的服务

和别的国家相比，法国大学图书馆的经费来源相对较多，在服务方面却比其他西欧国家发展得晚。以前教学是封闭式的，院与院之间、学院与外界不相往来，因此大学图书馆服务以闭架为主，强调藏书丰富性。60年代以后，一些新大学开始试行开架，但仍有大部分图书馆闭架。在流通上按读者对象划分：学生2星期，教员4星期。参考书只允许周末借(这是一个特点)，期刊只能借8

天。在大学里,教师可以入库看书,但在市馆则不允许(即市馆是大学的合作馆)。因为市馆的藏书远比大学馆宝贵。虽然没有全开架,但大学馆都有读者指导,开展咨询(这一点比市馆好)。大学馆对过期罚款没有规定,便宜行事。复印服务早在60年代末已经在大学馆普遍使用,复印服务收费。对于居住较远的学生和教师,大学馆有时还开展邮寄借书。

为教学和为科研服务是分不开的,图书馆设教学服务部和科研服务部。为科研服务需要合作进行,但是法国大学馆的合作做得并不好,没有经常性的合作活动。大学馆很少有地区间合作,但在索尔邦大学有大学馆间学位论文交换处。1978年还成立了法国大学科技情报与文献机构(AUDIST),主要任务是负责指导图书馆网络计划的实施,以及培训新技术操作和管理方面的人才。自它成立以来,法国大学馆的合作有所加强。

法国大学馆的自动化起步较晚,落后于英国和德国。虽然现在有些大学馆设有国际联机终端,但馆内工作自动化尚未实现。

法国大学馆很重视馆舍建设,认为建筑是良好服务的前提。法国政府在六七十年代拨了大量经费盖馆舍,先后新建了120座图书馆馆舍,每年平均增加5000平方米,1971年到1977年新建馆舍面积达20万平方米。并且颁发了标准,要求平均每个学生1.5平方米的阅览面积,对于学生数少于1500人的学校,平均数为2平方米,多于10000人的大学平均面积可为1.2平方米。尽管这样,现在平均每个学生还只有0.87平方米的阅览面积。对于建筑也有一定的要求,研究和学习区必须分开,适用于藏书开闭架,要考虑到新技术应用所需的面积(每一技术人员需面积8—10平方米),每8个学生配备一个阅览座位,65个学生有一个研究座位,每一万册书要有60平方米的藏书空间。由于注意抓馆舍建设,一定程度上保证了大学图书馆服务的质量。

在工作人员上,图书馆人力不足,平均每个工作人员要为338

个学生服务,而英国则为 211 人服务。据 1977 年 12 月 31 日法国大学部图书馆局公布的统计数字,在册的大学图书馆人员共 3118人,其中专业馆员 530 人(17%),技术人员 814 人(26%),行政业务人员 631 人(20%),书刊资料管理人员 1097 人(35%),工人 46人(1.5%)。法国的馆员是国家公务员,工资由国家拨给。按照标准应该是 400 名学生一个馆员,而实际上是 630 名学生一个馆员。但大学图书馆的专业人员比例比其他类型图书馆专业人员比例高,目前正通过提高工作效率、服务质量和自动化来补救人力的不足。

四 大学图书馆系统的构成

法国的大学图书馆是为教学和研究服务的现代化图书资料系统,其构成如下:

(1)校际图书馆或图书资料中心。如在一个城市中有许多所大学,就设有校际图书馆或资料中心(设在某个大学内),专门为几所大学提供服务,一般现代化手段较高。

(2)每所大学都有自己的图书馆,规模不等。

(3)各"教学与研究单位"有图书资料室。

此外,各城市的公共馆普遍为设在该市的大学服务。法国共有综合性大学 72 所,学生总数达 80 万。

肆 公共图书馆

一 概况

法国公共图书馆的发展有悠久的历史,大革命时期,许多寺院图书馆和私人图书馆变为国有,面向公众开放。1906 年法国成立了图书馆协会,1929 年成立了公共阅读委员会,1936 年后实施"闲暇政策",发挥了公共馆在阅读活动中的作用。二次大战中,法国公共馆受到很大损坏。法国公共馆现代模式的建立是在第二次世界大战以后。二战后法国公共馆的发展有几个特点:有强有力的中心领导机构,强调公共馆在公共阅读中的功能,开展多样化的服务,建立健全各级图书馆体系;维持市级的"保护图书馆"为其特色。

1945 年 8 月 19 日,法国图书馆局成立,当时归教育部管辖,负责领导战后法国各类图书馆的建设,主要是公共馆的建设。对公共图书馆的发展提出政策和规划,着重于三个方面:图书馆的技术服务,图书馆的行政管理,省中心馆(即省外借中心图书馆)的建立及乡村地区图书馆服务的普及。从战后到 60 年代,法国政府花大力气盖新馆,建立各级图书馆网,但是经过多年努力,发现和邻国相比,公共馆事业还是落后。据 1967 年调查,在中心外借图书馆服务范围内,只有 2% 的成人、50—70% 的儿童和少年利用图书馆服务。在全部服务人口中经常利用图书馆的不到 10% 。即便在市馆,流动服务也太少,人员不充足,馆舍紧张。全部 1500 万市镇人口中,只有约 50 万的登记读者。伴随着 1968 年五月风暴带来的新鲜空气,图书馆局易名为图书馆与公共阅读委员会,控制国家拨给图书馆的资金,加以合理分配,加强了国家对图书馆的管理,出版了《法国图书馆通讯》,宣传公共馆在公众阅读中的作用。

委员会调查了 60 年代末公共馆依然落后的原因,发现了一个错误观念:有些人认为,在大众传播媒介普及的情况下,图书馆对人们文化生活影响很少,已是过时的东西。委员会认为,虽然.大众媒介传播的"视听"情报,通过现代通信技术使人们有更多机会参预文化生活,但是也正因此阅读变得必不可少,阅读可以成为情报的"过滤器",促进个体自我反省。作为丰富自我的一个手段,阅读是社会进步的一个条件,它有利于填平社会的隔阂,扩大终身教育的范畴和观念。因此,委员会认为,许多法国人没有认识到"公众阅读"的意义。公众阅读应和公众教育一样重要。作为自由的指导自己的手段,每一个公民应有机会阅读,以使其人格丰富,更好地适应现代化社会生活。这样,图书馆功能应从传统的保存、整理,扩大到促进"公众阅读"。

由于法国公共馆有许多珍贵收藏,许多馆员一直重藏轻用。因此,认识到图书馆促进"公众阅读"的职能有特别重要的意义。为了加强这一职能,法国公共馆开展了多样化的服务,对传统的服务形式进行改革。60年代末期,加强了如下工作:①开架。认为为读者开架,是最基本的要求。传统图书馆书库很大,阅览室小,现在加强了藏书剔除,实行开架,使读者能直接接触资料。②加强读者指导。给读者提供图书馆出版物和指南,培养馆员和读者之间以书目为中介的感情联络,目的是使读者最方便、最有效地利用图书馆所藏资料。③扩大用户队伍,使潜在用户变为现实用户,开展"延伸性"服务。这些服务包括:有关地方、国家和地区的时事资料展览,有作者著作展览,还有各类大家感兴趣主题的图书展览,结合展览开展讲座,建立读者小组或读者俱乐部,提供视听设备和阅读指南,在影剧院等文化场所安排读者和作者见面会,提供音乐、电影欣赏,在广播和电视节目里宣传图书馆活动。这些活动意味着馆员大部分时间要在馆外工作,当读者闲暇时给予最恰当的服务,要与各种社会机构合作,获得他们的支持。这些活动的目的,是要使图书馆成为社会生活和文化生活中心。随着服务方面的转变,各级各类公共图书馆也得到发展。

现在,图书馆和公共阅读委员会是教育部的一个司,负责图书馆管理、预算及技术服务,制定馆员标准,管理国家馆和市镇馆和BCP的人员。设有预算处、建筑处和技术服务中心、历史和科学文献委员会和数据处理处。

法国人口约5500万,农业人口到1978年占总人口的8.5%。

法国有广大的农村地区,给图书馆服务造成一定困难。

二 省公共图书馆

法国的地方政府分为二级:省和市镇。省之上有经济发展大区,省和市镇两级之间还有专区和县,但这些都不是一级政府单位。省是法国的主要行政单位,本土现有 96 个省,还有 4 个海外省。和英国、西德不同之处是,省的自治权小。根据现行的地方自治法规定,省内的重大事务,必须按照中央政府的指令办,中央有权否决地方议会的决议。因此,图书馆事务基本上也是秉承中央的精神办理。1945 年以后,图书馆委员会一直致力于省中心馆(即省外借中心)的建立。原因是法国小城镇较多,人口分散在广大边远地区,省中心外借馆(BCP)的任务是使这些地方的居民也能够和城市居民一样有同等的阅读机会。BCP 服务的地区人口一般在 15000 人以下,现在上升到 20000 人以下。BCP 的经费由国家提供,直接由图书馆委员会指导。按省建立 BCP,每省一个,BCP 是独立的图书馆组织,有一套工资和馆员体系,一般设在较大的城镇,靠流动和设立传递站开展服务。图书馆规模不大,工作人员有十几个,最多不超过几十人。藏书量大多十几、二十万,不超过一百万。流动站一般设在中小学校,由学校教师监督、管理,还有的设在医院、青年俱乐部、文化中心等。流动站的书经常改变,一般不接待查阅,馆内不设置阅览室,主要是外借,有时也办短训班,培养图书业务的初级工作人员,读者还可向流动点预约借书。1946 年建立了 17 个省馆,1966 年发展到 51 个。尽管政府花大力气建设省外借中心,至 60 年代末仍有大量边远地区居民未能享受服务。因此,70 年代起大力发展 BCP,到 1980 年止,全国 96 个省中已有 57 个省建立了 BCP,打算再建 17 个 BCP。BCP 的服务对象重点有所不同,有的读者面广,有的仅为在校学生服务。开展的服务也不同,有的仅外借,有的还与当地的文化、教育机构合作,开展新书介绍、专题演讲报告等。物质设备差别不小,有的馆拥有十几辆流动车,而有的仅有一辆。流动车有的是汽车,有的是大篷车。BCP 的存在,无疑对法国乡村地区的发展起着积极作用。BCP 的发展,也得到法国公共馆员协会和法国图书馆协会的支持。

三 市镇公共图书馆

法国省以下的基层政权实体是市镇。据 1979 年统计,全国有 36400 多个市镇,市镇面积和人口悬殊很大。有的是大型和中型城市,有的不过是小镇。大多数市镇人口在 2 万以下。人口在 10 万以上的只有 37 个,如马塞、里昂。人口在 2 万以上的有 334 个,而人口少于 1500 人的却有 35000 多个。其中 2 万多个镇的人口少于 500 人。法国 60% 的人口生活在 2 万居民以下的城镇。所以法国一般市镇较小,但除巴黎之外,市镇不论大小,其行政机构和权限都一样。大多数市镇没有足够能力提供图书馆服务。有 700 多个人口 15000 以上的市镇图书馆,有 850 个人口 5000 以上的市镇图书馆。大多数市镇馆历史悠久,在大革命时期,宗教所和贵族家庭的藏书成为它们的收藏。由于有珍贵藏书,使得市镇馆学术性色彩很浓,但这种重学术的传统,也影响了法国市镇公共馆的大众服务。市镇图书馆主要由地方社区资助(95%)和管理。有的市镇除了发展本市镇图书馆外,还负责 BCP 为全国乡村地区服务,虽然在法律上没有规定地方政府必须发展图书馆事业。关于图书馆立法,在近期内估计不会得到解决,中央政府是通过各种直接和间接的方式鼓励地方发展公共馆,每年对市镇图书馆有一小笔财政资助,资助比例视地方政府对图书馆投资的多少而增减。在物质设备费用上,中央原负担 35%,现在升到 50%,以鼓励市政当局建设和装备新中心馆和分馆,以及在人口稀少地区提供流动服务。市镇馆的工资,除"保护图书馆"外,都由地方政府自负。

市与市的差别使法国图书馆服务很难形成一个统一的标准。因此,各地图书馆服务水平也各异。乡村地区的图书馆服务主要靠 BCP。市镇图书馆是公共馆主体,因为法国有 4000 万左右居民住在大约 4 千座大小不同的城市里。所有的市镇图书馆都归图书馆工作委员会监督,委员会对各馆之间的协调和发展计划做出指示。在市镇图书馆中,总藏书近 5000 册的占 22%,5000—1 万册的占 18%,1—5 万的占 34%,5 万以上的占 25%。开馆时间较长,一般 5—6 天。有公共馆的市镇占 16%,没有公共馆的约占 62%。法国有几种不同类型的城市:不包括郊区的城市一般无分馆。"城市集合体"即环绕着一个中心城形成几个平行的互相依赖的城市,一般有分馆。"城市联合体",多半是各自独立的工矿区,但它们又包括许多村庄和小城镇,这些村庄和小城镇又不属于城市中心,这类地区一般由 BCP 提供服务。由于小市镇多,只有一个馆员的市镇馆占 66%,2—7 人的占 12%, 8—11 人以上的只占 2%。市镇的预算,大多在 5000 到 5 万法郎之间,7 万法郎以下的很少。市镇馆一般有阅览室、儿童分馆、视听室、讲座室,有电影厅的占 30%。图书馆很注重馆舍建设,仅 1968 年新建馆舍面积达 2 万多平方米,扩大馆舍面积达 6000 多平方米。

四 巴黎公共图书馆

巴黎是法国的政治、文化中心。该市图书馆系统在全国也是最发达的,每年外借量近千万。在 60 年代初,巴黎市图书馆系统的设施比较陈旧,人员数量不足,馆舍紧张,技术力量不强。为此,巴黎市政府制定了一个长期发展计划。现在巴黎每个区馆有外借处、参考室、儿童和青少年专藏、视听资料借阅处和各种专门阅览室。大区馆下还有小区馆,服务读者数为 35000 人。在巴黎,1971 年还设了一个"图书馆技术服务中心",负责集中采购、编目和图书资料的整理、规划自动化图书馆系统、设计新馆、建立城市图书馆建筑咨询中心、图书馆网络间的技术合作。这个组织的建立,对巴黎地区图书馆现代化以及全国其它地区图书馆现代化起了积极作用。

在巴黎公共馆网络中还有一些专业性的外借和参考馆,如美术和工艺图书馆、巴黎市政图书馆、巴黎历史图书馆、玛格丽特·杜拉(法著名作家)妇女图书馆等。这些馆都归巴黎市政府管。试举巴黎历史图书馆为例,它是法国一个重要的公共图书馆,主要收藏关于巴黎政治、经济、文化、戏剧等方面的文献资料。藏书近50万册,期刊4000种,5000张底版,6000张明信片,22400张幻灯片。全部馆藏资料达60万种,藏有部分名人手稿如乔治·桑、伏尔泰等人的手稿,该馆还经常组织一些学术活动和书画作品绘画展览,活跃文化生活。巴黎市各馆的经费由巴黎市政厅拨款。巴黎市政府很重视图书馆建设,目前巴黎每个居民的图书馆费用已达5法郎。1977年,在蓬皮杜艺术中心还设了大众情报图书馆,藏书50多万册,期刊2400多种,幻灯片20多万张,缩微胶片15000多份,唱片和盒式磁带有声资料1万多份,还有250多部资料影片,以及有关艺术、历史和科技方面的短片。书籍管理全自动化,免费开放。在这里,图书馆与艺术画廊、音乐厅和公共讲演厅联在一起,能开展丰富多彩的文化活动。

五　国家保护图书馆

在市政图书馆中,与其他国家不同的是,法国有"国家保护图书馆"。这些图书馆由于其藏书的珍贵而具有特殊地位。自1931年起,教育部开始负责指定保护图书馆的馆长,馆长为国家公务员。较大的市镇负担这些馆长工资的40—60%,小市镇由国家全部负担,馆里其他成员工资则由市镇自己支付。建设经费由国家负担50%。保护图书馆学术方面的功能很强,以参政服务为主,比较强调图书保护。这类市镇图书馆有些同时也是大学图书馆,如贝善松市镇馆。法国现有这种图书馆50多所,分布在法国大大小小的市镇,成为法国文化历史悠久的又一见证。试举巴黎的圣·热内瓦图书馆为例,该馆创建于十二世纪,最初是圣·热内瓦修道院的一个藏书处。1624年罗什弗坎拉主教被任命为该修道院院长,他将自己所收藏的600册书捐给修道院,使其图书馆成为当时法国最著名的图书馆之一。以后这个图书馆又陆续得到许多著名人物的捐赠,藏书不断增加。1710年,兰斯大主教将他大半生所收藏的书16000册捐给图书馆,这批书涉及宗教、地理、自然科学、医学以及珍本、乐谱等。此后,正式命名为圣·热内瓦图书馆。该馆现位于巴黎拉丁区,是巴黎知识界的中心,无论是邻近的还是其他城市的大学生,都经常光顾。从1979年起,圣·热内瓦图书馆成为巴黎九所校际图书馆之一。但它仍然保持着公共馆性质,即身兼大学和公共馆两职。该馆馆长由国民教育部任命,由大学代表、图书馆人士和社会名流组成理事会。1983年,该馆有19名馆员,15名助理图书管理员,47名书库管理员,13名行政管理人员,一名修复专家,一个工人。图书馆经费的3/4由政府拨给。全年开放281天,接待80万读者,流通量超过30万册,开馆时间早10点到晚10点。

普通藏书部收藏书籍和期刊约300万册,图书馆收藏有神学、哲学、法律、医学、科学与技术、普通历史、地理、文学史方面的印刷品版本备案版。此外,每年还购版本备案上没有的书,尽量使馆藏成为百科全书型。每年进书约12000册。期刊收藏约11000种,其中1900种仍在发行。平均每年进刊21000册。圣·热内瓦一直接受私人捐赠、遗赠以及各方面的支持。内部藏书部管理16—18世纪以及19世纪初期的古本藏书。这些书主要是在圣·热内瓦修道院时代收藏的,大约有11万册,同时也收藏手稿和印本书。出版有古书目录。北欧图书部是在丹麦和挪威的执政官亚历山大·罗扎特于1868年私人捐赠的1500册书的基础上发展起来的,目前该部北欧图书已成为研究北欧历史、地理、法律、文学的重要参考所。

该馆面向 16 岁以上的人开放,但概不外借。收集的资料涉及面较广,各种层次的书都有,面向社会不同的读者。

五　其他公共性图书馆

除了国家和地方政府支持的公共图书馆,还有一些为公共服务、但由私人机构建立的图书馆。这些图书馆弥补了地方政府公共馆的不足,其中最著名的是大众图书馆。大众图书馆文化服务处建于 1934 年,是天主教的一个组织。70 年代初已有 18000 个大众图书馆和 1200 个图书存放站。大众图书馆的目标是以家庭为单位,提供阅读资料。这些资料怎么提供、提供的内容都有标准。它是目前全法最大的公共图书馆网络。大众图书馆最早是把书从教堂里解放出来,在商业区建立图书馆点。图书有时也放在商店橱窗,居民要读这些书可以预约,交纳借阅费。另一个较大的公共图书馆服务组织是"闲暇公共阅读中心"。由法国教育同盟组织,它们建了 4000 多个流通图书馆,以社区为单位设流通馆。一般设在青年中心、假日中心和学生寄宿区。按包借书,每月交钱可借一包书。此外,还有少儿图书馆、医院图书馆、工会图书馆等,是公共图书馆必不可少的辅助设施。法国的医院图书馆较有特色,这种图书馆建筑时设法使通往各楼的路面和图书馆大厅的地面处于一个水平面上,病人可以坐着手轮椅进出。阅读大厅宽敞明亮,架子不高,病人坐在车里出手可及,无需别人代劳。医院图书馆还利用手推车把书送到病房。每床位分配五六本书。服务不收费,借多少本皆可。由于经济问题,这类服务开展起来较困难,大多由志愿人员义务服务。除了书,现在还提供唱片、磁带等。

法国人口年轻化和小城镇密布,形成了法国公共馆的独特模式。城镇图书馆是法国公共馆的主体,其中的一些馆有珍藏书,学术性强、使城镇馆与大学馆发生密切联系。农村人口分散，虽然大力发展了BCP，但农村的图书馆服务还是比较落后，现在正努力发展图书馆网络，也逐步走向以电子计算机应用为标志的现代化。法国"国立"公共馆总共有1000多所，私立公共馆达1万多所。这些图书馆弥补了"正式"公共馆网络的不足，促进了阅读的发展。近十年来，由于政府在各个时期的方针不同，公共馆发展状况也不一样。在戴高乐和蓬皮杜执政时期，政府对图书事业重视，在财政上给予极大资助，这一时期公共馆事业得到极大发展。就市馆而言，在1967—1974年期间，新建馆舍面积达20多万平方米，所提供的阅览空间满足了全国9%的人口阅读需要，并于1972年动工兴建法国最大的公共馆——蓬皮杜艺术中心大众情报图书馆。当时颁布的市镇馆标准，对图书馆有较高要求。

1. 对市镇馆藏书要求：

服务人口数	每人册数	成人开架外借册数	开架参考和阅览册数	儿童开架使用册数	其他收藏
5000—6000	1.5	6000—	700	1500	—
6000—10000	1.5—1.4	7000—	10000	2000—4000	—
10000—20000	1.4—1.1	10000—	16000	4000—6000	—
20000—30000	1.7—1.4	4000—10000	6000—8000	4000—6000	10000
30000—45000	1.5—1.2	14000—18000	7000—9000	4000—6000	20000
45000—60000	1.4—1.2	18000—25000	9000—11000	4000—6000	30000
60000—75000	1.2—1.0	12000—25000	10000—12000	6000—7000	35000

2. 对服务点数、服务点书和人员数的要求：

服务人口 （1000 人）	服务点（中心馆除外）		书 （千册）	人　员					
	分馆	流动车		总数	馆员	助理 馆员	非专业 人员	司机	勤杂
10—20	—	—	20—28	6	1	1	4	—	—
20—30	—	—	34—42	10	1	2	6	—	1
30—45	1	1	58—72	17	2	4	9	1	1
45—60	2	1	87—110	23	2	7	12	1	1
60—75	3	1	107—135	32	3	10	17	1	1
75—90	4	1	132—164	38	4	12	20	1	1
90—105	5	1	155—191	43	4	14	23	1	1
105—120	6	1	177—217	50	6	16	26	1	1
120—135	7	1	194—235	58	6	19	31	1	1
135—150	8	2	211—253	65	6	22	34	2	1
150—165	9	2	228—271	71	7	24	37	2	1
165—180	10	2	245—289	76	7	26	40	2	1
180—195	11	2	262—307	84	7	29	45	2	1
195—210	12	2	279—325	90	8	31	48	2	1
210—225	13	2	296—343	95	8	33	51	2	1
225—240	14	2	313—361	100	8	35	54	2	1
240—255	15	2	330—379	109	9	38	59	2	1
255—270	16	2	347—397	114	9	40	62	2	1
270—285	17	2	346—415	119	9	42	65	2	1
285—300	18	3	381—433	130	10	46	70	3	1
300—315	19	3	398—451	135	10	48	73	3	1
315—330	20	3	415—469	140	10	50	76	3	1
330—345	21	3	432—487	146	11	52	79	3	1
345—360	22	3	449—505	157	11	55	84	3	1
360—375	23	3	466—523	162	11	58	89	3	1
375—390	24	3	483—541	171	12	61	94	3	1

3. 市镇图书馆——建筑标准

服务人口数 (千人)	成人阅读区 册(千)	成人阅读区 M²	阅览室和参考室 (开架)册(千)	座位	M²	儿童 (开架)册(千)	座位	M²	视听室 M²	普通活动室 M²	工作空间 M²	专藏区域 a.书 b区 M²	流通区* M²	总面积 M²
5—6		不分	6—7	10	130	1.5—2	30	80	—	—	70	—	+25(70)	350
6—10		不分	7—10	14—18	160	2—4	40	120	—	40	80	—	+25(100)	500
10—20		不分	10—16	20—30	240	4—6	40—43	140	20	50	110	—	+25(140)	700
20—30	14—18	330	6—8	30—35	160	4—6	40—50	150	40	70	110	(a)1000 (b)60	+30(280)	1200
30—45	14—18	330	7—9	35—45	180	4—6	40—50	150	50	80	310	(a)20000 (b)120	+30(380)	1600
45—60	18—25	350	9—11	50—60	300	4—6	40—50	150	70	120	320	(a)30000 (b)180	+35(510)	2000
60—75	18—25	350	10—12	60—70	340	6—7	50—60	200	70	140	345	(a)35000 (b)210	+35(545)	2200
分馆15		不分	8—12	30	180	4—6	40	140	不分	40	40	—	+25(100)	500

* 括号内数字为%

204

4. 市镇馆：面积标准和流动馆

服务人口	面积（M²）		流动馆
（1000 人）	中心馆	分馆	
10—20	70	—	—
20—30	1200	—	—
30—45	1600	500	1
45—60	2000	1000	1
60—75	2200	1500	1
75—90	—	2000	1
90—105	—	2500	1
105—120	—	3000	1

70 年代中期，法国公共馆大兴土木，服务质量也得以提高。

但到德斯坦执政时期（1975—1980），政府对公共图书馆事业的态度大变，漠不关心，拨给公共馆的财政费用比上届大大减少。70 年代初，每年新建馆舍面积为 4.2 万米²，而到 70 年代后期，每年新建的馆舍面积只有 1.6 万米²。全国 1 万到 2 万居民的城镇，尚有 146 个没有公共图书馆。法国公共图书馆在这段时间因经费不足、人员缺乏没能起到为社会广大成员服务、广泛传播知识的作用。1980 年联合国教科文组织统计，法国人向公共馆借阅图书数量为东德的 1/3，荷兰和瑞典的 1/6，英国的 1/7，丹麦的 1/10。

1981 年密特朗执政后，把迅速改变法国公共图书馆事业的状况列入国会议事日程，大幅度增加公共图书馆的经费。1982 年拨给公共图书馆的经费预算比以往增加了 3 倍。1981 年拨给市立图书馆的经费占图书委员会经费开支的 3%，而 1982 年用于该方面的费用上升到 25%。政府在 1982 年还拨出专款兴建 40 多间市馆和修葺、扩建国家馆。对于 100 多所基础较差的公共图书馆，政府还给予补助，增加馆员编制。法国政府在近几年兴建一大批市立图书馆，新建的馆舍面积将达 1500 万米²。同时还力求使公共图书馆的馆藏图书数量在 10 年内增加 3 倍，馆员编制增加 4

倍。要求最大限度地增加开馆时间,加强人员培训。1982年还拨出专款为没有省外借中心图书馆的省份建外借中心馆。17个省外借中心图书馆的建立,将使法国96个省每省都有外省中心,这将改变农村馆服务的面貌。密特朗政府还计划,为了使那些生活在小城镇和乡村的一半人口彻底摆脱既没图书馆又没书店文化的"荒漠状况",打算在一些边远地区再兴建一批省外借中心,在3—5年内达到100个左右,并装上电子计算机终端设备,利用现代化通信中心,使图书馆服务伸及到全法各个角落。

但是,法国公共馆至今未能形成一个像英国那样的图书馆网络。原因在管理方面。地方政府支持的市镇馆和政府支持的省外借中心之间不通气,各干各的,形成分割局面,不能协调一致的发展。国家支持的公共馆和私立公共馆间的合作问题也未解决。为此,文化部部长一直强调,为了促进法国的公共阅读事业,建立图书馆网络势在必行。首先公共馆要协调起来,目前正在讨论制定法国公共馆法,以保证各图书馆的财政来源和保证处处有图书馆服务。公共图书馆之间的协作与协调,应包括其他各类型图书馆,如大学图书馆、政府各部门图书馆、企业图书馆、科学图书馆。通过各类型图书馆广泛的协作与协调活动,以使全体法国人在阅览问题上得到人人平等的权利,从而使知识传播普及到每一个城市、每一个地区、每一个乡村。为了使图书馆网络的建立得到法律上的保证,文化部提出了关于建立公共阅览网络及国家和地方团体在其中所应承担的职责的法案,于1983年初提交国会通过。该法案的目的,旨在明确国家和各地方团体对图书馆网络的建设所应承担的职责和义务,包括分担财政费用,对图书馆工作人员的培训,建立中心机构和编制实施网络的计划,馆际间的协作、协调项目等。今后,法国图书馆事业将会有更完善的发展。

北欧五国图书情报事业

北欧五国指瑞典、丹麦、挪威、冰岛和芬兰。北欧五国人民在血缘上接近，历史、文化与语言都有许多相通之处，立法、社会和宗教等方面也有很多共同点。因此，在政治、经济、文化方面的合作很密切。作为文化事业一部分的图书馆事业在北欧也很发达。各国在经济和地理上的差异，又使图书馆事业各有千秋。

壹 国家图书馆和大学图书馆

一 丹麦的大学与国家图书馆

1. 丹麦的国家图书馆是丹麦皇家图书馆。该馆历史悠久，建于 1648 到 1670 年间，自 1784 年起，国库拨给它购书专款，形成了许多特藏。目前它已是北欧五国中最大的图书馆。建馆初期只为皇帝宫廷人员开放，从 18 世纪初就开始对学者开放，1849 年后，皇家馆摆脱了国王私人图书馆的地位，成为国有财产，受教育部管理。该馆历史上出现过许多杰出的图书馆学家，如 H.O. 兰格。兰格在 1901 年开始担任皇家图书馆长，在职期间非常重视图书采访，特别是善本特藏的补充。他曾收集到安徒生的珍贵文献和丹麦著名民俗学家格伦特维格所收藏的丹麦民歌和民间传说。在兰格任职期间,丹麦皇家馆藏书达 80 万册,并且建了新馆。新馆设有读者阅览室、参考部、期刊部、借阅部和目录室。1924 年,佩特森继兰格任馆长后,接受了 Chief Rabbi 的希伯来、犹太教和闪米特人的图书,这些书都是善本,致使该馆的犹太图书成为世界上最重要的特藏之一。犹太和希伯来图书分部藏书 7 万余册。到 60 年代,该馆藏书达 230 万册(件),其中有手稿数万件、图书 170 多万册、古版书 5000 余册。另外,各种地图及有关印刷品 300 多万幅,音乐方面的资料近 80 万册。还有 10 万论文馆藏。现在的部门有:①图书馆,专门收集呈缴本,以及皇家文献、有关丹麦的外文书、丹麦作者的外文译本,冰岛、挪威等与丹麦有悠久历史关系国家的出版物,以及 1940—1945 年德国占领期间地下出版物。②外文部管理古版书和报纸有 4000 件,40 多种语言的资料收藏。③手稿部收集西方世界的手稿。④东方部包括有极富价值的 Rasmus Pask 藏书。⑤还有音乐部、地图与图画部、犹太教部和成立于 1945 年的国际科学和文学图书交换协会(IDE),着重交换政府出版物、图书期刊复本、大学和学术团体出版物。

皇家馆经费绝大部分来自政府,极少量靠捐款。皇家馆采购重点是外文书,由于经费问题,要保证足够的外文书已经较困难,因此比较注意与本国大学馆以及国外有关单位的图书资料交换。该馆的年度出版物是 Fund eg. Forskning。

皇家馆和哥本哈根大学馆有采购分工,它重点收集人文、神学和社会科学方面的书刊,因此它不仅有国家馆职能,同时也是大学图书馆,它的书为哥本哈根大学服务。

2. 哥本哈根大学图书馆,约成立于 1452 年,最初藏书是通过捐赠获得的。如克里斯提安三世及克里斯提安四世的捐书达 2000 册。在 1861 年以前,它一直是丹麦的国家图书馆。以后主要为大学服务,现在的哥本哈根大学馆是在 1861 年的基础上发展起来的,目前已是国家医学和自然科学的主要馆藏馆,同时也是

MEDLARS 系统在丹麦的接口。设有参考借阅部(第一部)和藏书部(第二部)。藏书中包括本科生馆藏,人文科学藏书和报纸馆藏。哥本哈根大学图书馆藏有人文科学方面最重要的著作,还购买神学和哲学方面的外文书。但法律和政治学方面的书只限于斯堪的纳维亚语系的著作。该馆也享有呈缴本权利。参考借阅部有 40 万册,藏书部有 90 万册,其中 42 万以上是其他国家的博士论文。

历史上,皇家图书馆和大学图书馆有着密切的合作关系。1943 年以来,皇家图书馆馆长同时也是哥本哈根大学图书馆馆长。1924 年,按照教育部的决议,皇家馆重点收藏人文科学方面的文献,哥本哈根大学馆重点收藏自然科学书籍。两馆有图书交换。皇家馆把原来的科学和医学书转给大学馆,而大学馆在 1938 年把 4000 件有价值的手稿转给皇家馆。同年,皇家馆的报纸部归入大学馆。

3. 另一重要的大学馆是奥尔胡斯大学馆。又称为"奥尔胡斯国立图书馆",它既是一所公共馆又是为大专院校服务的学术性图书馆,位于日德兰半岛上的奥尔胡斯市内,创建于 1902 年。馆藏约 150 万册。尤以藏有教会国外传教士团的书籍著称。还藏有有关原丹麦公爵领地石勒苏盖格——荷尔斯泰因(位于日德兰半岛南部,现为德意志联邦共和国的州)的文化、音乐等方面的书籍,以及有关弗里西亚群岛地区(位于欧洲西北部北海中,分东西北三部分,北弗里西亚岛为丹麦所有)的史地、文化、艺术等方面的书籍。

在以上三个馆工作的馆员都必须大学毕业,但不一定要国立图书馆学校毕业。每个馆都有自己的专门分类体系,且积极参预国家图书馆系统的合作。自 1937 年开始,奥尔胡斯国立图书馆成为丹麦图书馆的合作中心。在合作中,如果地方图书馆不能满足借阅要求,地方图书馆就向奥尔胡斯国立馆申请,每年这种申请量为十几万册。这方面要求大多是外文书和旧版书,根据版权法,奥尔胡斯国立馆接受全丹麦的非小说性图书。有的外文书该馆满足不了就把申请送到位于哥本哈根的国家图书馆信息办公室，该室成立于 1936 年，目的是更快地满足在奥尔胡斯国立馆满足不了的要求。为此，该办公室有非公共性图书馆和大型公共馆的外文馆藏目录。该室除了接受奥尔胡斯国立馆的请求外，还接受其他公共馆的请求，每年这种请求有好几万。该室还是国际图书馆合作的丹麦中心，它负责向外国图书馆借阅图书。奥尔胡斯国立馆还出版各专著目录，如音乐、卫生、法文、斯拉夫文等专门藏书目录。它也是丹麦期刊流通规划中心。任何一个丹麦人只要把他们的通信地址留下，就能得到这一规划所带来的好处，即能随时随地得到所要求的期刊。馆里每年出借期刊目录和非丹麦文期刊目录，该目录名称是"文化性期刊阅读圈"。读者一次能借 10 天，10 天后寄给名单上的另一个人。该计划很成功，有 12600 读者形成阅读圈，可使用期刊 1200 种，它对于国家的研究人员和边远地区人们的进一步学习，有着重要意义。奥尔胡斯国立图书馆的另一重要任务是报纸文章收藏，这些文章由丹麦书目办公室做索引，每日出版，可以借阅。现在国立馆的报纸馆虽受国立馆馆长领导，但已成为一个独立机构。奥尔胡斯国立馆收藏各个研究领域的专门资料，重点收藏外文文献以及丹麦非文艺性图书，它的音乐馆藏仅次于皇家馆。

皇家馆、哥本哈根大学馆、奥尔胡斯国立馆，资料丰富，馆员质量高，服务搞得好，分类体系完善。同时已经实现了自动化。有据 UK 国家书目标准修改的机读目录格式。编目规划按英美条例，丹麦及非丹麦文的图书都已变成机读记录，还生产微缩形式的外文图书联合目录。

除了哥本哈根大学图书馆和奥尔胡斯大学图书馆（奥尔胡斯国立馆）两所最古老的大学图书馆外，丹麦还有很多新大学图书馆，如欧登塞大学等十几所大学图书馆。它们属文化部和教育部双重领导。由于两个部门之间缺乏协调和缺少经费,新大学馆的服务不得不依赖于所在市镇的公共馆给它们提供额外服务。

二 瑞典的国家图书馆和大学图书馆

1.瑞典的国家图书馆是位于斯德哥尔摩的皇家图书馆。馆址在斯德哥尔摩市中心的胡姆莱公园内。它创建于16世纪中叶,当时 Royal house of vasa 开始收集图书和手稿。直到1632—1654年,Queen Christina 执政期间才正式成为一个图书馆。不幸的是女王退位前往罗马时带走了该馆最有价值的一部分图书和手稿,目前这部分图书藏在梵蒂冈图书馆。女王的后继者是 Charlesx。他在征服波兰和丹麦的过程中带回不少书,使它具有了图书馆机能。1661年呈缴本法规定皇家图书馆为接受呈缴本的图书馆。1590年起,所有的藏书逐渐集中到皇家,然而1697年一场大火把图书馆和王宫的大部分建筑物烧毁,只剩下很少一部分。之后的70年内除了呈缴本外,没有补充什么藏书,也没有固定馆舍。直到1768年,新皇宫建成,在皇宫内开辟了一个场所给图书馆。1780年,College of Autiguities 解散,该院很有价值的图书以及瑞典文和冰岛文的手稿交给了皇家图书馆,其后不久 Custavas Ⅳ 和 Ⅳ 的私人收藏共22000册,被皇家图书馆买下,19世纪皇家图书馆藏书不断扩充,接受了 Gripsholm 和 Drottingholm 的藏书以及 CharlesXIV 和 CharlesXV 的私藏,还有18世纪英国文学的 Engeströn 藏书。这三部分构成了瑞典的"古籍"。在此期间还购买了许多外文图书,包括18世纪德国戏剧的藏书,1000种日义文献(明治初期到达日本的探险家诺尔德带回共5500册),古爱尔兰文抄本,斯蒂法伦和瓦格纳的文献,公元750元左右的拉丁文福音书,帕格曼的徽章学文献,埃尔泽比亚的印刷本等。

由于图书的增多,在各研究团体和学者等的要求下,国王决定在王宫外选择地点,建立新的皇家图书馆馆舍。新馆舍于1878年建成。皇家图书馆分瑞典图书部、采购交换部、编目部、珍本书部、手稿部、借阅和参考部以及一个书目研究所。瑞典图书部接受呈缴本,它不仅有全国图书馆藏,还有瑞典侨胞写的书、国内外有关瑞典的图书。采购和交换部主要采购法律和人文科学方面的外文出版物。手稿部有历代收藏的手稿以及名人信件等共 3 万多件。参考和外借部有参考书几万册和几千种现期期刊,有数百个座位开展阅览、外借和互借等服务,是瑞典的国际馆际互借中心,积极参预国家馆际互借系统。

自 1986 年以来,皇家图书馆就是瑞典的书目中心。它出版《全国总书目》、《国外图书年鉴》、《学术图书馆年度外文新书联合目录》等。有十几年累积本和分类索引。书目研究所成立于 1953 年,不仅负责《外文新书联合目录》,还负责编瑞典国家书目,有每周版、月版和年度累积本。皇家图书馆有自己的分类体系,大约有 100 多个大类。各类中的图书按字义顺序编排。这一分类法,是瑞典公共馆统一使用的国家分类法,对瑞典分类体系有很大影响。

皇家图书馆受教育部管辖,经费除少数捐款外,主要来自政府。采购经费占总经费的 15% 左右。皇家图书馆除了具有国家馆职能外,同时还是斯德哥尔摩大学的艺术、法律和社会科学的图书馆,是政府出版物交换中心。现有馆藏:印刷书 200 多万册,6000 多种报纸,200 万左右的小册子和论文,3 万件手稿以及众多的画像、地图、文章等。它是世界上收藏瑞典文书籍最齐全的图书馆。同时收藏外国文学、艺术、史地以及其他社会科学方面的书籍。馆藏珍品有多种古籍、弧本、画像、地图及纹章等。

2. 乌普萨拉大学图书馆。瑞典最大的图书馆不是皇家图书馆而是乌普萨拉大学馆。乌普萨拉大学图书馆位于瑞典东部名城乌普萨拉市内。它是斯堪的纳国家最早的大学。建于 1477 年,比哥本哈根大学早两年。大学馆开始工作是在 1620 年,当时,古斯塔夫·阿道夫把瑞典中世纪文化图书馆的大部分资料转到乌普萨拉大学,其中包括著名的瓦斯特纳·阿布德藏书。17 世纪由战争带来的战利品和个人捐赠使藏书中的外文书剧增。1692 年,图书馆获得接受呈缴本的合法权利。这期间,还获得不少捐赠,其中最著名的是 1767 年雅各布·克龙斯泰德(瑞典最著名的图书收藏家之一)把其私人馆藏捐给大学馆。因此,乌普萨拉大学馆有大量的瑞典和外文古籍。

乌普萨拉大学图书馆有五个部:瑞典文部、外文部、手稿部、编目部和参考流通部。馆藏有 240 万印刷书,200 多万小册子,包括 70 多万篇论文,3 万多件手稿,2 万种现期期刊,以及众多的地图、图画等。在珍藏中有医学古书专藏(25000 多册),以及公元 6 世纪流传下来的银圣经。这是一部圣经福音部分的哥特文译本,写在精制的羊皮纸上,被人誉为举世罕见的奇珍。还有 14 世纪的冰岛文手稿。馆藏的各种地图、版画、图画等亦颇负盛名。如其中有一幅最早绘制的斯堪的纳维亚半岛的精确地图,是地图史上珍贵的收藏品,乌普萨拉大学馆是欧洲最早开展图书互换活动的图书馆之一,它和世界上 5000 多个机构有交换关系,该馆的分类和编目体系与皇家图书馆相似,它编有《书目》、《年鉴》等多种期刊。

3. 隆德大学图书馆,和乌普萨拉大学图书馆同样重要的是隆德大学图书馆。它是瑞典南部主要的研究图书馆,成立于 1668 年,位于 Skäne 的一个古老小镇上。三年之后,随着 Catkedral 图书馆的图书和手稿送给大学,成立了大学图书馆。不久,当时的查理六世把他老师 Edmund Gripenhielm 的书送给了该馆。1698 年,该馆和皇家图书馆以及乌普萨拉大学馆一起获得接受呈缴本的权利。1818 年,隆德大学图书馆成为全瑞典第一个与国外交换图书的图书馆。部门划分与皇家图书馆相似。手稿部也有很多珍藏。有写在精制羊皮纸上的 12 世纪手稿,还有希腊文的写在莎草纸上的文稿。

隆德大学图书馆虽然不如皇家图书馆和乌普萨拉大学图书馆

大,但也很重要,藏书数量差不多。现有藏书230多万册,1万多种期刊,1500多件手稿,70多万外文论文,与国外5000多机构有交换关系,积极开展馆际互借。由于瑞典著名图书馆学家艾洛夫·泰格奈尔在该馆当过馆长,隆德大学馆有良好的编目系统,有作者和分类目录,还有专门的外文论文目录。缩微、复制工作也作得很好。它与许多研究机构一起编联合目录,共同采购。

4. 哥德堡大学图书馆。哥德堡大学是瑞典新建的大学,图书馆成立于1961年。1961年前称哥德堡市和大学图书馆。但该馆历史可追溯到1778年。当时在哥德堡市设立科学与通信皇家协会图书馆。1861年,与哥德堡博物院图书馆合并,于1890年成立了大学馆,一直由市议会拨款,直到1921年,它才享有呈缴本的权利。但在1950年以前,它只能接受供检查的书。1950年之后,它才能接受全部呈缴本。哥德堡大学馆也分外文部、瑞典部、手稿部、编目部和借阅参考部。瑞典部有著名的Tranemåla捐书,外文部偏重人文科学方面的文献,医学书主要收藏在哥德堡医学院图书馆(1948年成立)。该馆属哥德堡大学馆管,经费由国家拨。哥德堡大学馆也积极开展交换活动,与国外一千多所机构有交换关系,现有藏书130多万册。

虽然从严格意义上讲于默奥研究图书馆算不上大学图书馆,但它是瑞典北部的主要研究图书馆。在接受一笔专款后,于1948年成立。经费来自县议会、于默奥市和其他地方政府。自1950年起,它也接受出版商送给法院的检查方面的书,它的收藏着重于教育、心理、语言学、地理学、历史、医学和农业。

5. 斯德哥尔摩大学图书馆

建于1971年。由人文科学图书馆(建于1922年)、法律图书馆(建于1907年)、数学和自然科学图书馆(建于1943年)、斯拉夫图书馆(建于1944年)、社会科学图书馆(建于1903年)以及斯德哥尔摩大学各系的专业图书馆合并而成。原有藏书70多万册,尤以珍贵的苏联建国初期的文献资料和经济史方面的资料而闻名。出版多种书目刊物。它与皇家图书馆有收藏上的分工。前者收集自然科学和技术科学文献,后者收藏人文科学和社会科学文献。瑞典科学院图书馆现已并入斯德哥尔摩大学馆。因此,该馆的动植物学方面的收藏十分丰富,是全国动、植物专业的藏书中心。现有藏书200多万册,电影协会图书馆也归该馆领导。

瑞典国家和大学馆已经实现了书目工作的全部自动化。有的已关闭卡片目录,使用机读目录。流通系统也已自动化,各馆已向社会开放,自动静电复印机到处可见。

三 挪威的国家图书馆和大学图书馆

1.奥斯陆皇家大学图书馆

创建于1811年,当时属丹麦管。当时奥斯陆称为Kristina,图书馆初始得到哥本哈根皇家图书馆捐赠的29000册图书。第三任馆长A. C Drolsum在职的46年间,引进了呈缴本制度,优化了目录,盖了新馆。1922年,威廉·蒙特继任,扩大了图书馆,并一直任职到1953年。1953年出了一位馆长叫Harnld L. Treteràs,他对整个斯堪的纳图书馆事业都有贡献。奥斯陆皇家大学图书馆同时也是挪威的国家图书馆,经费由挪威议会提供。该馆分为许多部门,最重要的是挪威语部,它成立于1882年。这一年皇家大学馆获得了呈缴本的权利,现藏有所有的挪威语文献和有关挪威的外文书。根据呈缴本法,该馆负责编纂《全国总书目》(每周版)。这项工作从1883年开始,在1920年以前都是每年编一本,五年一累积,1952年才开始编每周版《全国总书目》给各出版商和图书馆使用。每周版只有著者检索点,但累积本有分类主题目录。自1956年该部负责编《挪威政府出版物目录》,其中包括半官方的以及议会文件。按词义编排,有姓名和主题索引。还有一个外语部、技术部和参考流通部。外语部很重要,因为皇家大学馆是全国馆际互借中心,各馆对它的要求主要是外文书的互借。外文书主要购自英、美、德、苏、瑞典和丹麦。交换购书是经常的事,编有《外文书联合目录》(62 个挪威图书馆参预,其中大部分是研究图书馆)。和别的国家图书馆不一样的是,奥斯陆皇家大学馆借书给学生,而且流通、参考一体化。该馆馆藏丰富,现有藏书 300 多万册(包括该大学所属学院图书馆藏书),现期期刊二千多种,还有学生专藏。每个挪威学生在各地借不到的书,可到该馆互借,或通过邮寄借书(读者只付借回的邮费)。手稿部有手稿近万件,书信 477集,其中有中世纪的手稿。主要是 16—17 世纪的旧法律手稿和笔记,历史和地刊学方面的文献。手稿部还藏有奥斯陆大学文学院的毕业论文。有莎草纸专藏 1662 件和一些不计数的藏品,均为公元前三万年至阿拉伯占领期间的希腊莎草纸文献,科普特和底摩特人的残页和一些古埃及人、拉丁人的莎草纸文献。手稿部还有远东专藏,包括汉文、日文、藏文、印度文和印度尼西亚文的资料,不少是树叶手稿。该馆共有 15 个专藏:①边孙(挪威 19 世纪著名小说和戏剧家)、②教育研究专藏(1800 年以来全部挪威的专科书和各种教育资料)、③戏剧专藏(与戏剧协会合作,建于 1957 年)、④远东专藏、⑤霍尔堡(丹麦近代文学之祖、原籍挪威)专藏(建于1935 年)、⑥易卜生专藏、⑦古版本专藏(公元 1500 年以前欧洲的印刷书)、⑧手稿专藏、⑨地图专藏组(全挪威地图、很多外国地图、地图册以及专用地图民俗图等)、⑩医学图书专藏(1967 年建)、⑪国际音乐资料专藏(挪威最大的音乐藏书处)、⑫挪威音响资料专藏(建于 1965 年,唱片、录音带等)、⑬美籍挪威人的资料专藏(1958 年)、⑭挪威战时出版物专藏、⑮纸莎草制纸专藏。

皇家奥斯陆大学图书馆是全国图书馆互借中心,现已有机读目录系统。该馆还在奥斯陆大学内(总馆不在大学内)设有人文、社会和自然科学三个分馆,每个分馆都有几十万册书,几万个座位。各个系还有小型的分馆,其藏书和教学紧密结合,皇家馆很重视对研究人员的书目与文摘服务。而且自60年代就实行分散与集中相结合的管理。各分馆的馆员和藏书计划由总管指定,但各分馆可开展灵活的服务。

2. 卑尔根(Bergen)大学图书馆

其图书馆有较古老的背景,前身是建于1825年的卑尔根博物院图书馆。卑尔根大学图书馆发展很快,60年代只有40多万册,现已增至80多万,对卑尔根的历史资料有丰富的收藏,还有报纸、地图、手稿、文件、法律契约等。该馆也有接受呈缴本的权利。

另外还有近50所大学馆和学院馆,其中著名的有挪威工业学院图书馆(属特隆赫姆大学),主要提供科技和工业方面的研究资料。挪威农业大学图书馆。大多数大学馆是专科性的。

四 芬兰的大学图书馆

1. 赫尔辛基大学图书馆

赫尔辛基大学图书馆起国家图书馆的作用。其历史可追溯到1640年。当时是土尔库(芬兰西南部港口城市)大学图书馆。1827年,一场大火把大学的建筑烧毁,图书馆也未幸免于难。1828年,在赫尔辛基重建原土尔库大学,改名为赫尔辛基大学,图书馆通过捐赠与采购逐渐得到发展。1830年代,德国建筑设计师Carl Ludwig Engel设计了新馆,于1844年开发,后来几经扩建,形成现在规模。1707年,赫尔辛基大学图书馆开始接受呈缴本。1810年到1917年,它是俄文书版本馆,因此,它目前有除苏联之外最好的斯拉夫馆藏,芬兰文献由芬兰部管辖,斯拉夫文部管苏联图书。还有外文部、音乐部、手稿部、地图部、图画和美术部,呈缴本办公室。呈缴本办公室每年两次从出版商处收缴图书。各个部有自己的目录和分类体系。现有馆藏200万左右。其中以芬兰本国出版的图书最为齐全。俄文藏书是一特色。特藏最著名的有探险者诺登舍尔德的专藏,此专藏是1920年从别馆买来的。古代收藏也很丰富,手稿架长 1200 多米,古籍架长 350 多米。

赫尔辛基大学馆是国家的书目中心。它是芬兰全国总书目的编辑和出版单位。自 1944 年起就编这一书目,每年一期,以前,这项工作从 1544 到 1943 年是由芬兰文学会负责的。此外,还编有《赫尔辛基大学学术刊物目录》、《芬兰全国研究机构图书馆外国文学书籍总目》、《芬兰全国研究机构图书馆外国期刊总目》等。它不仅是一个书目参考中心,也是全国图书馆互借中心,全国各地读者都可向它借书,由于同时是大学馆,它为学生专门在学生区设了一个学生分馆。该分馆始于 1858 年。1892 年后,有了独立馆舍。现有藏书 40 多万,有阅览部、目录部、报纸部、个人研究室、期刊阅览室等。被人誉为"难以与之媲美的美丽、整洁的学生图书馆"。

2. 土尔库是瑞典语区,有两所大学,一是 Abo 科学院,其本身与其图书馆都是靠私人捐赠起家。科学院图书馆始于 1918 年,著名图书销售商 Gösta Branders 在 1934—1935 年度捐款为其建了一个新馆。另一所大学馆,是土尔库大学图书馆,为讲芬兰语的人服务。土尔库大学是在 1922 年重建的。但其图书馆自 1918 年就开始筹备,当时得到了不少捐赠书,1919 年 3 月起,开始接受呈缴本。现有藏书近百万。由于它是版本馆,所以有一个芬兰文部,还有外文部和医学部。

3. 另一值得一提的大学馆是于韦斯屈来大学学院图书馆,又叫于韦斯屈来研究图书馆,1912 年它也成为一个有权接受呈缴本的图书馆。而且也是芬兰教学法研究的中心图书馆,现有藏书 70 万册。

芬兰大学图书馆的特点是建筑优美,空间充裕,都有空调,有自动输送装置。

五 冰岛的国家图书馆和大学图书馆

1.冰岛国立图书馆是在丹麦教育家腊芬倡议下于1918年成立的,现在藏书35万册,各种手稿13000多件,馆藏古籍、珍本、地图及其他历史资料亦相当珍贵,分类用DC法,有作者和主题目录。冰岛文书只限参考,外文书可借阅,根据1949年的法律,出版商要向该馆交4个小册子复本,8个报纸和杂志复本,以及12个图书复本。国立图书馆每样保留两本,给冰岛大学图书馆一本,其他图书馆数本,剩下的作为国际交换用。交换对象主要是北欧国家。出版有《冰岛全国总书目》,包括冰岛文图书、冰岛人用外文写的书,以及有关冰岛的书。还出版有年鉴,该刊从1945年开始出版,内容有冰岛国家书目、图书馆工作总结、书光学和文艺学等论文。近三年内,《冰岛国家书目》则以《冰岛图书目录》单独出版,还编回溯性冰岛出版物索引。如《1773—1973年冰岛期刊目录》此目录反映了近三千种连续出版物,另外还有地方志目录等。1970年起,编制《冰岛科学图书馆外文图书联合目录》,参与馆13个。1978年该馆出版《外文期刊联合目录》,包括86所冰岛各类图书馆馆藏。收期刊5854种,该馆读者主要是科学工作者和大学生。

冰岛国立图书馆的收藏特点之一是手稿,其中有1846年从主教杨桑处购入的近400卷珍品。1877年,冰岛议会为该馆拨款25000克朗,用于购买图书和冰岛政治活动家、历史学家锡古尔桑的手稿收藏品,共购入图书5000册,手稿1341件(议会文献不在内)。1901年,图书馆又购买了冰岛文艺协会的珍贵手稿1876件。现在图书馆每年入藏100件手稿和5000卷印刷出版物(图书、期刊、铜版画、素描、木刻和乐谱)。目前总藏书已达35万册。

2.冰岛大学图书馆成立于1940年。大学本身建于1911年,图书馆自1940年才开始工作。目前有书近20万册,分类体系是

DC 法,有作者和主题目录。有获得呈缴本的权利,外文书主要靠交换。60 年代以来,由于馆舍拥挤,考虑国立图书馆成立 150 周年,雷克雅未克市政府建议在冰岛大学附近筹建面积为 2 万平方米的新馆舍。1969 年春,通过国立图书馆法,确认了两个馆合作。1970 年,议会通过了为冰岛国立图书馆和冰岛大学图书馆建筑新馆舍的建议,目前新馆已建成,总面积 10741 平方米,地下室面积 2632 平米。冰岛只有一所大学,因此也只有一所大学馆。

贰　公共图书馆

　　北欧公共图书馆事业在世界上是高质量的。这有几方面原因:①重视公共图书馆立法。②有良好的阅读传统,不乏世界级的名作家。③重视社会福利事业,把图书馆事业看作是福利事业的一部分。④重视教育,认为公共馆是教育的必要辅助系统。⑤作为文化的标志,公共馆一般由各个社区负责,公共馆是社区文化中心。

一　丹麦的公共图书馆

　　公共图书馆在丹麦是市政府管理中的必要机构。1978 年在 277 个市政机构中,有 248 个图书馆(有些馆合并了)。丹麦公共馆的理想是不管各地人口和经济发展有多么不同,都要使每一个居民能够得到相同的高质量的图书馆服务。丹麦公共馆的历史开始于 19 世纪,当时各个教区阅读俱乐部和教区图书馆纷纷成立,大多数由神职人员或教师负责创建。后来这些图书馆得到皇家承认,并辅以教育和道德方面的任务,大多是为缺少教育的人民服务。第一个丹麦初等学校法于 1814 年生效,它要求对每个人实行义务教育。到 1880 年,随着普通教育的发展,对印刷资料的要求日增,公共馆也在此时得以"大兴土木",国家开始给公共馆建设拨款。在 20 世纪初,英、美关于免费公共馆的概念在丹麦扎根,这要特别归功于斯廷柏和兰格的努力,他们两人使公共馆的概念得以在丹麦普及。先驱们的努力使得 1920 年产生了公共图书馆法,确定了公共馆的法律地位。根据图书馆法:①每个市可单独或与别的市联合维持公共图书馆;②公共馆必须为在丹麦有固定地址的公民提供免费服务;③图书馆必须给成人和儿童提供图书和其他适合资料(视听资料等),④所有的印刷资料出借都要免费,即要使每个人都能在图书馆借到资料,即使他们不住在本社区;⑤国家每年给市政拨一次款,以补偿它们对公共馆的支持,这笔款约占图书馆经费开支的 30%。

丹麦公共馆的核心是 14 个县图书馆(中心图书馆)。它既为本县镇服务,同时也为县内的各个小图书馆提供咨询和指导,它要把书借给小馆,它对小馆的预算、采购、技术工作提供指导。它也是互借系统的中心点。县馆能从县政府和中央政府得到一笔为数不多的专款。县馆一般分借阅部、报纸部、参考和期刊部等。县馆还支持地区的教育和文化活动,每个县馆至少有 6 名以上专业馆员,县馆一般支持 10—30 个小型馆,服务对象在 15 万到 45 万之间。

加上汽车馆,丹麦共有 1157 个公共馆;1400 个服务点。在 248 个市镇馆中,160 个是所谓的全日制公共馆,它们由在皇家图书馆学校受过专业训练的馆员管理。其他非全日制图书馆只有非专业馆员,他们仅受过一些必要的短期培训,非专业馆员通常是兼职的。随着图书馆事业的发展,越来越多的公共馆变成全日制图书馆。

丹麦有很多小型公共馆,主要是教区图书馆。这是由于丹麦人口分散、乡村社区多、大城镇少造成的。教区图书馆的经费有的来自国家,有的则由所在社会负担。县馆对这些小馆有时也花一些钱,以促进它们的发展。县馆一般有所在县各教区馆的联合目录,这样县馆就成为教区馆的互借中心。进入 70 年代以后,流动馆增多,小型馆减少。现有 60 多个汽车馆,大多在乡村地区,每星期到指定地点 1—2 次,一辆车大约 3—4 千本书,还有报纸、期刊和唱片,主要用户是儿童。

丹麦所有的小学都有图书馆,它们和公共馆有密切联系,法律规定小学图书馆和公共馆的儿童部必须合作,共同做预算、采购和技术交流。现在的趋势是小学馆越来越成为学校的一部分,而不是公共馆的一部分。出现这一现象,是由于公共馆经费减少,无法承担开展补充性服务所必需的资料和馆员的费用。

除了县馆外,一些城镇的议会也办公共馆,这些图书馆只为本城镇服务,有大有小。如哥本哈根市馆、尼堡图书馆等。公共馆流通服务采用纽瓦克系统,读者可以借任意多的书,借期一个月,过期罚款。专业馆员为每个部门的负责人,专业馆员和非专业馆员的等级是严格划分的。开馆时间较长,每天平均 9 个小时。分馆开馆时间一般为每天 5 小时。但冬天一般为 8 小时,北欧夏天短暂,人们用来度假,冬天用来看书。目录体系完善,有作者和主题目录。各地都有本地的联合目录。

除了正常的服务外,丹麦公共馆积极开展“扩大”服务,有为病人、犯人、少年、儿童、盲人的服务,有电影、录像、故事会、恳谈会讲座、音乐会、展览等各种文化活动。由于开展文化服务,使公共馆成为社区的中心,这对丹麦这样小城镇多的国家特别适合,人们在图书馆相聚,除了借书、使用参考书目、查找情报外,还讨论问题、看电影、欣赏艺术、交谈等。丹麦公共馆由于卓越的服务;受到了人们的欢迎。调查表明,50% 的成人至少一个月用一次图书馆,儿童和学生是最经常的读者。

丹麦公共馆受丹麦文化部领导。文化部下设图书馆和学校图书馆业务。它虽受文化部赞助,但有自己独立的预算和工作人员。

它的任务是监督公共馆法的实施,估计和分配图书馆的资金,给予指导和咨询。它是丹麦主要的公共馆管理机构,法律赋予它决定公共馆事务的权利。

现在,监督局有三个主要的目标:预算国家拨款;监督图书馆服务;提供咨询和指导。以往还出版一些出版物,后来这一工作转给图书馆中心。当今监督局分五个部门:①立法和国家资金;②成人活动与其他机构合作(不包括教育机构);③儿童和青年人服务,视听资料;④图书馆建筑;⑤工作方法、计算机应用。有工作人员 35 人。

图书馆委员会建于 1920 年,代表国家促进公共馆的发展,帮助文化部处理公共馆的重要问题。每年公共馆预算在送给文化部以前,要先由委员会过目。其成员来自国家和市馆,主席是监督局局长。监督局负责委员会的会议和日常工作。

地方图书馆的管理受地方常务委员会的领导。该委员会是地方政府中一个永久机构,负责博物馆、电影院、教育以及图书馆,由于文化委员会管的事太多,因而下设图书馆分委员会,这些分委员会没有决定权,只有咨询权。地方图书馆由地方政府自治是非常重要的:一是资金有保证,二是有地方特色。为了避免图书馆事业在地方政府中被忽视,往往成立读者委员会以促进地方图书馆的发展。

馆长负责传达并贯彻文化委员会的决定,他具有在地方政府中为图书馆呼吁,起"承上启下"的重要作用。

丹麦图书馆协会的作用是促进丹麦图书馆员工作的开展。第一届图书馆协会于 1919 年召开。1933 年,皇家图书馆和大学图书馆成为该协会成员。自 1933 年到 1969 年,图书馆协会是丹麦各类图书馆和馆员的协会。1969 年,原属该协会的馆员协会退出,现在图书馆协会是图书馆委员会的成员。它对公共馆的发展有着重要影响。主要出版物有《图书馆界》、《图书馆年鉴》、《图书馆指南》等,该协会的 A 分会主管公共图书馆事务。

丹麦公共馆的经费由国家和地方议会共同负担,这一点和其他斯堪的纳维亚国家相同。影响经费的主要因素,是经济发展和社会对图书馆的态度。1964 年法律规定,国家的公共馆经费由国家拨给地方政府支配,公共馆是地方的机构。国家的这一拨款,占公共馆开支的 45%。合作方面的经费另给。现在的情况是,地方政府能支付维持公共馆服务的经费,但公共馆发展经费是否充足取决于地方政府对公共馆的态度。丹麦还设有"共同目的基金",以支持公共馆和学校馆的技术工作、合作事宜以及各项研究等,该基金由图书馆委员会负责。

1970 年,丹麦地方政府改组,使原来的 1500 个行政单位减少到 226 个。原来的 25 个县减少到 14 个县。这样增强了地方实力,同时也改变了公共馆的结构。在丹麦强调管理集中化,5000人以下的地区不设专业图书馆,只设流动馆和分馆,由中心馆提供中心服务。中心图书馆是公共馆服务的基石,它要把自己的新书、新刊借给小馆,保证小馆有与它们相同质量的服务。帮助小馆从研究图书馆借书,帮助小馆选书、编目等,这种工作在中心馆叫"Catchment area work",主要是非专业馆服务,但互借工作是针对所有图书馆的。现在由于许多非专业馆变成了专业馆,中心馆的工作主要在于帮助剔除,做计划、预算,设计图书馆建筑,特别是出借小馆所没有的书。当然帮助非专业馆仍然是监督局给它们的主要任务。其他任务包括支持教育和文化活动等。丹麦法律规定,中心馆至少要 6 名馆员,有一个咨询委员会(由地方政府代表、中心馆和小馆代表组成)。由于文献量增多,需求多样化,缺少必要的书目设施,中心馆已不像以前那样提供充足的服务。在丹麦,中心馆的服务面也不平衡,有的中心馆要服务三个县,而有的县却有5 个中心馆。1964 年,法律规定什么类型公共馆可以成为中心馆时指出:"决定要依赖于中心图书馆服务地区是否合适,是否有足够的馆舍、藏书和人员,使图书馆能够满意地行使中心馆的权利。"经过调整,到1972年后一个县就只保留一个中心馆。最大的中心馆是欧登塞,有30个分馆。最小的是罗斯基勒,只有10个下属馆。

北欧国家都有图书馆服务公司,丹麦叫书目办公室。

1939年,丹麦书目办公室(D. B. K.)成立。直到1954年以前,它的服务对象主要是公共图书馆。后来才与研究机构和非公共馆合作开展书目服务。D. B. K.是独立的自负盈亏的组织。它由来自教育部、丹麦图书馆协会和皇家图书馆的代表组成的委员会管理 D. B. K. 的活动,包括中心编目、期刊和报纸标引、图书装订、合作宣传、生产标准目录、标准设施等。各图书馆全是自惠自利,没有要求它们非要用 D. B. K. 的服务。D. B. K. 的主要任务是集中编目和分类新出版的丹麦图书,生产单元卡本,每年销售量近4万。图书出版后的4星期,图书馆就能买到这种卡片,虽然 D. B. K. 编目,但卡片是由商业公司印刷。由于没有强制性,使用 D. B. K. 主要是小镇和教区图书馆。D. B. K. 的另一重要工作是生产国家书目,但书目的出版是由一家私人公司办理,D. B. K. 负责制作。国家书目有每周版、每年版和5年累积本。D. B. K. 发行了一系列标准目录很受欢迎。著名的有 Faelleskatalog,它由一个馆长委员会选书,每3年出版一次,还经常出版专题目录(如音乐目录和古书目录等)、期刊目录,还出版图书馆使用指南。目录使用的是丹麦十进分类法,和杜威十进分类法稍有不同。

开展 D. B. K. 装订服务在二战以后,和别的国家不一样的是,D. B. K. 只装订新书,不装订已流通过的书。小图书馆常利用 D. B. K. 的装订服务,大的图书馆有自己的装订处。中型馆的装订则就地解决。除上述活动外,D. B. K. 还提供标准图书馆用具,如记帐簿、流通统计单、登录和在架记录簿等。

二 瑞典的公共图书馆

瑞典的公共图书馆始于 1800 年,在 1830 年代得到较大发展。1942 年通过义务教育法,规定必须建立教区馆。在此后的 45 年中,教区馆在 1400 个村庄中得到普及。这些馆的大部分成为当前现代图书馆的基础。和英、美以及其他斯堪的纳维亚国家一样,直到 19 世纪晚期,瑞典公共馆才沿着现代公共馆的模式发展。本世纪初,先在教区,后在城镇,出现了工人图书馆和临时社区图书馆,后者即学习俱乐部图书馆。瑞典和丹麦一样,有许多社区,这些社区多达 2500 个。1952 年,行政改革,社区减少到 1000 个。1905 年国家给图书馆拨款。1912 年学习俱乐部图书馆得到了国家资助。1959 年,学习俱乐部有 78000 个,成员达 80 万人。1912 年的图书馆法加强了国家对公共馆的投资。在教育部之下设图书馆咨询员 2 名,负责国家的公共馆事宜,计划未来的模式。由于社区没有义务承担建图书馆任务,咨询员发现全国公共馆的服务水平很不平衡,有的社区甚至还没有图书馆。他们认为首先应建立一套标准,在 1920 年左右先后颁布了编目、分类标准。1929 年颁布了新图书馆法,第一增加了国家对公共馆的投资;第二确立了中心图书馆(县馆),使城市馆能为乡村服务;第三要求学习俱乐部和公共馆合作采购。1947 年新的图书馆法再次增加了国家拨款,1949 年出现了图书馆发展的总体计划,根据人头决定国家对公共馆的投资。在计划中还强调医院、小学、教会图书馆的合作。1955 年又颁布了新的图书馆法,奠定了当前瑞典公共馆的基础。该法律规定,每个社区只能有一个公共馆系统得到国家资助。社区管理图书馆,决定馆员的任用,图书馆要对公众免费开放。

现在,瑞典全国文化事务委员会中设有图书馆司,管理公共馆和学校馆。各地公共馆由政府和社区分担经费,共有 24 个县馆,253 个公共馆(总共 278 个地方自治政府)。在服务方面,积极开展"扩大"服务,教育部下也有一个图书馆司,负责公共图书馆与成人教育。公共馆也为病人、盲人服务,并作为社区文化中心进行活动。学习俱乐部图书馆依然存在,只是有的已经并到公共馆中去了。

瑞典最大的公共馆是斯德哥尔摩市馆,藏书 100 多万册,服务人口近 100 万,有 1 个中心馆、39 个分馆和汽车馆服务,还为市里的 15 家医院提供服务。它建于 1928 年,靠市政经费和私人捐款建起,设有:①流通部,流通成人读物和一般文献。②编目部,有很好的分析著录,特别是对期刊和年鉴的分析著录,使该馆具有特色。③儿童和青年部,为儿童和青年人服务也是它的特色,在 39 个分馆中有 34 个重点服务对象是青年。并和 100 多个学校图书馆有联系。该馆有 200 多个工作人员,70% 是全职人员。有大量的义务"辅导员"。更具特色的是,斯德哥尔摩市馆有自己的图书馆学校。斯德哥尔摩的图书流动车服务始于 1953 年,有一个专业人员和一个专职司机,每年流通达几万册次。

瑞典中心馆(县馆)建设始于 1930 年。现有 24 个县馆,分两类:一类是中心馆,由市议会提供经费,国家和县议会给予适当补助。另一类是地方馆,由国家给钱,但也接受市议会和县所给的额外经费。

瑞典图书馆服务公司设在瑞典南部名城—隆德,建于 1951 年,是瑞典图书馆协会和马尔莫市城市当局投资办的。瑞典图书馆服务公司和挪威、丹麦的图书服务公司有很多相同之处,但也有几点重要的不同。①瑞典图书馆服务公司的服务范围广。它既服务于国内的公共图书馆、学校图书馆、研究图书馆和工业企业图书馆,同时也为国外特别是第三世界国家的一些图书馆服务。它是提供图书馆设计及设备的垄断性质的机构。②不编国家书月,瑞典的国家书目由斯德哥尔摩皇家图书馆编制,一家私人公司出版。

开始,图书服务公司是瑞典图书馆协会里的一个商业性的自负盈亏的组织,1960 年才组成公司。它目前的主要收入是出售服务和产品所得,每年销售额在 2.5 亿瑞典克朗。但该公司不是以盈利为目的的,它的主要目标还是服务。国家在专门项目上如标引工作上给予一定的补助。管理该公司的是国家图书馆、市政当局以及各类型的图书馆代表组成的管理委员会。

瑞典图书馆服务公司有四项主要业务:装订、生产目录卡片、生产标准家具、出版发行读物。装订业务最受欢迎,公司从 500 家书商那里买来未装订的图书,决定哪些书可作为图书馆的收藏,然后把书单给图书馆,图书馆报上来,图书馆负责编目加工,最后装订,然后给各地的书店,图书馆到书店去取。约有 90% 的瑞典公共和学校图书馆利用瑞典图书馆服务公司的装订服务。该公司还生产目录卡卖给各图书馆。编目处将图书馆服务公司所采购的图书进行分类、编目,并把有关著录项目填写在表格上,依此打成穿孔纸带,输入计算机。每年生产的卡片有几百万张。另一个主要业务是向瑞典全国和世界其他国家提供价格比较优惠的图书馆设备以及设计方面的咨询服务,包括总体设计、各部门设计、现代化技术设计以及内部陈设等。还与瑞典有关工厂签定合同,由工厂根据图书馆的要求生产各种设备。服务公司还负责各类书目索引、期刊、杂志索引等。更重要的是负责出版全国统一的分类法,该分类法在所有图书馆中使用。

图书馆服务公司对于图书馆事业的发展起了重要作用。它节省了各类图书馆的重复劳动,节省了人力、物力,同时也起到了促进各类图书馆业务标准化、规范化的作用,为图书馆的网络化奠定了基础。

瑞典公共馆历史悠久,有法律保证,国家支持,实行地方负责制。中心馆辐射服务,流动馆普及与文化、教育活动紧密配合,是社区文化中心。

三 挪威的公共图书馆

很少有国家在发展公共图书馆服务上遇到像挪威那样的自然条件。400万人口分散在全国各地,10万人以上的市镇只有三个,三分之一的人生活在乡村地区。全国19个县,450个地方行政单位,挪威是一个小社区的国家,图书馆也很小。尽管这样,挪威政府很重视公共图书馆事业的发展,自1935年到1971年,前后多次颁布和修改图书馆法,图书馆法规定了地方政府要提供最低限度的图书馆服务,由国家图书馆监察署负责国家对公共款的分配,进而影响公共馆的整体规划。首先发展市馆、县馆或中心馆,实施中心辐射服务模式。中心馆为全县人民服务,支持城内的各类小馆(独立的图书馆),提供流动服务。有一个国家图书馆服务公司,负责为公共馆购书和装订,并开展集中编目等服务。

挪威公共馆事业开始于19世纪初期。在皇家福利协会支持下,在几个社区建了公共图书馆,这些馆藏书量都很小,直到1841年国家才给公共馆建设拨款。1887年发布了一个法律,要求地方政府对公共馆的投资要不少于国家对公共馆的投资。公共馆要对公民免费开放。挪威公共馆的真正大发展是在19世纪90年代之后。当时,Tambs Lyche把美国公共馆的概念介绍给挪威人民,他出版了一本美国公共馆论文集,认为公共馆对社会发展和学校有同样的重要,并强调开架服务和为边远地区读者服务。在Lyche之后,Haukon Nyhuns成为挪威图书馆事业的旗手。他在美国的纽伯里公共馆工作过,在芝加哥图书馆受过训。他使开架制和流动馆的服务模式在挪威扎下根,引进了杜威十进分类法,修订了编目规则。他的工作为现代挪威公共馆的发展奠定了基础。1901年,他提出全国图书馆改革规划,这一规划被政府采纳。规划包括集中编目、出版评介书目、帮助图书馆选书、全国统一采纳杜威分类法、增加国家对采购经费的补助、建立图书流动馆、颁布图书馆标准、监督图书馆工作的开展等。并且促使政府在当时的宗教和教育部下设立图书馆办公室,负责公共馆的改革。

1935年,第一次发表公共馆法。这个法律的主要作用体现在,增加了国家对公共馆的拨款量,确保免费借书。1947年图书馆法规定市政有义务提供公共馆服务,地方政府必须给公共馆以财政支持,每人最少0.25挪威克朗。1955年第三个图书馆法再次强调建设公共馆是市政义不容辞的责任,详细规定了国家和地方对公共馆经费的比例。具体规定有:图书馆属市政,居民能免费借书,图书馆至少要有一名资格馆员,图书馆规章条例必须是部颁标准,要有足够的馆舍,必须符合教育部对内部装修、监督、维修、预算等方面的要求。

现在管理公共馆的是文化部属下的图书馆监督局。它管理公共图书馆和学校图书馆的规划、统计、立法、人员培养、业务指导等,并掌握一定的经费,对地方发展新图书馆和经费有困难的图书馆进行补助。由于许多图书馆没有资格馆员,监督局对保证图书馆的工作质量非常重要。

挪威对公共馆经费的分配有比较详细的规定。具体规定有:①如果图书馆从地方获得的经费不超过1000挪威克朗(50英镑)的图书费用和馆员工资的补助,国家要给予相同数量的补助金。②如果地方经费超过1000挪威克朗,国家资金按下列等级给:地方经费在1001到2000挪威克朗之间,给相当于地方经费90%的补助,2001到3500挪威克朗之间,给80%,3501到6000挪威克朗,给70%,6001到10000挪威克朗,给60%,超过10000,给50%。③国家对一个图书馆补助的最大资金,不得超过1万挪威克朗,在一个市政内各个馆的补助总和不得超过2万挪威克朗。

对于中心馆来说,可得到额外的1.5万挪威克朗和地方经费20%的经费,但最大补助金不超过2.5万挪威克朗。流动馆费用的50%要由国家负担。在人口少于1万的小镇的小图书馆,对它们的参考书购买,国家补助只相当于地方经费的 25% ,最高不超过 1000 挪威克朗。但总的讲,国家经费对地方图书馆的预算没有什么影响,图书馆主要靠地方经费。

挪威有 20 个县,奥斯陆和卑尔根既是市,也是县。县馆即是中心馆,其工作方式与丹麦和瑞典相同。中心馆开始于 20 世纪 20 年代。30 年代,国家图书馆办公室主任 Kart Fischer 提倡建立全国中心图书馆系统。1936 年左右,卑尔根公共馆开始为霍达兰和 Song og Fjordane 县提供服务,成为挪威第一所正式的中心馆。挪威活动馆服务是 1938 年在克里斯蒂安桑公共馆开展的。现在几乎每个县馆都有流动车。中心馆藏书几十万册,有地方特藏、手稿等古籍,有视听资料,由委员会管理。有参考咨询室、儿童阅览部。但与其他斯纳的纳维亚国家相比,儿童服务开展得少,主要原因是人员分散。

值得一提的是瑞典和挪威、丹麦都有所谓的图书馆服务公司。1905 年,挪威就有了关于建立公共图书馆中心机构的建议,1951 年,法律确立了图书馆提供有限公司的地位。不同的是,挪威图书馆服务公司是由国家和市政联合组办,而瑞典图书馆服务公司由瑞典图书馆协会主办,丹麦的图书馆服务公司则是独立的机构(虽然它有时也接受丹麦政府的资助)。挪威图书馆服务公司主要由各地集资办理,由一个董事会管理,全国居民均可买股份。该公司分六个部门:考察、帐务、书目、图书装订、预订部等。最大的部门是图书装订部。主要服务对象是公共和学校图书馆。图书馆向该公司买书可得到 20% 的回扣。各公共馆必须在该公司用掉国家给它们的补助,公共馆把钱花在服务公司反过来对市政也是一个帮助,因为市政拥有该公司的股份。书目部主要任务是按公共馆要求分类图书,生产著录卡片。几乎挪威所有的公共馆都使用 DC 法和 D.B.K. ,不一样的是这里的书目部不生产挪威国家书目。和在隆德的瑞典图书馆服务公司一样,挪威图书馆服务公司向图书馆提供标准家具、设施等。该公司还可订做特别的图书馆家具,但该公司没有中心编目服务,主要原因是各馆自行编目。

芬兰和冰岛的公共馆事业,是按瑞典、丹麦和挪威的模式发展起来的,基本上大同小异,这里就不赘述。

叁　专业图书馆

北欧的图书馆系统,可分为平行的和互相补充的公共图书馆和研究图书馆系统。研究图书馆包括国家图书馆、大学一学院图书馆和专业图书馆。专业图书馆则包括博物院图书馆、国家机关图书馆。研究机构图书馆和大学及学院所属室、系图书馆,有时还包括专业学校图书馆。一般只有专科藏书,没有综合性藏书。

一　丹麦的专业图书馆

丹麦专业图书馆,主要指政府各部门、专业机构、学术团体、大学里的院系、工业和商业组织、博物院图书馆和私人图书馆(包括教堂图书馆)。有一些专业图书馆非常古老,如丹麦海军图书馆成立于 1765 年。但丹麦的大多数图书馆是在本世纪 20 年代左右发展起来的。所有的丹麦专业馆都参预国家图书馆网络间的合作。因此,丹麦专业馆可由大众使用。

最大的协会图书馆是成立于 1821 年的学生联合会图书馆,藏书近 20 万册,收藏包括历史、文学、电影等方面的丹麦文、瑞典文、德文、英文、法文、挪威文馆藏。相同的还有妇女读者协会图书馆,藏书也近 20 万册。协会馆主要为协会成员使用。在众多的教堂图书馆中,最古老的是索罗教堂图书馆,成立于 1623 年,收藏有历史、地理和自然科学方面的 12 万册书,可供学校的教师和学生使用。

国家图书馆局的图书馆,专门收藏图书馆学方面的重要著作,有图书馆学资料1万多件(卷)。哥本哈根大学神学系图书馆成立于1903年,有3万藏书。

社会科学方面,最重要的是丹麦议会图书馆,成立于1848年,10万册书中有议会文件以及历史、政治、经济方面的书籍,可为政府官员、大学教授和学生使用。工会图书馆中最大的是劳工运动组织图书馆,成立于1909年,有3万册书。心理学方面有哥本哈根大学心理系图书馆,它参加了国家图书馆局情报办公室为信息中心的国家图书互借系统。教育方面有国立教学法图书馆。艺术科学院图书馆有艺术方面最重要的藏书,建于1758年,馆藏7万多册,专藏艺术史方面的图书和期刊。许多艺术博物馆也有图书馆。地理学方面有哥本哈根大学地理系图书馆、皇家地理学会图书馆。后者成立于1876年,馆藏有1.5万多册,700多种现期期刊。丹麦的医学图书馆,分布在大学医学系、医院和医学专业团体。技术方面有丹麦技术图书馆,成立于1940年,有30万册书,1000多种现期期刊。哥本哈根照明服务机构图书馆(1944)有关于天然气、电、水力和其他能源方面的藏书,为本机构人员服务。丹麦原子能委员会图书馆成立于1957年,经费充足,每年购书费数万英镑,主要购买缩微资料。农业在丹麦国民经济中占有重要地位,农业方面的图书也很多,最重要的是皇家兽医和农业学院图书馆,成立于1783年,有藏书40多万册,包括农作、园艺、森林、种植等方面的藏书,期刊几千种。

军队图书馆在丹麦历史悠久,一直受到重视。皇家警备区图书馆成立于1787年,有5万册关于军事学和军事史方面的藏书。海军图书馆成立于1765年,也有5万册书,主要内容有海战战例、海军发展史、北极开发等,特别是有格陵兰岛的专门资料。任何人只要有介绍信都可使用军队图书馆。

公众利用专业馆,主要通过图书馆局情报办公室的互借。专业馆间的协作,则通过丹麦科学和专业图书馆协会进行。该协会还提供专业馆员的培训课程。

和挪威、瑞典相比,丹麦专业图书馆属于小型的,很少超过 10 万册藏书。

二 瑞典的专业图书馆

瑞典专业图书馆的数量不下数百,大多集中在斯德哥尔摩周围。瑞典专业馆学科范围有社会、政治和经济科学以及纯科学、技术、商业、工业、艺术、音乐和建筑等。

社会科学方面有皇家社会委员会图书馆和社会科学图书馆。前者是政府的一个部门图书馆,成立于 1912 年,主要为本部门读者服务。有 10 万多册图书和小册子、几百种期刊(大部分是外文期刊)。1926 年出《编辑和出版社会学文摘》。社会科学图书馆成立于 1932 年,它是斯德哥尔摩大学社会科学研究所的图书馆,同时也为斯德哥尔摩社会学校服务。有近 10 万册书和小册子,200多种近期期刊。

政治学方面的是议会图书馆,成立于 1847 年,它收集了瑞典国会的全部印刷出版物,编辑了 1569 年以来所有瑞典法令(其中一些是手抄本),它有权获取官方发行的所有法律、统计和财政方面的出版物,它也获取了大量私营机构出版物的赠送本,特别是有关社会问题的文献。1918 年,它开始为社会和中央政府服务,现在已对公众开放。议会图书馆除了议会文件外,还有政治、经济、法律和历史方面的资料,与国外近 100 个机构有交换关系。其中包括 16 个外国图书馆,藏书 50 多万卷,期刊 2300 种,大多数是外文期刊。图书排架总共近 13000 米长。年平均增长量 500 米。编有每周和每月书目。1976 年秋,国会图书馆使用了 LIBRIS 终端设备,实现了计算机编目。分书刊采集部、普通编目和书目编辑部、瑞典政府出版物年度书目的编目出版部、国际组织文献与出版物登录、编目部。瑞典国会图书馆充分提供了研究政治和社会科学理论的参考资料。

统计方面的中心馆，是皇家中心统计署档案馆。成立于1858年，藏书10多万卷，包括大量的档案资料、书和手稿，都可外借。它也是瑞典与其他国家交换统计资料的中心。

在经济方面，有两个重要的专业图书馆。一个是斯德哥尔摩经济学校图书馆（1909），有十多万册经济、商务、经济地理等方面的资料，与国外交换关系达200多家。哥德堡经济学校图书馆（1923）有近10万册书，600多种现期期刊，它主要服务于本校学生和教师，但它也向公众开放，公众可自由借阅。

斯德哥尔摩还有为工人服务的劳工图书馆，也有为"经理"服务的老板图书馆，最重要的是瑞典工业联合会图书馆。著名的专业协会图书馆有牙医协会图书馆、国家建筑协会图书馆等。

教育方面的中心图书馆是心理和教学研究的图书馆，成立于1885年。由斯德哥尔摩教师协会主办，后为皇家教育委员会接管。1955年以来一直归国立心理和教育研究所管辖，现有近20万册书，有大量的现期期刊和外文资料。

瑞典科学图书馆的带头者，是皇家科学研究院图书馆，建于1739年。它的发展依赖于与其他国家科学研究院图书馆的交换关系，现在已有2000多个外文交换机构。皇家科学院的任务着重于推动数学及自然科学研究，这方面藏书是斯堪的纳维亚半岛中最丰富的。现有藏书近50万册，约5000多种现期期刊，藏有许多著名科学家的手稿、信件。

技术方面最大的是皇家技术研究院图书馆（斯德哥尔摩）和查默斯技术大学图书馆（哥德堡）。1946年，政府在有关报告中建议增加这两个图书馆的经费和资格馆员的数量，使两馆的采购方针合理化。经调整后，两馆都发展了科学和工程方面的藏书，但侧重点不同，皇家技术研究院图书馆着重于采矿和测量方面的技术资料,查默斯技术大学图书馆着重于造船、纺织、陶瓷方面的资料。皇家技术研究院图书馆前身是 1826 年成立的初级技术学院图书馆,1877 年成为技术研究院图书馆。现有藏书 30 多万册,现期期刊 5000 种,同国外 1000 多个、国内 300 多个机构有交换关系。它不仅为本研究院人员服务,也对社会开放。目前已利用电子计算机检索,开展了定题服务和跟踪服务。编有《技术图书联合目录》和《斯德哥尔摩图书馆和情报报告》,后者连续登载有关科学技术情报系统以及统务等方面的报告和论文。《技术图书联合目录》包括三个主要技术图书馆的藏书。这三个技术图书馆是查默斯技术大学、伦德大学技术系和皇家技术研究院图书馆。政府其他机构和工业图书馆的藏书作为联合目录的附录。查默斯技术大学前身是商人威廉·查默斯捐款建立的技术学校。建校伊始就有了图书馆。现有藏书 27 万册,现期期刊 5300 种。它的经费来源与皇家技术研究院图书馆一样,从国家预算中拨款,但地方的工业机构也向它提供。它的服务范围除本校学生外,也为哥德堡大学的化学、物理、数学以及天文等系服务,还为其他工业和技术机构服务。现有国际联机服务。

专利方面,有皇家专利和登记署图书馆,成立于 1885 年。它是伦敦英国专业局图书馆的姐妹馆,有数万图书、几百万专利说明书,主要是瑞典专利。

农业和林业在瑞典经济中占重要地位,这方面的专业馆也很出色。皇家农业学院图书馆成立于 1932 年,除为本校教师和学生服务外,也供校外人员利用,但历史资料不足。另一个重要的农业图书馆是瑞典皇家农业科学院(斯德哥尔摩)图书馆,建于 1832 年,特色是有 5000 多个国外交换关系,向公众开放。林业图书馆建于 1918 年,位于斯德哥尔摩,它由皇家林业学校和林学研究所两馆合并而成。

艺术方面的图书馆,大多数是博物院图书馆。国家博物院图书馆,有美术方面藏书十几万册。皇家美术研究院图书馆建于1775年,藏有大量18—19世纪名画。皇家文学、历史和考古研究院图书馆,建于1786年,现有藏书20多万册,1200多种现期期刊,外国交换关系600多家,它是瑞典文学方面的重要馆藏。

皇家音乐研究院的图书馆,馆藏是斯堪的纳维亚国家中最大的音乐馆藏,建于1771年。有100多万音乐方面的款目,几千种音乐期刊,两万多封信和手稿。14世纪的音乐资料特别丰富。有许多莫扎特、贝多芬和海顿的手稿。它的资料可向个人、单位出借。一些综合性大学也有很丰富的音乐藏书。伦德大学、马普萨拉大学馆的音乐馆藏很著名,且对公众开放。

文学方面著名的是瑞典科学院诺贝尔图书馆文学分馆。它给诺贝尔奖评选委员会的成员提供参考资料,同时也给研究学者大开方便之门。它收藏有文学史、各国文艺作品,特别是德语、罗马和斯拉夫语小说。现有藏书超过20万册。

三 挪威的专业图书馆

挪威的研究馆和专业图书馆集中在奥斯陆,还有一些在卑尔根、特隆赫姆。最大的是特隆赫姆的挪威皇家科学院图书馆,始于1760年。重点藏书是自然史和考古学。其他一些学科资料是通过交换和捐赠的。该馆可免费得到在挪威出版的资料,因此外国图书很多。国家专门拨有外文图书采购款。现有包括哲学、宗教、社会学、神学、民族学、生物学、民俗学、法学、医学和文学史等方面的藏书50多万册,有1000多种期刊,数百种报纸。向公众开放。

主要的技术图书馆是挪威技术学院图书馆,建于1910年,重点收藏建筑工程方面的资料,藏书30多万册,1000多种现期技术期刊。有30个系的分馆,大量的缩微品和复印设备。

挪威农业学院图书馆建于1859年,是挪威的农业中心图书馆。现有藏书35万多册,有3000多种期刊,与许多外国机构有交换关系。

挪威议会图书馆建于 1814 年, 开始正常工作是在 1821 年。现在不仅为议员也为政府官员、律师、研究学者开放。大多数材料靠交换和捐赠获得。外交部、专利局、统计总署等单位的图书馆, 是政府图书馆中较大者。统计总署图书馆藏书 20 万册, 与国外的交换关系 1000 多家。编有外交部图书馆、诺贝尔研究所图书馆和统计署三馆的年度联合目录。专利局图书馆建于 1888 年, 10 万左右藏书, 主要是技术图书、几百万册专利说明书。外文资料主要来自交换。积极开展读者咨询。外交部图书馆建于 1905 年, 后来与挪威国际商业情报署图书馆和农业部图书馆合在一起, 有 20 多万册藏书, 范围包括法律、经济、历史、农业和工业等。馆藏出色的地图和指南。还有诺贝尔研究所图书馆, 是因为诺贝尔和平奖由挪威五位议员组成的委员会评选, 该馆要为评选委员会提供资料。

工业方面是奥斯陆的工业研究中心联合图书馆。它是挪威皇家科学和工业研究协会属下的图书馆, 负责协调协会下各个图书馆的工作, 提供挪威工业和商业方面的情报。有联合目录, 采用 U. D. C. 体系, 技术方面的期刊很多, 很早利用缩微和复制技术。

医学方面重要的是奥斯陆和卑尔根大学医学系图书馆。

专业馆间的合作很积极, 但由于地理原因, 各专业馆间信息传递较慢。

芬兰和冰岛专业馆情况大体相当, 数量和规模都不及挪威、瑞典和丹麦。

综观北欧的专业馆事业, 可以归纳如下几个特点: 很多专业馆历史悠久, 藏书集中在一两门学科, 有外文藏书, 多外文书和期刊; 注重与国外的交换关系, 作为外文资料的主要来源; 大多数专业馆有资格馆员, 开展情报服务, 编有情报文摘和索引; 向公众开放, 至少向研究学者和学生开放; 有缩微和复制服务; 分类体系划一, 大多用 U. D. C. ; 规模虽小, 但服务完善, 服务质量高。

238

肆 图书馆学教育

一 丹麦的图书馆教育

丹麦图书馆的培训和教育是世界第一流的。丹麦国立图书馆委员会1918年就在哥本哈根开设了第一个丹麦图书馆学校。当时教员缺乏,15名学生全部来自公共图书馆。直到1956年,图书馆学校才开始培训非公共图书馆的学员。早期的课程学习特别短,1920年学习期才延长到5个月。2年后,学校分成两个班。一是基础班,一是为有了一些实际经验的学员开的高级班。1928年,学校由原来每年招生一次改为每2年招一次。1932年,学习课程由5个月改为一个学年。1956年,根据有关法律,该校正式改名为丹麦图书馆学校。课程分两套,一套为公共馆专业,另一套为研究图书馆专业。学校由教育部管辖,资金完全由国家提供。

丹麦是斯堪的纳维亚国家中唯一没有图书馆函授教育的国家,学生全部由图书馆学校正式培养,在图书馆学校学习的学生,至少必须通过大学入学考试。学习公共馆专业的学生还必须有至少6个月的资格图书馆工作经历。有这些资格图书馆工作的经历才有效。学生同时还要有馆长的推荐信,这些是入学的必要条件。图书馆学校的基本课程要学6个月,300小时,通过笔试和口试之后到图书馆工作1至2年,然后再回来学习高级课程。高级课程要学1年,平均每星期25个学时。

图书馆学校的公共馆课程着重文学知识,学生要求掌握关于丹麦文学和作家的一些基本知识,丹麦图书的不同版本、书目信息等。目录、分类、编目、图书馆法、图书馆管理、图书馆馆外服务、儿童服务、参考工作等,都是课程的内容。注重实践,学生要有参观和一定的实习。不仅在丹麦图书馆学习,也到挪威、瑞典和英国的图书馆实习。这样做,使学生增长了知识,加强了联系。课程考试有笔式和口试,考试全部通过者可获得证书,有证书者才能成为资格馆员。学生入学年龄一般是19—20岁,24岁左右可成为馆员。

研究馆专业又分两套课程,一套为馆员所设,另一套为助理馆员准备。馆员课程有200—300节课,不须考试。助理馆员有200节课,最后有笔试,有笔试的主要是分类、编目、书目和参考书方面的课程。

图书馆学校对学生数量控制得较严,认为学生质量胜于数量。学校还为教区图书馆、儿童图书馆,以及其他类型图书馆的工作人员备有短期课程。

丹麦馆员的等级分为专业馆员和非专业馆员。获得证书的馆员分馆员和助理馆员,正在获取证书的称学生馆员,再下的层次是非专业的一般工作人员。公共馆馆员的工资与教师相同。

随着图书馆事业的发展,目前丹麦的图书馆教育正趋向专门化、多样化。按馆员等级可分为馆员、助理馆员、一般工作人员等课程。按图书馆类别可分为公共馆、研究馆、中小学馆、专业馆(情报)等课程。皇家图书馆学校在 Aolborg(Jutland),已有一个分校。现有4年本科生课程,分公共图书馆、研究图书馆、学校图书馆、专业图书馆四个专业。这几个专业都提供一定的情报学课程,还特设有文献学课程,该课程每2年只招15名学生。只是文献学课程还未得到情报学界的承认。丹麦技术文献学会专门出资举办了一个文献学家培训课程,训练在工业和商业界从事情报工作的文献专家。

在过去几年里,皇家图书馆学校致力于改革课程内容,吸收国外研究成果和情报学的内容。图书馆协会详细审定了培训大纲,图书馆学校也参照这些大纲,学校加强了与图书馆界的联系。和世界图书馆教育趋势一样,丹麦图书馆教育已从培训转向教育。

240

课程中实际成分减少,对于在图书馆工作经历的要求也不像以前那么重要,着重于提供方法和原理。

1971年,丹麦文化部建立了一个委员会,考虑新的图书馆教育计划,所提建议因涉及立法、制度等问题难以实施。但自委员会报告提出以后,图书馆学重视课程建设,强调科研与教学相结合,强调教学质量的评估。

1977年以来,图书馆学和情报学内容越来越紧密地结合起来,在多学科探索中不断出现新课程,在图书馆学课程中介绍与情报有关的学科内容。这对从事研究工作的馆员也提出了新的理论要求,促进了图书馆学研究的理论化。由于课程的理论性加强,学生的学习期也做了相应改动,现在的4年本科学生包括3年理论学习和1年的实践。图书馆学校的长远目标,是把目前公共馆专业和研究图书馆专业的课程结合起来,以建立适合于各类型图书馆工作的教学计划。

和西欧国家一样,70年代后期由于经济上的困难,短期课程的发展受到了限制,目前短期课程得到了重视。图书馆学校的短期课程有两类:继续教育讲习班让学生胜任图书馆工作,确实掌握从事图书馆工作所需要的基本技能。补习班、进修班使学生把原来的知识与当前所从事的工作更好地结合起来。现在,讲习班已从3个月延长到1年,以保证学员质量。进修班可任意招收其他专业的学生,不再限于只接收文学专业学生和图书馆工作人员。

丹麦中小学图书馆工作人员的培训,由皇家教育研究学校的教育法和心理学系承担。培训期3个月,内容包括教学材料、媒介、教学体系的评介,描述和教学辅助设备,以及图书馆学方面的知识。

馆员的培训通常是在馆长指导下进行的。被培训人员先到学校学5个月,再在图书馆里实习6个月。关于培训是注重理论还是实践,一直存在着争论,现在比较注重理论。图书馆的工作越来越专门化,也就是说,过去由馆员做的工作。现在可以让一般工作人员做。现在的训练不是让学员在图书馆做所有的工作,而是让他们掌握在各类图书馆工作都能适应的基本知识。1967 年,丹麦皇家图书馆学校法规定,图书馆学校进行的是教育,而不是培训。要给学员理论性的指导,要为专业馆员提供高级课程。皇家图书馆学校为此进行改革。改革后,公共馆专业 4 年课程中的 9 个月实习分两次完成。第一次是熟悉工作方法和图书馆一般服务。第二次由学生自己选题实地研究,实习费由国家教育基金支付。

值得一提的是,丹麦皇家图书馆学校有自己的实验图书馆,它同时也是有关图书馆学文献的中心馆。出有书目资料,研究报告等。

二 瑞典图书馆学教育

瑞典公共馆教育,是以国立图书馆学校为中心,该校成立于1926 年。瑞典馆员的分类与丹麦相同。图书馆学教育的专业分类与丹麦也大体上相同。瑞典图书馆学校的入学标准高,必须持有大学学位证书才能进校学习。学校受瑞典图书馆咨询委员会领导和管辖。新馆员培训由各馆自己负责。学生接受图书馆实际工作指导。自 1946 年始,瑞典图书馆咨询委员会就赋予具有一定条件的图书馆为资格馆。在资格馆受训的学生,在其他馆也得到承认。工作指导完成后,新馆员要接受四个月的函授课学习,这些课程由设在乌普萨拉公共馆“公共馆函授研究所”提供。课程不交费,费用由皇家教育委员会资助。在函授学习中,新馆员得到研究所的指导,而且是在本馆老馆员带动下深入学习。参加函授学习的新馆员称“学生馆员”。瑞典的学生馆员在受训的最后二个月才领工资。挪威的学生馆员则在学习期间有一小笔工资。

在函授学习中的佼佼者可以进瑞典国立图书馆学校。该校只招收至少有六个月实际工作经验的学生,每年招一次,每次 40—

50 名。学生全部免费(丹麦也一样),学生的实习费用和在学校的生活费用也由政府承担。瑞典国立图书馆学校位于斯德哥尔摩,设在皇家教育委员会属下的图书馆咨询委员会总部。学校校长是图书馆咨询委员会成员之一。学校除专职教师外,还有一些兼职教师,来自斯德哥尔摩公共图书馆、皇家图书馆和其他地区图书馆。在课程学习中规定要到图书馆中参观实习,边干边学,回校后讨论分析心得体会,以加深对课程的理解。大多数课程是研讨式的,讨论后把结果交给指导老师,这种教学方法有助于提高学生的兴趣,使学生感到学习是自己的事情,比单向讲课的效果好。学校的课程包括图书史、图书馆史、瑞典和国外参考书及书目。编目和分类、公共馆组织与管理、图书采购等。和丹麦相比,瑞典图书馆教育不太注重文学知识的传授,但也有一些这方面的课程。每一课程最后都要考试,学生根据学习程度及成绩获得不同等级的证书。和丹麦一样,瑞典皇家图书馆学校也有一个图书馆学图书馆。

瑞典馆员的培训起源于公共馆。1948 年,斯德哥尔摩市公共馆为本馆人员开设了图书馆学方面的课程,这些课程是针对本馆需要开设的,和国立图书馆学校开设的课程略有不同。课程毕业证书分二级:助理馆员证书和馆员证书。助理馆员证书是在通过大学入学考试,再学一般图书馆学课程即可获得。而馆员证书则要大学毕业后再学一般图书馆学课才能获得。国家图书馆、大学和研究图书馆人员的培训,没有公共馆那样等级森严,申请这些图书馆助理馆员职位者要有比获得大学入学资格更高级的学位。最后定职前要有一个试用期,在试用期受专业馆员的指导。研究图书馆的一般工作人员只要有大学入学资格就可来馆做事,但也要接受在职培训。

许多年来,瑞典专业图书馆没有正式的培训系统。专业馆的培训主要靠本馆的在职培训。在专业图书馆协会的努力下,1946年后皇家图书馆开始负责专业馆员的培训。接受培训者至少要通过大学入学考试,课程包括图书馆学的基本学科,由皇家馆的高级馆员来教。考试有口试和笔试,还要加上实习分数,都合格者才能在专业馆中谋得一个职位。1949年后,工业和商业图书馆工作人员的培训受到技术文献协会的关注。1949年,该协会组织了工商业图书馆低级人员为期一月的课程,以后几年,每月连续开一次这样的课程。课程由斯德哥尔摩皇家技术研究所负责,所教内容主要是有关技术文献的知识。

瑞典各类馆员属于各自的协会。总协会是瑞典图书馆协会,另外几个协会是大学和研究图书馆协会、专业图书馆协会、公共馆员协会。

从馆员工资看,丹麦馆员工资和教师待遇一样,比瑞典高。在瑞典,和其他职员比,馆员的工资较低。

目前,图书馆学教育也受到了情报学发展的影响。关于情报学校是由图书馆学校改办还是单独成立,情报学校的毕业生向何处去等,过去一直有争论,现在的意见趋向中和。许多图书馆学校增设了情报学、计算机科学方面的课程。1972年,成立了瑞典图书馆与情报高等专科学校,第一学年学图书馆学、情报学基本课程,第二学年分成文化与情报、情报与文献两类,前者分到公共馆,后者分到专业图书馆。第二学年有10周在图书馆实习,还有5、6周的研究课程,包括电子计算机在图书馆中应用等研究课程。有在职图书馆员高级班,讲授计算机与文献。

三　挪威的图书馆学教育

自1901年起,挪威就有培训图书馆员的课程。1910年曾提出过建立图书馆学校的建议,因经费问题,这一愿望未曾实现。但在大公共馆如奥斯陆、卑尔根、特隆赫姆等公共馆中开设了短期馆员培训课程,1920年代末期,挪威图书馆协会开始设函授课程。内容包括书目、图书采购、编目和分类等,但这些课程只局限于公共馆和学校馆人员学习。皇家图书馆制订了培训大纲,这一大纲还被卑尔根大学馆和其他一些研究图书馆所采用。直到1938年,在 Arne Kilda 努力下才成立了挪威国立图书馆学校。由于德国入侵,实际上延迟到1945年才开始正式招生,每年大约招60名。有专职教员,但更多的是兼职教员。

和瑞典或丹麦相比,挪威馆员少,待遇低。学生馆员(进入国立图书馆学校都称学生馆员,瑞典、丹麦同)学三年,头一年半在馆内,由馆员指导学习,后一年半在图书馆学校里专职学习。学生进校年龄不限,必须通过大学入学考试。头一年半的实习必须在资格馆,实习中要接受国立图书馆学校提供的函授课程,实习结束后必须通过考试才能继续后一年半的脱产学习。学生馆员实习时有工资,自付函授学生所必须的材料费,但不缴学费。

现在挪威国立图书馆学校分公共馆、儿童馆、研究馆、专业馆等几个专业。课程有图书馆管理、编目与分类、目录学、书史、图书生产、参考书与图书采购。学生在学习结束后要交毕业论文。大学图书馆员培训一般由皇家大学馆来承担。国立图书馆学校学生攻读学位时,可作为皇家大学馆的学生馆员,在3年的学习过程中每天要给皇家大学馆干3—4小时的活,在大学馆的每个部工作6个月。大学馆学生馆员的待遇和公共馆差不多。在新技术时代,挪威国立图书馆学校也增添了情报学教程,办了一个高级馆员班,学员在学完三年课程后,还要再学二年的电子计算机课程,校名也改为图书馆与情报高等专科学校,专门设立研究部研究电子计算机。

芬兰、冰岛的图书馆教育体制与丹麦、挪威、瑞典相似,只是规模不同。

北欧图书馆教育可归纳如下几点:①有一个中心的图书馆教育机构,即国立图书馆学校作为全国馆员培训和获得图书馆知识的中心。②一些大型图书馆常常依靠自己的力量培训,有培训能力的馆由国家来指定,因而保证了质量。③按照图书馆类型分专业,学生毕业后能较快地适应所在单位的工作。④有学生馆员制度,教育注重实践与理论相结合,使教学和实习相促进。⑤情报学课程目前受到重视,但未形成情报学校培训体系,仍由图书馆来负责情报人员的培训。情报学内容主要是计算机方面。

伍 现代化与网络化

北欧图书馆的网络覆盖了每一个角落,使每一个公民都能够得到图书馆服务。北欧图书馆早在60年代就开始应用计算机于图书馆服务工作中,发展了流通、编目、采购系统。近几年来,越来越多的图书馆加入联机网络。北欧国家之间的合作也很多,著名的斯堪的纳维亚计划就是一个例子。

北欧图书馆系统均可分为:学校图书馆、公共图书馆和研究图书馆(大学图书馆、专业图书馆和国家图书馆)。在各大城镇以及乡村地区,图书馆到处可见,公共馆尤为发达。北欧图书馆界认为,作为文化传播机构的学校馆和公共馆的服务,必须有研究馆的支持,因为使用科技图书的不仅是科学家,还有作家、非专业人员、艺术家等。为了满足公共馆用户所需的研究性资料,公共馆需要与研究图书馆开展多种形式的合作。丹麦前国立图书馆馆长Robert Li Hanson 说,“今日的丹麦图书馆服务应看成一个整体,这个整体是一个大系统,这一系统使每个学生或读者,无论其位在何处,都能够得到图书馆的服务”。

北欧图书馆网络,可分为公共图书馆网和研究图书馆网。

公共图书馆中,包括学校图书馆网。因为在北欧,学校馆有的隶属于公共馆,有的则必须依靠公共馆而存在。馆际互借是各图书馆最经常的一种日常服务。在公共图书馆网络中,每个省都有一个中心馆,除完成本馆职能外,还协调本地区各馆的合作。它要监督互借图书是否符合质量标准,以及互借的书是否用于确实需要的目的。如果中心馆未能满足互借要求,则该要求由中心递给国家馆或其他能满足要求的馆(包括研究馆)。中心馆在接受互借申请过程中,能够了解到地区的需求,这对采购是一个好的反馈。公共馆的互借,主要为那些不能利用研究馆但又需要研究部的人服务。在 1900 年以前,北欧诸国的公共馆和研究馆之间的合作还很少,30 年代以后这一局面才有好转。丹麦教育部于 1932 年提出一个报告,认为中心公共馆的责任是在必要条件下到研究馆取书。中心馆尽可能备有足够的研究性藏书,只有确实无书情况下才能到研究馆借书。努力向着自给自足的方向发展。他们认为公共馆藏书是全社会可用的最大财富。现在许多中心馆已有了外文馆藏。馆际互借主要以联合目录为工具。北欧的特点是国家有关机构负责编制全国性的馆际联合目录,丹麦是由公共馆合作委员会负责公共馆间联合目录的编制与发表。互借是免费的,但借方要交邮费。所借内容现在已经扩展到书籍之外的其他合适的资料。视听资料的互借,一般限在本地区内互借使用。

研究馆和公共馆间的合作一般由一个统一的全国委员会来协调,如丹麦的公共馆和研究馆联合委员会。

国家馆在网络中是全国的互借中心。还有一些全国性的大馆,如芬兰的赫尔辛基市馆、丹麦的奥尔胡斯图书馆等,也作为互借中心。全国中心馆的任务是提供公共馆收藏范围之外的其他资料,如果国家馆不能满足要求,就要通过信息交流机构向全国寻求满足。如丹麦的图书馆信息办公室是促进公共馆向研究馆借阅的单位(在国家馆不能满足要求的情况下)。

在北欧许多国家中如丹麦还设有联合保存图书馆。1964 年丹麦图书馆法规定:"根据正常的藏书工作,图书馆必须剔除过时的、已损坏的和不借阅的'死书',或者在特定情况下独立保留在自己的书库，或者移交给联合保存图书馆。"保存图书馆的功能是帮助解决空间紧张所带来的一系列问题。保存图书馆保存了各个图书馆剔除的图书。当这些图书有要求时联合保存图书馆就给予满足。在网络中，任一图书馆都可向它提出互借申请或者复印。它既保存公共馆的也保存研究图书馆的"过时书"。

在北欧，人们已经注意到公共馆网络相当发达。北欧的居民无论在何地都可方便地获得想要看的书。北欧的研究图书馆网络也很发达。由于研究图书馆都有一些学术性的藏书，学术性图书的交换使用很早即已开始，而且是在国家一级协调的。研究馆之间的协作是按专业来分的。

各地区的专业馆与学院馆又与本地的公共馆协作，国家馆或一些大的大学馆是全国中心。研究馆间的协调由全国研究图书馆协会来进行。

国际交换由几个大型图书馆担任，如瑞典的皇家图书馆、乌普萨拉大学图书馆，挪威的奥斯陆大学馆，芬兰的赫尔辛基大学馆，丹麦的哥本哈根大学馆等，一般没有国际馆际互借中心。

北欧网络中互借存在的问题，仍然是各馆互借量不平衡，有的支出太多，有的太少；互借的传递费用没有解决，以及缺乏必要的规章制度和专门管理网络活动的人员等。

除了国家间的图书馆网络化，北欧五国之间也正加强合作。由于历史、地理、文化方面相近的原因，一百多年前国家间就已寻求多方面的合作。二次大战后，北欧五国间的双边合作迅速发展。1962年的赫尔辛基条约，使五国在司法、文化、社会、经济以及通信、环境保护方面的合作有了保障。合作的原则是，各国有自主权，通过政府机构或民间组织间的合作促进资源共享。合作的另一条件是大多数北欧人会讲斯堪的纳维亚语，大多数人还会英语。

图书馆方面的合作发展于60年代，1962年成立了北欧公共馆员协会（NFR）。目的是交流情报，对共同关心的问题提出建议,加强各国馆员之间的联系。1970 年又签订了一个协议,即北欧国家中任何一国开图书馆年会,其他国家都派代表参加,并交流书面材料。至于图书馆委员会间的非正式往来更要数不胜数。每 4 年还有一次馆长会议,探讨管理方面的问题。在瑞典哥德堡有一个北欧高级图书馆员学校,每 2 年举办一次高级班,并办有一个期刊叫 REOL,即现在的《斯堪的纳维亚公共馆季刊》。

著名的斯堪的纳维亚计划,是北欧国家之间互相配合入藏外文图书计划,实际上是研究图书馆外文图书合作采购计划。各国研究图书馆在采购北欧之外的期刊时,广泛进行协作,按主题、地区、语种分工,采取自愿组织协商方式进行,不作硬性规定。实行这样一个计划的理由是:各国有了完善的图书馆系统和各类型图书馆组织;民族相近,地理、语言、文化、历史方面相通;科学发展,图书数量增多,各国都是小国,无法全面综合地采购。

斯堪的纳维亚计划,是 1956 年在土尔库召开的第八次斯堪的纳维亚图书馆代表大会上提出的。开始只在国立图书馆(有综合性藏书的)和大学图书馆中实行。后来又吸收了拥有专业文献资料的科学图书馆参加。分工原则是,在科学领域内按语言或地理划分,在一个综合领域内两者结合起来划分。该计划的实质是最终形成全斯堪的纳维亚文献库。通过复本量的控制和外文图书入藏与使用上的协调,使这一文献库既全又专,节省经费,促进对读者服务。合作的原则是自由协调,给予参加馆一些既定的选题,但各馆仍可自由采购。该计划执行以来暴露了如下一些问题:①经费不足,协调活动缺乏权威性。②复本不易订,出版物类型在计划中没有划分。③计划对互借问题没有明确规定。④未吸收工商业图书馆参加。⑤没有很好解决专业和综合入藏间的矛盾。如在大学馆,专业化与全面入藏各学科图书的方针是有矛盾的。⑥出版物价格的变动,对计划也有影响。但尽管存在这些困难,作为世界上跨国合作的一个重要计划,它是迈出了一步。目前,该项计划已列入 UNESCO 和 IFLA，UAPSE 计划中加以考虑。在经费方面也有了改善，NORDINFO（北欧科学技术情报与文献工作联合组织）有极高的经费，可对该计划中的各种方案拨款。该计划的秘书处设在芬兰，出有《斯堪的纳维亚计划通讯》、《斯堪的纳维亚计划论文集》等。

北欧国家的图书馆自动化工作是集中发展起来的。因为各图书馆的分类编目有一个中心组织—图书馆服务公司，该公司是各图书馆采购总代理，能对采购到的图书进行编目，并且用计算机处理。图书馆服务公司已经计算机化。在80年代初，大多数还是脱机处理，现在已逐步实现联机。

单个图书馆计算机系统的发展，在研究馆和公共馆间有很大不同。大多数研究馆已实现了内部工作自动化，而公共馆则刚刚开始。北欧公共馆可能有相当完善的手工处理系统，因此对自动化一直不是很热心。公共馆依靠图书馆服务公司，自己只备有一个小型机联网。研究图书馆的计算机系统都是自己开展起来的，灵活性比较大。

从发展看，北欧图书馆应用计算机是很早的。丹麦始于60年代中期，当时主要是科学和技术图书馆开始利用计算机制作书目文档。1970年初期，大多数研究馆和一些大型公共馆开始进行计算机应用的实验，基本上是单干。70年代末期，内部工作系统才开始运行，现在斯岛各国各类图书馆内部工作计算机系统都已形成。研究图书馆在70年代中期已经形成了一个共享系统，丹麦的SAMKAT 是由10个研究图书馆参加的编目分享系统，现有42.5万条记录。由于财政原因，该系统在80年代初还未实现一体化。记录格式是 DANMARC（由丹麦国家书目中心制），它与 LCMARC 和 BNBMARC 全兼容（互相可转换）。各个图书馆可以向它购买 DANMARC。该系统副产品是《丹麦研究图书联合目录》。自1981年起该目录已可联机查寻。1984年，丹麦生产了 CCL 检索系统，使用户可以查寻图书馆的数据库。

瑞典的研究图书馆处理中心系统是 LIBRIS（图书馆情报系统）。它是瑞典皇家图书馆主持的，与 SAMKAT 相似。挪威的中心系统是 BIBSYS，是特隆赫姆大学计算机中心开展的一个完全系统。该系统有一些大研究馆的藏书文档，能进行采购、流通控制以及全文检索。芬兰的研究图书馆也有一个联合编目系统。

丹麦国立技术图书馆（DTB）的 Multi－faceted Online System 能处理内部工作和提供检索，其检索系统叫 ALIS，可以联机检索丹麦和其他北欧国家科学和技术图书馆的文献，该系统已实现了采购、编目、流通、检索一体化。奥尔胡斯国立图书馆和 Aulborg 大学图书馆购买了 SAMKAT 软件，用微型机进行联机检索，大多数政府图书馆也购买了这一软件。丹麦研究图书馆计算机化遵循如下原则：所有系统必须是联机的，SAMKAT 是中心系统，内部工作系统分散化，各系统应形成网络。现在 SAMKAT 已能生产 SDI 和编目修改等多种功能。

以上是北欧（主要是丹麦）研究馆计算机应用的情况。

公共图书馆计算机化的发展是从上到下的。丹麦图书馆服务公司集中生产和处理丹麦全国书目的书目记录，但外文书由各馆自己编目，格式则是统一的。早在 70 年代中期，图书馆服务公司开始建设丹麦文和外文资料的中心数据库，是按一体化系统设计的。这一系统现称 FAUST（公共图书馆自动化系统），后来这一系统遭到丹麦馆员的反对，1982 年重新设计了一个方案，决定建立书日检索系统，供丹麦公共馆使用。该系统出几个模块组成，图书馆可根据需要自己选用。地方政府的数据中心负责各地区中心计算机系统的维修和操作。

1983 年夏，第一个模块（检索模块）投入市场，数据库包含丹麦国家书目的全部记录。可以联机检索，语言是 CCL。但是目前参加 FAUST 的单位很小。主要原因是：①财政问题。因为丹麦公共馆的资金掌握在地方政府手里。现在公共馆的资金有减无增，要想争取额外的计算机发展经费非常困难。②计算机技术引入图书馆需要与工会达成协议，工会如反对（如认为可能影响雇员工作等）会产生阻力。直到1984年，工会还未同意图书馆实行自动化，这无疑阻碍了公共图书馆自动化的发展。

瑞典公共馆的中心自动化机构是瑞典图书馆服务公司的BUMSC（公司流通和媒体控制系统）。该系统已运行多年，参加的馆很多。挪威公共馆联机检索书目数据库称BIBBI，由挪威图书馆服务公司提供。瑞典和挪威的国家书目由各自的国家图书馆编制，并已制成文档供检索。瑞典国家书目文档的检索系统是LIBRIS，挪威是通过奥斯陆大学馆检索。芬兰学术图书馆自动化小组提供一个联机的国家书目数据检索系统。丹麦目前正资助2年的研究计划——主题检索。

目前，北欧图书馆自动化的趋势是公共馆和研究馆两大类不同系统的统一联网，以及实施标准化达成同类系统间的统一。目前的标准检索语言是CCL，正致力于发展主题检索（叙词、自然词表）查全、查准率的评介，全文检索，开展第五代计算机、专家系统等。

在电子传递方面，丹麦有TELEDATA系统，相当于英国的Prestel，1980年代中期已投入公众使用，一些图书馆已经成为TELEDATA的用户。目前的争论在于TELEDATA对图书馆自动化的发展将有什么影响。

在整个北欧，在70年代初就认识到自动化的合作很有必要。1974年决定建立北欧数据通信网络（简称Scannet），3年后又成立了北欧科学情报与研究图书馆委员会（简称NORDINFO），它是负责北欧在情报与文献服务方面进行合作的核心机构，委员会成员由成员国的教育或科学部以及国家图书馆委员会每3年任命一次。要保证做到使北欧的工作与国际上的发展水平相适应；协调北欧地区以及北欧与其他国家之间的情报交流；主管旨在促进系统发展与用户培训方面的计划。委员会有独立的经费。虽然各个国家仍然有自己的图书馆自动化系统，但通过合作委员会能相互了解各自的发展趋势。北欧合作所遵循的原则是：最大限度地分散，最必要地集中。自动化方面合作的核心是 Scannet，它是以程序技术为基础的科技情报通信网络。1977 年建立了 4 个中心，哥本哈根、奥斯陆、哥德堡和斯德哥尔摩。该网络与 Telenet、Tymnet 以及法国高校的 Cyclades 网络联接。长期以来，北欧情报系统的一个重要弱点是情报服务与文献提供的脱节。这是由于图书馆间以及图书馆与情报机构之间缺乏合作，以及文献来源不足造成的。尽管北欧联网内部正在努力加强外借与复制服务，但仍有不少单位向外国主要是 BLLD 提出文献服务的要求。借助瑞典的 DOCLINE 系统，从 1979 年 2 月起，瑞典哥德堡大学图书馆与英国图书馆外借部之间已建立了联机文献预订关系。这一设施可为北欧网络的所有用户服务。在北欧范围内，通过电传提供文献已经很普遍，现在正试验用电话传真（Telefax）来传递复印件，还与欧洲空间局（ESA）合作进行了用卫星传送文献全文的试验，现已在斯德哥尔摩和哥本哈根设立了中心站，该设施也借芬兰和挪威使用。在电子出版物方面，NORDINFO 正在推行 EXTEMPLO 计划，这是一项利用北欧网络传递的电子期刊试验，它连续提供有关图书情报的简要情况和消息，包括有关的讲习班、教学内容等。在屏幕文献方面，北欧从 1979 年开始执行一项多年性计划，主要是为了验证对话式屏幕文献在技术情报服务中的可行性，在瑞典已通过 Data Oision，在芬兰通过 Teleset 进行了试验。

NORDINFO 还采取一系列行动来合理组织图书资料，确保不断提高馆藏文献利用率。目的在于克服情报服务与文献提供之间的不平衡状况。Scandia 和 NOSP 计划在 50 年代就已开始执行。从 1972 年起，Scandia 计划制定了一个新目标，就是协调北欧联合体内以馆藏通报为基础的电话借阅服务。目前，Scandia 计划尚未达到联机服务。这部分称 ALIS 系统（自动图书馆情报系统），它实际上是按季度出版的《北欧会议文献联合目录》。NOSP 是北欧期刊联合目录的代号。它与 Scandia 计划密切相关。和 Scandia 计划一样，开始它为图书馆确立共同的采购政策，后扩展为通过联合目录直接订阅的服务。其中心设在赫尔辛基，采用联机服务的形式。在图书馆方面，NOROINFO 还致力于 NOROIC MARC 的共同研究和开发工作。总之，NOROINFO 在协调北欧图书馆自动化和发展电子输送网络方面起着巨大的作用，使北欧的图书情报系统向着现代化迈进。

其他主要西欧国家图书情报事业

壹　意大利图书情报事业

一　意大利图书馆事业概述

意大利有世界上最古老、最著名的图书馆,藏书丰富,历史悠久,反映了西方文明的发展史,文艺复兴和中世纪时期的藏书尤为丰富。在过去的 100 多年里,意大利的图书馆员们把独一无二的古老文献很好地保存起来,并且不断扩大收藏范围,提高图书馆服务质量,以适应现代社会的要求。在第二次世界大战中,意大利许多图书馆遭到严重破坏,1945 年后开始重建。

二次世界大战以来,意大利图书馆事业发展很快,各级政府都比较重视,并进行规划和给予资源保证。意大利现有人口 5600 万,分二十个地区,每个地区有不同的自治权和独立行政权,每个地区又分省、市镇和乡村,与法国的行政制度大体相同。但地方政府的自治权比法国大。图书馆经费来自各级政府和中央政府,地方政府负担绝大多数经费。

从 1955—1972 年,图书馆的使用量增加了三倍,1972 年意大利图书馆流通总册数为 8212 余万,有 5750 万人次使用图书馆。这一数量是 1955 年的 720%,1965 年的 150%。意大利中央和北部地区图书馆事业最为发达,因为这些地区是意大利最发达的地区。虽然意大利图书馆数量很多,而且自二次世界大战后服务质量有很大改善,但是大多数图书馆规模太小,服务能力有限,不能最大限度地满足所在社区需要。近十几年来,意大利政府对发展图书馆事业比较重视,但由于财政和管理体制上的问题,实际上发展不大,如在1963年,做了一个题为"图书和阅读"的计划,该计划希望每一个省会都有一个中心馆,为省内各地区提供网络服务。此后,一些省发展了本省图书馆网络,但因中央政府未能提供足够的财政资助,这一"网络化"运动没有普及。1964年,意大利图书馆协会还发布了公共图书馆标准,也因经费问题没有实现。70年代初,想进一步发展图书馆特别是公共图书馆,由中央政府监督各地区负责解决图书馆发展的组织问题,并给予财政上的支持,未得到完全实现。图书馆管理法还未制定出来,而在意大利这样的"联邦"国家,没有立法做不成大事。有了法律、计划、标准,没有相应的经济条件也只是一纸空文。

和其他西欧国家相比,意大利政府还是较为重视图书馆事业发展的。最主要的原因是意大利的文盲比率较高,历届政府都想能在这方面做出政绩,图书馆使用的增多和繁荣的图书贸易,有利于减少文盲率。目前文盲率为6%,特别在南部地区文盲率更高。有评论指出,"如果意大利要得到社会和经济方面的保障,并在世界上获得竞争能力,就需要加强大众教育,使全意大利人民的教育水平普遍提高"。由于加强了扫盲和阅读活动,图书馆在社会上的地位自然得到相应提高。再一个原因是,意大利出版业比较发达,1951年图书出版量为7101种(不包括丛书和重版、重印以及翻译书),1959年达到7684种,1979年达到9187种。这一时期30%的书是文学方面的,22%是社会科学方面的。青年读物在出版物中占较大比例,每年这方面的图书为1000种。在图书设计方面,意大利享有世界声誉。在意大利有1000多家出版社,其中350家占了出版量的90%,仅在米兰有347家,罗马有260家,都灵 82 家,佛罗伦萨 52 家。意大利人也喜欢买书,罗马有 370 家书店,都灵 230 家,那不勒斯 96 家,佛罗伦萨 95 家,许多中小城市都有 25—70 家书店。许多人以家有藏书为荣。总之,意大利图书馆事业是和政府重视阅读活动的开展以及人民爱买书、爱读书的好传统分不开的。

意大利有 54 个主要图书馆,称为"国立公共图书馆",由国家文化和环境部直接领导,其中两所称为国家中心图书馆,一所在罗马,一所在佛罗伦萨。意大利早在 1886 年就实行呈缴本制度和颁布版权法,呈缴本制度要求出版商把其出版物的副本交给这两个图书馆。呈缴本制度的具体做法不断深化,目的是保证所有出版物都能交到国家中心图书馆。

二 罗马的国家中心图书馆

该馆经过 20 年规划之后在 1975 年建成崭新、宽敞的新馆。初始馆藏有 12 万册,主要来自基督教和修道院的馆藏,罗马国家图书馆和佛罗伦萨国家图书馆共同编制近期意文和外文采购目录,并负责向各馆销售。最重要的目录是 BNI(意大利国家目录),该目录的编制集中在佛罗伦萨国家中心图书馆。BNI 的一部分是"期刊目录",它有期刊采购条目的累积,罗马国家馆还提供目录卡片服务。另外,意大利各图书馆的分类系统不完善,阻碍标准卡片的采用。罗马国家馆现有藏书 250 万卷,古版书 1893 册,手稿6323 件,用的是 UDC 分类法,读者阅览座位 1210 个,有专门会议室容纳 350 人,还有展厅。到馆阅览的读者需在 16 岁以上。罗马国家图书馆也是意大利最高法院决议生产地,这些决议用计算机打印出来,有专门设施和人员为这一工作服务。罗马国家图书馆和佛罗伦萨国家馆的关系,主要是在书目控制上的协调、配合。罗马国家馆为最高法院搞的计算机化打印文件很有意义,其产品被全意大利的二十多个法院所订阅,它加快了法院决议的传播。

无论是罗马国家图书馆或佛罗伦萨国家馆,除了提供集中书目信息外,与意大利3000多个公共馆都没有正式联系。

三 佛罗伦萨国家图书馆

建于1714年,1747年向公众开放,当时有3万卷书和3000件手稿。现有藏书超过400万册,手稿25000件,古版书3687册。佛罗伦萨国家馆作为公共馆功能更强些。目前,阅览空间紧张,大阅览室挤满了学生。只有高级学者才能使用"高层次"阅览室。该馆馆藏书极为丰富,为各界人士所用。但多年来馆员和设备缺乏。现在要求佛罗伦萨市政府提供一个良好的地方图书馆系统,以减轻国家图书馆的负担。

除了罗马和佛罗伦萨这两个大的国家中心馆外,在米兰、威尼斯、都灵、那不勒斯、巴厘和巴勒莫,还有另外6所全国性的图书馆。

上述6个国家图书馆的主要责任是收集本地区的印刷资料,而罗马和佛罗伦萨国家中心馆负责收集全国和国际范围的资料。8个国家馆直接由教育部管辖。值得注意的是这些国家馆中的大部分同时又是大学图书馆,但不直接受大学监督。除了这8个馆之外,另外还有36所由国家直接管辖的图书馆,它们由其珍贵的历史性的文献收藏而获得殊荣。这36所图书馆中包括:12所大学馆,11所附属于国家纪念馆的图书馆,13所专业图书馆。从总体上讲,1975年这47个由国家管辖的图书馆,共有139000件手稿,1310万册印刷图书,680万册小册子,36000册古版书,26.4万册16世纪图书,55000种现期期刊。1975年,这些图书馆的外借量为33.1万册次,馆内使用量(参考阅览)为438万册次。

四 大学图书馆

和其他西欧国家一样,战后意大利的大学生大量增加,60年代发展尤为迅速,从 1960 年到 1968 年,招生数从 24.5 万人增加到 40 万人,到 1978 年,接近 100 万人。学生增多了,图书馆设施显然不足。如罗马大学图书馆原来设计的容量是 2 万学生,现在的学生数达 20 万。仅社会学系就有 9500 名学生。大学从"精英"系统发展到"大众化",但相应设施没有得到改善。自 50 年代以来,大学的设备"危机"已在有关文章中不断呼吁。

许多学生参预了两种不同的"保护"运动,60 年代他们要求有"更好"的大学,70 年代则要求"废除"学术标准,国家政府一直强调大学要改革,但由于种种原因,变化甚微。如大学里照样是依赖于大课讲授而少研讨型的教学,虽然研讨是学生和教师所希望的。传统的大学结构依然如故。少数几位著名的学者担任各系的领导职务,但教课的都是一些助教,他们的工资不到教授工资的 2/5。大学图书馆的结构,也和大学传统的结构一样,系馆在大学图书馆系统中占统治地位,各系馆之间极少合作,藏书独立发展。大多数系馆的工作人员极少,不能提供所必要的书目以及其他服务。最大的大学中心馆是佛罗伦萨大学图书馆,该校共有大大小小的系、所图书馆 40 多座,中心馆是最大的,藏书 130 万册。大学的分馆是高度专门化的图书馆,佛罗伦萨大学的中心医学图书馆有 7.5 万册中心馆藏,尚有 14 个医学分藏,每个分藏都有 350—400 册。法学院的图书馆有藏书 50 多万册。巴勒莫大学图书馆有近 100 座系、所图书馆,最大的是文学和哲学系的图书馆,藏书 9.9 万卷,其他馆藏书 400 到 15000 册不等,系以下还分专业,各专业还有专门馆藏。罗马大学图书馆有 120 座图书馆,共有藏书 110 万册,它的文学和哲学系有 20 多座图书馆,总藏书 32.5 万册(其中 1.4 万册是图书馆学方面的藏书),这个系最大的图书馆是哲学研究所图书馆,有藏书 8.6 万册。罗马大学的医学院有 25 座图书馆,总藏书 25 万册。罗马天主教大学馆有藏书 150 万册,该校的医学院图书馆有 13.4 万册藏书。波伦亚大学是欧洲最古老的大学之一,建于11世纪,有100多座系、所图书馆,藏书自400册到15000册不等,总藏书60万册,4226种期刊。那不勒斯大学图书馆有近50座系、所图书馆。从上面6所主要大学的情况看,意大利大学图书馆高度部门化,没有中心馆,只有系、所馆,而且各部门图书馆间很少合作,藏书量的差别也很大。根据1972年UNESCO统计年鉴,1972年意大利共有3060所学术图书馆(主要是大学系、所图书馆),总藏书55114120册,登记读者是1148105人,外借量为4215500册。在以上6所大学馆中,波伦亚和那不勒斯大学图书馆是"国家图书馆"(即受教育部管辖)。

教育部管辖的大学图书馆,馆内阅览使用量大大多于外借量,这种情况也是专业图书馆的普遍现象。馆内使用量大是由于:①学术馆和专业馆的书比较珍贵,不宜外借,而且没有足够的钱使资料缩微化;②馆员素质高,参考服务质量高;③使用者多是教授级的教师,学生中只有少数高年级学生用图书馆,学生只在有特别需要时才能用系馆。大学图书馆的工作人员一般很少,没有足够的钱雇馆员和买资料是普遍现象,即使大的院系图书馆也只有一个馆长加几个助手,馆长工作量最大。大部分图书馆每周只开20个小时,外借量少和开馆时间少不无关系。

和法国一样,意大利大学图书馆的历史也非常悠久,大多坐落在具有古老文化传统的小城镇,大学图书馆同时也是该城镇的公共图书馆。如乌尔比诺大学馆坐落在美丽的有悠久历史的小城乌尔比诺,它既为大学生同时也为市民服务。乌尔比诺大学图书馆建于1720年,现有藏书21.5万册,包括1400件12—18世纪的羊皮书,400本15世纪的版本,162件古版书,2200种期刊。馆长是希腊和罗马戏剧专家。其他大学图书馆的馆长也大都不是图书馆"本科"出身。一个奇怪的现象是,意大利大学图书馆的用户群主要是专家、学者,虽然也对公众开放但很少有人使用,市民把本地的大学馆视为骄傲但并不利用它。导致这种现象的原因有三:①

意大利人没有利用图书馆的传统。虽然意大利图书馆早在文艺复兴时期就向公众开放,当时为了自由,了解自我,而有阅读空气。但到了近代,这种空气已经减少。意大利人喜欢自己买书看,因此书店发达,图书馆利用率却低。②有保护图书的传统。因为馆藏大多极为珍贵不愿外借。③在馆员心理中有"精英"思想,认为图书馆只应向高层次人士开放,忽略了为大众服务。

在西欧发达国家中,意大利大学图书馆的服务质量一直不高。一是由于馆员不足,馆员负担太重,如乌尔比诺大学图书馆的分类部人员要负责采购、分编等整个过程,他们没有时间考虑建立更完善的技术服务。二是由于检索体系不完善。意大利大学图书馆员没有足够的时间和精力开展读者教育,目录体系也只有作者和标题目录,没有做主题目录。教授们大多也没有认识到图书馆这方面的缺陷,在课堂上未能给学生做完整的书目指导。意大利没有像美国那样的"读者指南"、"人文科学索引"等工具书。因此,学生查论文主要靠期刊后面的参考文献。

意大利大学图书馆的馆员大都是某一方面的专家,他们一般不把图书馆看成事业,而只看成一种义务工作。因此,不存在像"学术图书馆协会"那样的学术团体。馆与馆间的人员对话很少,这无疑影响了大学图书馆的服务水平。

总之,意大利高校图书馆有几个特点:①藏书丰富、古老;②资金缺乏,服务工作得不到改善;③书目指导工作做得较一般;④馆员缺乏;⑤没有形成一种事业感。

五 公共图书馆

很难给意大利公共馆下一个确切定义,因为许多私立图书馆、专业图书馆也向大众开放,而且这种开放是法律所要求的。由国家各部门管理的图书馆都称作"国家公共馆",虽然其中大多数只适合于高级学者使用。那些为广大公众服务的图书馆称作"社区图书馆"或大众图书馆。这些图书馆通常由地方政府管理。这类图书馆在意大利与各类文化活动紧密相联,如艺术展览、讨论小组、音乐表演等,都可以由这类图书馆主办或参与。大多数大城市有公共图书馆,但各馆服务和资源大异。在过去的 10 年里,许多地区成为图书馆发展的中心,这是由法律所规定的,各地区的图书馆法规落实的程度不一样,有的正在研究,有的需要修订。根据法律,地区图书馆事业的发展应由国家提供资源,但地区、省和地方也可以提供一些条件。许多省份只有极少社区建立自己的图书馆,如在坎珀尼亚地区 537 个城镇中,只有 75 个市镇有图书馆。卡拉布里亚区 410 个市镇中,只有 60 个市镇馆。未来的图书馆建筑和图书馆网络需要省或地区的规划。在 70 年代中期托斯卡纳地区提出一个图书馆发展计划,目标是:集中地方目录,建立科技专业图书馆,建立地区内各图书馆所需的书目情报服务中心、地方档案缩微中心、图书馆和档案资料保护修复中心,开展专业培训。在 70 年代早期和中期,托斯卡纳地方忽视了地区的图书馆建设,其首府佛罗伦萨从未收到地区的资助,因而到 1978 年,这个计划的目标未能实现,不得不缩小规模,把注意力集中在几个地方系统:佛罗伦萨、马萨—卡拉拉、里窝那、皮斯托亚、阿雷佐和安波里。1978 年,托斯蒂纳地区拨了 100 万里拉作为图书馆发展经费。在该地区有 350 万居民生活在 267 个城镇中,该地区图书馆资源是通过馆际互借共享的,但没有实施中心编目。整个地区共有 500 个图书馆工作人员,许多图书馆只有一个人,这个人还要同时负责和公共馆相联系的各种文化活动。除了托斯蒂纳之外,意大利 20 个地区中的绝大多数地区,没有地区图书馆发展计划。下面是 5 个地区的图书馆系统情况:

1. 皮埃蒙特地区,1948 年的图书馆预算是 33.7 亿里拉,1/3 来自地方政府。有 576 个社区,服务人员 350 万,总藏书 350 万册,现期期刊 8000 种(其中外文期刊 3000 种)。服务人员中 100

名专职人员,200 名业余人员,政府中没有所谓的专业和非专业人员。参预馆际互借,但无集中编目。

2. 伦巴第地区,1978 年预算为 11.5 亿里拉,其中 7 亿由地方政府出。有 1546 个社区,其中 1188 个社区有图书馆服务。在 800 万人口中,808600 居民得到图书馆服务,总藏书数 2000 万册(包括大学和学校图书馆的藏书),其中 560 万是公共馆藏书。公共馆还有 12390 种期刊,参加馆际互借,地区编目中心还在筹建中。

3. 弗留利—威尼斯朱利亚地区,1978 年图书馆预算拨款 3 亿里拉。有四个省,人口 125 万,219 所图书馆。总藏书 255.7 万册(不包括学校图书馆),19 个专业馆员,202 个非专业馆员,参加馆际互借,没有集中编目。

4. 阿布鲁齐地区,大多数图书馆是自治,没有预算方面的报告。120 万人口居住在 128 个社区中,图书馆服务人口 85 万。馆藏 130 万册,1500 种现期期刊,58 个专业馆员,122 个非专业馆员。有 3 个区域编目中心,为 77 所图书馆服务。

5. 东西西里区,包括 4 个省,几乎占了西西里人口的一半。1977 年图书馆拨款 2.53 亿里拉(40% 是捐赠来的),195 个社区中有 106 个社区有完善的图书馆服务。在 195 个社区中,共有 230.8 万人口,总藏书 150 万册,加上 309000 Catanla 大学馆的藏书和 18.8 万册 Messina 大学馆的藏书,2510 种现期期刊,还有上述两个大学收藏的 1100 种。83 个"资格"馆员,"辅助"人员不少,两所大学有 35 个。大多数地方图书馆之间没有馆际互借,有些馆从其他地区和国家图书馆中借资料,没有集中编目。

在过去的 5 年中,彼伦亚省发展了一个有效的公共馆系统:"公共阅读服务系统",该系统也是意大利公共馆网络的一个模式。彼伦亚及艾米利亚—罗马涅地区是左派政治统治,许多公共馆服务是政府提供有效社会服务能力的一个显示,它的图书馆未来发展计划在意大利是雄心勃勃的,但该系统的发展由于财政以及筹划地区法令的原因而受到阻碍。在政府计划中,图书馆被认为是情报、教育和娱乐的据点,该地区图书馆的合作组织开展一系列讲座、各类专题展览。讲座内容包括意大利历史、食物的功能、农民在阶级斗争中的作用、艺术、建筑等。许多著名艺术家、科学家、学者、诗人和作家都积极参与活动,图书馆成为"文化资源中心"。这种合作活动的目的是最大限度地发挥图书馆参与社会的作用,合作组织中的成员非常了解图书馆的实践,懂得如何使传统图书馆服务与现代社会发展结构相结合。合作组织关心的主要问题之一是扩大用户群,因为和美国一样,意大利的用户群主要由中产阶级组成。为了吸引更多的用户,合作组织充分考虑了成人教育计划的发展,把图书馆服务与成人教育活动结合起来。和西欧其他国家一样,意大利也有"功能性文盲"(即上过学,但不会阅读,阅读能力衰退),图书馆在这方面可以起到应有的作用。波伦亚图书馆合作组织的出版物广泛传播,报道该组织的合作计划与存在的问题。该组织还出版目录、词典,几乎可以作为意大利国家书目来使用。

波伦亚图书馆合作组织的文化倾向性强,它要求图书馆工作人员的知识结构要比传统图书馆员的知识结构更宽。它们自己设计了培训和雇佣计划,要求被雇佣的学生在 6 个月培训中,能够对服务地区的历史和文化有更深的了解。教师来自波伦亚大学的社会科学家,学生同时还要学会使用图片、幻灯、利用影剧院、懂得照相复制。还培训学生能够独立设计计划,来促进图书馆的社会性,使更多的人懂得利用图书馆。

波伦亚合作组织包括 23 个图书馆和 21 个阅览室,服务范围约占全省 35 万人口的 50%。但该组织不包括波伦亚市馆。1978 年,该组织的预算超过 459 百万里拉,65% 来自省政府,15% 来自地区,其余的来自地方政府。该系统藏书总数 18.1 万册,430 种现期期刊。各馆藏书随社区大小而异,工作人员的工资由省政府

264

和地方政府共同承担。阅览室工作人员的工资由地方政府付而且很低,因为阅览室每星期只开几小时,夏天不开放。

1974—1978 年增加了预算,主要用于支持新馆和新阅览室。但是通货膨胀贬低了预算增加的实际意义,材料预算 35 万里拉几乎不能满足图书费用增长的需要,每本书平均价从 1974 年的 3500 里拉上涨到 1977 年的 5000 里拉。价格上涨导致期刊订购的减少。由于波伦亚以及整个意大利的经济危机,波伦亚合作组织的规模减小,解决问题的办法之一是发展强有力的艾米利亚—罗马涅地区系统,在这个系统中各社区组织建立了更小的分单位,虽然馆小了,但馆数多了,达到了图书馆普及的目的。

波伦亚市馆是独立发展的,没有参加合作组织。1978 年有 9 千万里拉预算,包括一个中心馆和 16 个分馆,服务人口 55 万。市馆系统有 12 万册藏书,订购 218 种现期期刊。

米兰公共图书馆是意大利重要的市政图书馆之一,体现着意大利现代公共馆服务。馆长帕格提博士曾任意大利图书馆协会主席,在国际图书馆事务中也享有声誉。米兰市政图书馆系统有充足的财政来源和大批受过良好训练的馆员。米兰市政中心馆有 108.5 万册藏书(44.1 万种),9000 张唱片和录音带,2272 种现期期刊。1977 年,外借量是 12.1 万册次,在阅览室使用量为 60 万册次,有 33 个分馆和学校图书馆(计划建 100 个分馆)。

米兰市公共馆系统:人口 170.8 万(42% 得到有效服务),预算 2.123 亿里拉(每人 1242 里拉),14% 用于购书,74% 用于工资。藏书 174.7 万册(包括学校图书馆的 21.5 万册),藏书种数 85.6 万,外借量 142.6 万册次(包括学校图书馆的 73.7 万册次),馆内使用 277.7 万册、录音带等(不包括学校图书馆的馆内使用)。其他还有 600 多次展览、音乐会以及类似的活动。图书馆工作人员:127 名馆员(专职 57 人),总数 300(专职 203 人)。

其他三个大城市,那不勒斯、巴勒莫和佛罗伦萨公共图书馆的状态不如米兰。1969年,那不勒斯只有四个分馆,没有中心馆。每个分馆藏书在5000—21000册不等。巴勒莫有32.6万册藏书,450种现期期刊。佛罗伦萨中心公共馆有六个分馆,总藏书约5万册书,50种现期期刊,这和该市的50万人口相比是太少了,而且一星期只开馆几个小时,下午不开馆。这种藏书数量少、服务时间短、图书馆小型、分散,是意大利公共馆的特点。另外,意大利公共馆经费缺乏,不能购买足够的藏书,不能雇佣更多的馆员。市政府认为,城市的国家图书馆和学术图书馆的发展比公共图书馆重要。战后意大利图书馆的藏书和服务的发展很慢,远远不能满足人民大众的需要,意大利公共馆发展缓慢的原因,可以归结为下列几个方面:

1. 馆员缺乏,一个公共馆的馆长,既要负责图书馆传统服务,同时还是社区的文化活动主持人,要主持举办展览、电影观摩、表演等。几乎没有助手,因此图书馆服务只能维持现状。另外,意大利图书馆学正规教育的规模很小,根据Saoinc Roxa 1972年的调查,1958—1968年,只有六所大学发了总共24个图书馆学证书。图书馆学教学的内容,着重于写作和历史知识,以及拉丁和希腊文的培训。可以说,意大利图书馆学校着重于目录学和古文字学,对现代技术在图书馆中的应用没有重视。因此,图书馆学校的学生很少,许多人不愿把图书馆学作为自己的专业来学。

2. 使用图书馆的人口数占人口总数的比例非常小。首先,最常使用图书馆的是学生,成人很少光顾。其次,成人喜欢买书看,而不喜欢在图书馆借书。第三,自少儿时代起,意大利人就没有受过利用图书馆的教育,图书馆使用意识差。第四,图书馆馆长对于组织和维护图书馆表现冷淡,或者缺乏能力,因为他们不想成为图书馆学家。

3. 图书馆发展经费少,公共图书馆经费由地区、省、社区共同承担,但大部分来自社区。社区常常把图书馆看成是一种文化设

266

施,而不注意图书馆其他功能的发展。所以只有藏书保存,而少书籍购买。如贝萨罗市人口 6 万,社区人口 9 万,一年总经费只有2000 里拉,有书目工作,而少读者服务。

4. 各地没有一个协会组织为图书馆发展呼吁,不像美国各州都有一个图书馆协会,因此缺乏一个馆员集中讨论问题的场所。意大利全国的图书馆协会成立于 1930 年,个人会员只有 900 多名,团体会员 400 多名,比起英美来说少多了。

5. 意大利山地居民很多,在这些地区用流通车开展图书馆服务很困难,阻碍了公共馆向这些地方扩展。

6. 意大利文化传统意识很强,各地的人对本地的文化传统都引为骄傲,公共馆服务标准难于统一,各地都强调满足本地需要。

7. 公共馆建筑陈旧,没有经费盖新馆,物质设备缺乏。

六 专业图书馆

意大利的专业图书馆数量众多,类型多样,它们的藏书虽不能算绝无仅有,但也极其珍贵,藏有许多国内外手稿、古版书和善本书。特别是古书,中世纪和文艺复兴时期的图书保存良好。专业图书馆包括大学各系、所图书馆,这些系、所图书馆在本学科方面有良好的历史收藏和当代文献收藏。

在由教育部管理的 47 所"国家图书馆"中,有 16 所是专业图书馆。这些图书馆藏书极为丰富,历史资料很多。佛罗伦萨的Laurentian 图书馆藏书极为古老,只有少数高级学者才能使用它。该馆公共阅览室只能容纳十几个专家。图书馆建筑是"庭院深深",保护措施很好。在藏书中有古希腊外科医生的图解著作,13世纪法国变调乐谱,拿破仑注释过的地图等。一般学者需要推荐信才能使用。但该馆经常举办展览,让公众看到古文献宝藏。现已扩大成为意大利艺术史和历史事件、少数民族、方言和音乐的国家保存馆。在专业图书馆系统中,一个重要的分支是书目情报中心和文献机构,这些中心的工作人员,大都有高学历,如佛罗伦萨的法律文献研究所所长是康斯坦丁博士,其助手是劳伦斯博士,该所的职能是意大利法律文献的总数据库。用户可通过电话获得所需情报。

七 专业情报系统

意大利专业情报中心,只有少数几个实现计算机化,但这几个中心对国家的科研和人民的情报需求有极为重要的作用。意大利的情报系统较为发达,这弥补了图书馆功能不足带来的问题。

意大利对情报的需求量很大,同时由于计算机技术的发展,鼓励了意大利的情报传递。使意大利情报系统发达的另一个原因是有许多国际组织设在意大利。FAO(国际粮农组织)1975 年完成了 AGRIS。AGRIS 是农业科学和农业技术的世界性情报系统,大约 70 个国家参加这个系统。意大利的粮食部负责 AGRIS 事务,它向 EURAGRIS(代表欧洲共同体国家的一个地区性 AGRIS)提供本国农业文献的索引和摘要。罗马的 FAO 分机构负责收集欧洲各 AGRIS 中心送来的信息,并加以处理。所有这些数据由在维也纳的 IAEA(国际原子能署)的计算机中心加以处理。意大利农业部同时也参加 AGREP,1976 年制定了一个关于 EEC(欧洲经济共同体)国家农业研究的长远计划。

设在意大利的另一个情报系统是国际核情报系统(INIS),它提供核科学和核技术方面的各种情报。该系统包括 50 个国家和数个国际组织,是第一个非集中化的情报输入和输出国际系统,只是数据处理设在维也纳的 IAEA 中心。每个国家都由"INIS 联系办公室"来共享此系统;意大利的办公室是 ENEA。

情报方面的另一个巨大成就,是建立 ESA(欧洲空间署)的情报检索服务中心(ESAIRS)。1973 年以后的一长段时间内,ESAIRS 是意大利唯一可以由公共使用的联机情报服务机构,通过私家网络,ESANET,ESA – IRS 继续扩大自己的资源,现在已经有各学科的 40 个文档。直到 1978 年,意大利用户才可使用美国的联机情报服务。意大利洲际远程通信组织(OITALCABLE),在罗马和米兰建立了两个检索点,检索 TELENET 和 TYMNET 网络。意大利第一个情报系统是高等法院情报服务。

和其他 EEC 国家一样,意大利邮政和远程通信部是 Euronet 联合体的一个成员,同时负责该网络的意大利部分。邮政和远程通信部下设 Euronet 中心,负责处理和网络有关的各种问题,同时还负责统计调查,调查内容包括对新服务的需求。

70 年代末,CRIDCDIANE 意大利参考中心建立了,它的工作主要是培训和宣传,它设计了大量的课程,让科学和技术用户了解欧洲的资源。参考中心收集并发布 Euronets 的消息,把情报需求传递给有关的文献中心,提供网络和计算机中心方面的咨询。CRID 的培训课程由自己的职员开设,有时根据用户的要求开设,并请欧洲伙伴一起参加讨论班。该中心联接欧洲 16 个计算机群。

意大利高等法院文献中心建于 1973 年,目的是为各专门用户(律师、检察官、法官)提供各法律学科的计算机化的情报。网络的各终端包括各级各类法院 200 多个,此外还包括意大利各立宪机构、各部、各研究所、各大学和各学术团体,其成员遍布意大利各地,有 200 多个联机数据库,包含了法律的各个方面,这些方面信息都是及时更正,保持新颖。

CNUCE 是比萨大学的计算机中心,产生于 60 年代。1974 年并入国家研究委员会研究所。自那以后,进行了许多研究和服务计算,其最大成就是产生了称为 RPCNET 的计算机网络。电子数据处理服务是由 IBM370/168 和 IBM3330 两台计算机提供的,在所提供的数据库中有两个数据库管理系统 QBE 和 System2000。在与 EEC 签合同后,CNUCE 还实施 STAIRS/VS – TLS,目的是使之成为为情报检索系统提供 Euronet 指南,CNUCE 和各数据库生

产商接触,提供不同文档,如 CARI(国际关系分析中心)提供:

1. CEDOC:国际组织文献的书目情报系统。

2. EUROEUENT:欧洲国家外交政策及其与国内方针的关系的数据。

3. INFORTRADE：EEC 工厂的销售宣传系统。

CNUCE 还生产各种与艺术家有关的文档,委托佛罗伦萨哈佛大学中心生产 14 世纪 Riminese 绘画目录等。

意大利议会也是在议会文献方面应用计算机的欧洲先驱。事实上,60 年代末,下议院秘书处就开始调查在法律文献方面获得计算机辅助的可能性。CDA(下议院自动文献工作中心)于 1974 年在罗马建立,负责研究和实验行政程序和情报处理的自动化过程,工作人员包括学科专家、EDP 专家、领导者、勤杂人员,处理程序分析、编码、数据收集和输入、联机检索和用户培训等各方面问题。一些行程过程如投票程序已经完成自动化,为了满足议会成员的情报需要,建了一些数据库,并和外界的资源取得联接。计算机是 IBM43/41, 内部有 22 个联接,外部有 27 个,使用 IBM STAIRS 检索系统。内部使用文档包括 EL76/EL79, 是 1976 年和 1979 年大选的数据,数据可按地区、省和社区处理;ITER 是关于投票法律方面的数据,附有国家法律,此外还有议会会案、法律经济、文献文摘等。

意大利国家书目(BNI)也已建成电子数据库。它记录了由佛罗伦萨国家馆根据呈缴本法得到的所有意大利出版物(专著、期刊)。佛罗伦萨国家馆有自己的计算机中心,自 1955 年以来已经使用据 MARC 改造过来的意大利 MARC(ANNA MARC)。现在打算采用 UNIMARC(IECA 推荐的),正在研究意大利编目规则是否适合于使用 UNIMARC 形式,联合目录中心研究所利用 BNI 文档开展联机服务,供公众检索。

新闻方面的情报,由 ANSA(意大利新闻署)建立了一个日常消息档案—DEA，DEA 是一个分析性文档，包含 ANSA 每日发送出去的消息，其数据存在 IBM43/41 计算机上，使用 STAI RS/VS 情报检索系统。数据库包括 50 万条新闻，有文摘和目录，能够全文联机传送。此外，意大利广播公司（RAI）提供每日广播电视播放的新闻的可检索档案，包括 1978 年以来每三年的新闻和电视节目上的文化和一般性情报，公司提供联机服务。

和欧洲其他国家一样，意大利对经济数据的需要很迫切，因为需要最新情报的传递来促进技术的传递。

CERVED（商业、工业、手工业、农业议会的计算机协会），为公众提供意大利公司经济活动的数据文档。包括：

1. IBIS：130 个国家的产销经营数据。

2. ITIS：90 个国家的贸易数据（一般经济分析、统计、规划）。

3. SANI：工业、贸易、手工业、农业公司的登记情况。

4. SANP：过去五年内银行信用贷款和贷款机构数据。

5. SDOE：意大利进出口数据。

6. SDOI：国际需求和供应，货物和服务情报的卡片索引。

7. SIBB：意大利股份公司会议录。

所有的文档通过与 UNIVAC1000 计算机联接的终端都可检索。此外，还有一些私立公司也提供商业情报系统。如 Slamark International，专门提供市场调查的情报，外国贸易研究所（ICE）是外贸部的咨询机构，提供数个国外市场情报的文档。ISTAT（中心统计研究所）也提供商业方面的文档，这两个机构的文档都可为公众使用。

总的说来，意大利的情报系统比较发达，这弥补了图书馆在为学术和商业服务上的不足。

意大利图书馆教育也有较长的历史，1924 年 Paelua，1925 年佛罗伦萨，1927 年罗马，都有过培训图书馆员的活动。现在许多大学，如 Parma 大学、罗马大学设有图书馆学系，教授重点是档案、古文书学、编纂学、古抄本学、文字学等,编目分类是常规课程,Parma 大学还开有社会学、心理学、历史、哲学等选修课,课程体系贯穿着对古代、中世纪和文艺复兴时期文献的分析、组织和保存而展开的。虽然意大利的学校图书馆、高校图书馆等需要有技能的馆员,但是图书馆学校毕业不意味着就能在图书馆里谋得一个职位。要进入图书馆工作,还要经过一道考试,而这一道考试和学校里的课程内容往往不相一致,图书馆学校的学生都要经过在图书馆的"学徒"期,以获得实际经验,"学徒"学习期长短不一,Parma 大学为一个月。但是由于图书馆员工资较低,攻读图书馆学位费用又很高,在图书馆工作人员中很少接受过图书馆学的正式教育,罗马和 Parma 大学图书馆学院每年招生数只有 15－30 名,图书馆学教育的发展远远不能满足图书馆事业,特别是当前情报事业发展的需要。在国际图书馆学教育改革呼声中,意大利的反响比较小,需要最多的似乎还是手稿和古文本专家。科学图书馆、技术图书馆方面的专家,远远不能满足要求,这些人的培养也成问题。1972 年,意大利图书馆协会委托 Vereo、Oianeilo 编制了关于培训的建议,提出了馆员、图书馆助理员、图书馆学本科生、研究生培养所需的课程,课程包括情报学、自动化、统计、编目、分类、心理学、社会学、儿童文学、儿童服务的专门技巧、数学以及传统的哲学、神学、古文字学等课程,这些课程代表了图书馆事业所需的知识。这些设想目前正逐步进入实施阶段。Savina Roxas 1972 年也搞了一个"意大利图书馆教育"的调查,发现 1958 到 1968 年,六个有图书馆学学院授予权的大学总共只颁发 24 份证书。教育的内容着重于目录学、文学。在意大利,大多数从事图书馆事业的人们都是边干边学,以通过公民服务考试(即正式获得在图书馆工作的资格)。在职的图书馆工作人员可以参加 10 到 15 天的图书馆培训课程,这些课程由教育部、大学或有关机构开设。图书馆工作资格考试,通常由笔试和口试构成,考试委员会由有声望的图书馆员和当地图书馆学教授组成。目前图书馆馆长由董事会任命,许多馆长并不把图书馆事业看作自己的事业,对本馆工作的发展漠不关心,这多多少少阻碍了图书馆的完善发展。总之,意大利图书馆学教育并不景气,其内容偏于古典,情报专家的培训体系还未产生,许多馆员都是非图书馆学专业。

总的来说,意大利图书馆事业虽然战后有了较大改进,但大多数人口仍未得到公共、学校、学术图书馆的服务,尽管专家学者、高年级学生比其他人得到较好的服务,仍然需要高度自动化的图书馆服务。战后图书馆发展遇到的主要问题,如立法、规划、宣传、改革等仍未得到圆满解决,为解决这些问题所需要的财政资助没有得到充分保证。图书馆人员队伍建设仍然面临挑战,图书馆学教育还无法为图书馆服务提供充分的人才,如果馆员的地位和报酬不能提高就不能有更多的优秀人才投身于图书馆事业,图书馆本身的体制也需要改革,以发挥服务潜力。但基于图书馆事业领导者的献身精神和智慧,以及社会对图书情报服务的需要,今后意大利的图书馆事业发展必将有重大的突破。

贰　西班牙图书馆事业

一　图书馆事业史

在奥古斯特时期,西班牙受罗马统治,当时开始有图书馆员的记录。在中世纪,教堂在社区生活中起重要作用,它保留了许多文学和科学的书籍。6世纪,教会学校就有图书馆。7世纪,各教会集团间有图书交换,开始有了藏书的场所,当时的藏书是百科全书型的。在中世纪,西班牙分别处在穆斯林和基督教统治下,但不同宗教地区存在着文化的渗透和来往,在10世纪,西班牙是欧洲最先进的国家,这种开化体现为拥有一个藏书40万册的巨大图书馆,由一个馆员管理,并有图书装订员、抄写员和彩饰员。这些人在旅行中为图书馆收集了许多书。在这个时期,还存在着许多小型私人图书馆,常常是学校校长自办的,在塞维利亚地区,人们特别喜爱音乐和藏书,该地区有很多图书馆,同时在阿尔梅里亚、巴达霍斯、萨拉戈萨也有许多重要图书馆。托莱多是阿拉伯文化向西欧传播的通道,11世纪随着阿拉伯人的入侵,西班牙的穆斯林建立了许多重要图书馆,后来这些藏书因战争和人口迁移损失掉了许多,以至今日,在西班牙的图书馆中只有少数阿拉伯的文献。西班牙的基督徒的文化活动跨越了不同的宗教界限,在发展文化事务中和穆斯林配合得很好,一些基督徒建立了许多重要的图书馆,这些图书馆藏了很多基督教方面的书,这些书一直保留至今。修道院图书馆在中世纪发展也很快。

13世纪,文化走出修道院,出现了 Alphonse X. 大学,即 Salamanca 大学。当时 Alphonse X. 发布命令还要求 Salamanca 大学建立一个图书馆,为学者服务。通过图书互换,该馆获得了许多重要文献,直到今天该馆仍是一个著名的大学图书馆。直到15世纪。私人图书馆在图书馆事业中仍占据着重要地位。到中世纪后期,图书馆得到扩大,相互之间联系增多,15世纪的人文运动,进一步导致图书馆藏书的扩大和图书馆数量的增加,特别是翻译著作的收藏增多。

16世纪最重要的事件是 Columbina 图书馆和 El Escorial 图书馆的建立。这两个图书馆都被认为是公共图书馆。一个美洲探险者 Hernando Colon 办的图书馆也很有名。它收集当时最重要的科学藏书,藏书总量达15300册。到16世纪后期,许多私人图书馆逐渐向社会开放,因为当时学者对图书的需求增大。图书馆的书目工作开始得到重视和发展。17世纪图书馆的发展带着那个时代夸耀的特点,许多人建馆和办馆是为了显示自己,如 Frias 公爵,

Alcala 公爵,Villaumbrosa 伯爵,Gondomer 伯爵等人,这些人建了许多重要的图书馆,但是这些图书馆的藏书水平都较低。18 世纪出现了皇家图书馆,波旁家族曾致力于发展公众阅读,18 世纪末出现了皇宫图书馆。这时期的启蒙运动对图书馆的发展也不无影响。大学发展了,大学图书馆增多,一些协会、学会也发展了自己的图书馆,一些皇族和学者也自建了不少图书馆。1771 年 2 月 17 日法令,要求已故高级教士的藏书要向神学院学生开放,这可以说是藏书向公众开放的一个信号。

19 世纪的独立战争没有给图书馆带来多大损害,但自此以后,教会财产(包括图书馆)充公,有利于图书馆资源的扩大,导致书目活动的增加,大学图书馆的加强(许多教会藏书归大学)以及中学图书馆的藏书的增多,更重要的是藏书摆脱教会束缚,开始出现了公共图书馆以及馆员组织和馆员的培训工作。这种"国有化"对皇家图书馆更为有利,因为大部分的教会藏书分配给它。国家图书馆是书目活动的先导,出现了著名目录学家 Bartomomé Tosé Gallardo。当时人们认识到"充公"的资源如果没有很好组织、保存并加以利用,将变成无用之物,为此 1858 年 7 月 17 日诞生了档案学者—图书馆学者团体,在此之前还建立了专门培养档案和图书馆专家的职业高中,这种组织现在已成为西班牙书目运动的主体。根据 1857 年和 1858 年的两个法令,皇家图书馆即国家图书馆是图书馆事业的领导者,同时确立了国家档案和图书馆高级理事会,与公共教育部长办公室一起负责图书馆事务。1885 年,西班牙已有 30 个公共图书馆,考虑到已有的档案和图书馆组织着重于图书保护,许多教育机构缺乏必要的藏书保证,图书馆缺乏经费,1869 年颁布了一个法令,要求建立"公众"图书馆,但是这一法令由于缺乏资金和技术指导而变成一纸空文。"公众"图书馆和"公共"图书馆概念稍有不同,前者的主要任务是扫盲,是为中小学教育服务的,因为当时西班牙的文盲高达 60%。到

1885 年,官方的"公众"图书馆有 746 所,但只有 80 所正常运转。

图书馆事业的 20 世纪是随着 1901 年 10 月 18 日颁布的"关于国家公共馆规则"的法令来到的,1905 年,一些著名大学开始改进自己的图书馆,1911 和 1912 年的法令导致马德里出现了许多"公众图书馆",并促进了在图书馆中"公众部"的产生,但它们并未产生国家的图书馆系统,也没有确切定义公共图书馆的本质。1931 年起,西班牙开始有公共图书馆系统。自 30 年代起,西班牙的图书馆学教育有了发展,出现了巴塞罗那图书馆学校。1952 年,图书馆学教育开始更新,出现了培养技术图书馆员和档案馆员的课程。文献学学校举办这些课程,但是没有官方承认的文凭。不管怎样,这些学校培养出来的学生通过成为公共、大学和专业图书馆的领导者,促进了西班牙图书馆系统的形成,在战后的年月里,教会图书馆得以复兴,专业图书馆得到全面发展,许多图书馆的人员素质得到提高,出现了全国性的图书馆协会。

二 当前西班牙图书馆事业状况

1. 西班牙图书馆系统组织结构

西班牙图书馆系统的结构,可分解如下:

(1)私人图书馆。

(2)非政府组织图书馆:私营组织(商业、专业学院等),教会的(主教团、天主教、神学院、教区、言教中心的图书馆等)以及地方行政机构的图书馆(如马德里期刊阅览室和市政图书馆等),还包括那些在行政、技术和经济上依赖于政府组织的图书馆的图书馆。

(3)在技术和行政上不依赖于中心图书馆组织的政府办图书馆:它们是自治的政府图书馆,中学和教学中心图书馆,文化中心(博物馆、档案馆等)图书馆,国家教会基金会以及一些大学和部委图书馆。·

276

（4）在技术上依赖于上一级图书馆组织的政府办图书馆,包括科学和研究组织（如科学院图书馆、部委图书馆、专业图书馆和大学图书馆）,这些图书馆由政府图书馆机构来管理。

（5）完全依赖于上一级图书馆组织的图书馆。图书馆中心组织,包括图书和图书馆总理事会的图书馆局。总理事会负责公共图书馆和私立图书馆的图书资源的增加和保存,1939年成立的档案馆和图书馆总理事会已经在1974年与艺术理事会合并成艺术和文化遗产总理事会,该理事会下设有图书馆委员会。图书和图书馆总理事会负责下列事务:

①图书馆:

a.国家图书馆。

b.省公共馆,现在47所,大多设在省会,28所省属文化社,巴塞罗那和那瓦勒有独立的图书馆系统。

c.马德里的几所公共图书馆。

d.48所省协调中心,1150所市公共图书馆（其中150所是属市文化社）以及国家阅读中心。

e.中心流通图书馆（不向公众开放）。

f.国家期刊图书馆。

②全国性图书馆组织:

a.1973年法令承认的图书馆总理事会,负责对政府办的所有图书馆和文献中心进行监督,监督这一领域法令的实施,为上级部门准备报告和提出计划,分配政府给图书馆的经费,进行图书馆统计,由于存在着行政上的条条框框,这一组织的功能一直没有得到充分发挥。

b.西班牙书目研究所,建于1970年,希望因此导致西班牙语资料近期书目的实现。研究所承担国家图书馆的书目功能以及1952年所建的书目情报服务处的书目功能。该研究所设在国家图书馆内,1958年国家图书馆的编目、分类和标引服务处以及书目情报服务处开始出版"呈缴本通报",这一通报实际上代替了国家书目,该机构还负责为西班牙版图书编制印刷目录。自建立以来,它负责监督西班牙的呈缴本工作,出版国家书目,以及作为国家书目情报机构而发挥作用。

c. 出版物国际交换中心,它的任务是采购外国官方出版物,便利书目交换工作,分发复本,它同时还是学科文献交换中心。

d. 文献和书目财产保护中心,建于1972年,责任是维护已登记的国家书目财产,对出版物出口进行评估,批准特殊的采购申请,以及作为国家协调者服务于那些不属国家的但又是国家书目财产一部分的那些图书机构,同时帮助对特别有价值的珍贵文献,进行登记和保存。

e. 国家缩微品中心,建于1972年,它取代了1959年建立的国家文献、书目、缩微复制情报服务处和国家缩微品服务处。其责任是建立复制品档案,生产缩微复制品,训练技术人员。

f. 国家图书和文献储存中心,建于1969年,任务是对属于书目和文献财产的资源进行储存和保护,对图书储存进行研究,通过建立储存学校培养专业人员。

g. 文献学者学校,实际是图书馆员学校,其文凭国家不承认,但它具有全国性的专业资格,因为它是唯一的一所高质量的专业学校。

h. 建立于1949年的知识财产总登记处。

中心组织对西班牙图书馆界的影响是不可否认的,这些影响是通过它们的专业出版物服务以及专业教育实现的。文献学者学校招收任何愿意上学的人,全国阅读中心是各类非政府办图书馆(如储蓄银行图书馆、监狱、军队图书馆)的总咨询员,国家图书馆作为书目和书目工作者中心(国家图书馆员、档案馆员、文献工作者协会)已为各政府图书馆组织所确认,其工作人员致力于标准编目条例,书目分类和标引系统的建立。它还提供海外学习奖学金,和参加国际组织,致力于国际合作。在过去几年里,政府对基督教会图书馆的发展给予支持。1969 年成立了西班牙教会文献和书目资源国家联合体,它负责与相应的政府组织对话,西班牙基督教会档案工作者联合会监督和管理牧师会图书馆。西班牙教会科技情报所统一专业性教堂图书馆的情报工作。基督教会图书馆已经开始对其编采和分类及其服务实行合理化和集中化,这也导致了各分散图书馆间的联合。

下表是西班牙各类图书馆情况。

类　型	数　量	藏书量	年预算	被服务人口	专业人员	全部工作人员
国家馆	2	5242613	/	/	60	229
高校馆	306*	5462854	/	604803	232	1254
公共馆	1465	10134372	/	19555434	430	2755
学校馆	639	2152437	/	627964	87	1411
专业馆	342	5762005	/	1540656	259	974
全　部	2754	26754281	/		1068	6623

　* 包括各学院图书馆

目前西班牙最重要的图书馆有国家图书馆、皇宫图书馆、卡塔洛尼亚中心图书馆、皇家科学院图书馆和一些大学图书馆。

2. 国家图书馆(1836 年前称皇家图书馆)

最初是为了便利学者对资料的检索而开设的,1712 年由腓力五世仿效法国建立,当时称宫内公共图书馆,藏书约 8 千册。19世纪中叶,自由主义潮流冲击西班牙,皇家图书馆也变成了国立图书馆。1956—1975 年,皇家图书馆内部进行了大整修,这是为了保存资料、方便图书馆用户以及保证建筑的安全,但尽管进行重大改进,书库能力扩大了 3 倍,读者座位增加了 2 倍,现有面积45000 平方米,但馆舍紧张问题仍未解决。不管怎样,皇家图书馆有着光荣的历史和丰富的藏书,是欧洲最重要的图书馆之一,是西班牙文明史的一个重要标志,现有专业馆员近 50 人,有 28 个准专业馆员(无大学学历),15 个助理员。人员工资由国家付给。1976

年的预算达 36,349,246 比塞塔。

专门服务部门有：手稿部，有 15 万件手稿，2000 册可以参考，其中包括希腊语、希伯来语、阿拉伯语手稿，还编有手稿的主题分类目录，并把一些手稿缩微化，可用阅读器阅读。古抄本和珍本部，藏有 3937 册古抄本，3.5 万册珍本，其中和塞万提斯有关系的书籍 15000 册。拉丁美洲部，主要收集以西班牙语为国语的拉美国家图书。政府出版物部。地理和地图部，有地图 8 万幅。美术部，有 25 万件图画，1.4 万幅亲笔画，1.5 万册书。非洲部，以西班牙在非洲活动为主而收集的大量书籍、小册子、杂志和照片等，以及一些手稿和图画。戏剧部，19 世纪，该馆的领导人多数是著名剧作家，因此戏剧部得到了发展，现有 5 万 2 千册图书，几乎收集了 20 世纪以来西班牙和外国的全部戏剧。音乐部，有 10 万张唱片，1.1 万本小册子，2.5 万盒式录音带，10.5 万张乐谱。青少年文献研究部。塞万提斯藏书部（17400 册）。期刊部（2 万种，合订本 1.2 万种）。小型出版物（大约 100 万册）。每年来馆读者数达50 万，平均每人使用 2 次，外借 10 万册，生产 30 万张照片，15 万缩微胶卷，（根据读者要求藏书来源购买、捐赠和交换呈缴本，每一出版物交 2 本，包括声像读物）。

国家图书馆归图书和图书馆总署管，馆里有国家阅读中心，国际交换中心，图书贮藏，修复中心，知识财产登记处，国家文献工作和书目中心，负责全国联合目录，西班牙语书目中心负责国家书目。现在该图书馆的藏书超过了 300 万册，每年购书近 5 万册。每一部门有自己独立的书库、阅览室和研究室。

目前国家图书馆起着公共图书馆的作用，因为它有一个大阅览室和流通藏书，同时也起着大学图书馆的作用，因为它的 80% 的用户是大学生。国家馆的作用体现在享受呈缴本的权利（自1958 年开始），编制各类书目和国际互借功能方面。它作为全国外借图书馆的作用还很小，国际互借业务现在由出版物国际互换服务处办理。西班牙目录研究所负责国家书目编制,以及向公共馆分发统一印刷卡片,国家图书馆在专业教学和研究方面还起着很重要的作用。

利用国家图书馆首先要办理入馆证,分普通阅览证和特殊阅览证两种,只有 21 岁以上的大学生才有资格获得特殊阅览证。图书馆员、大学教师、研究人员等可以无条件地利用该馆的特殊部门。

3. 皇家图书馆

是波旁家族的私人图书馆,由国王的私人藏书组成。1931年,该馆成为档案图书馆组织的成员,有三个部门:印本部,25 万册书,有许多珍本书、地图、15 世纪以前的印刷书。手稿部,大约5000 册。雕刻和绘画部。还有丰富的音乐馆藏。

4. 卡塔洛尼亚图书馆

它为该地区的各类型图书馆提供一个中心藏书,有很大一部分书是各出版家、收藏家捐赠的宗教图书,它的前身是 1907 年卡塔洛尼亚研究服务处,1914 年变成公共图书馆。它为发展卡塔洛尼亚文化服务,提供专门的书目服务,有普通藏书 60 万册和特藏(手稿、抄本、羊皮纸文稿、石版复制本等)以及音乐、图画、地图收藏,并收有卡塔洛尼亚著名人物的传记,该馆以精细的情报服务和体现卡塔洛尼亚文化的文献资源而著称。

5. 西班牙科学院建于 18 世纪,图书馆建于 1751 年,是为科学院成员研究服务的,藏书来源于个人收藏,各分院有自己的藏书。皇家语言科学院建于 1713 年,现有藏书 5 万册,主要收藏内容是语文学、语言学和文学,图书馆向公众开放,有许多私人专藏。皇家历史科学院有关于历史和相关学科的 20 万册书和 1 万件手稿。皇家桑·费尔南多美术科学院建于 1752 年,1793 年图书馆开始为教授和学生使用,16 和 17 世纪的美术作品收藏特别出色。

6. 大学图书馆

有如下共同特点:大学图书馆古文献和珍贵文献的收藏特别丰富。缺乏统一的大学图书馆模式和相应的条规,大学是自治的;对大学图书馆的拨款以及服务标准没有法律可依。组织结构不足以保证资料的控制和管理的集中化,一般有三种模式:只有一所图书馆和一些很小的学院图书馆(同在一楼里);无中心馆,只有各学院图书馆;有可称之为中心的图书馆和一些学院图书馆。服务设施、馆员数量、书目资源、读者座位、服务时间、服务日期等都很不一样。没有一个能有利于技术服务和采访以及情报交换的合作计划。图书馆很少参与学校的研究工作。

主要的大学图书馆介绍如下:

巴塞罗那大学,建于1871年,大部分资料来自原Cervera大学和修道院查禁的书刊,其他资料是该馆作为省馆所享受的省内呈缴本。该馆古文献收藏丰富,有手稿2032件,15世纪前印刷本914件,许多16和17世纪的印本书,有16—18世纪巴塞罗那名人专藏。大学有一主馆和许许多多院、系图书馆。

格拉那达大学图书馆,有1767年建立的圣保罗学院图书馆的藏书,其他资料来自修道院。

马德里大学前身是1517年建立的Alcalci大学,最早藏书是1499年建立的San Il defonso学院的资料,1836年大学搬到马德里,其图书馆分得一部分Jesus Company的图书,马德里大学实际上是三个大学:Complutense,Autonomous和Polytechnic。校园分布在城市不同地方,马德里Autonomous大学有主馆和独立馆舍;Cornplutense无主馆,它的图书馆,由各学院的图书馆组成,有丰富的古代藏书,总藏书70万册和28万小册子,为10万以上教职工和学生服务。

奥维利亚大学开始于1608年,但其图书馆到18世纪后半期才出现,馆藏在历次战争中损失惨重,该馆的法律藏书比较著名。

萨拉曼卡大学建于1254年,是西班牙最古老的大学,其图书馆的古文献收藏很丰富。

圣地亚哥—德—孔波斯特拉大学的图书馆,曾经被全部摧毁,在上一世纪才重新修复,并得到许多个人捐款。

塞维利亚大学图书馆于1843年向公众开放,资料来自女修道院,古文献收藏很出色,这归功于个人和地方组织的捐款。

巴伦西亚大学图书馆和大学一起始建于1502年,1812年被炸毁,1837年重新开放,藏书来自女修道院和当地人的捐款,现有藏书10万册,珍本书收藏是西班牙大学图书馆的一个重要特色。

瓦利阿多里德大学图书馆,在卡洛斯三世时期和Jesuit图书馆联合后才变得重要起来,它的一些书也来自女修道院。

萨拉戈萨大学图书馆在1804年独立战争中毁掉,后通过地方组织、个人、女修道院的捐赠得以修复,古代手稿和印本书收藏较有名。

总共有22所大学图书馆是杰出的。1979年通过了大学自治法和馆员数量增加的规定,这个规定将解决长期以来馆员不足的问题。

7. 公共图书馆

图书和图书馆总署管辖下的国家阅读中心负责通过创办公共图书馆,促进全国的阅读活动。其活动由各省图书馆协调中心来实现,这种协调中心是由各省府以及一些重要城市的图书馆来承担的,并由图书馆董事会管理。藏书主要靠各项政府捐款。1977年,48个省有协调中心,并有图书馆1245所,藏书655多万册。读者有1300多万人,使用图书1834万多册次。巴塞罗那的中心馆历史最悠久,藏书50万册,网络中有75个分馆。除了少数几个独立的市馆系统外,储蓄银行在一些省份有自己的图书馆网络,最重要的是Catalonia老年人储蓄基金会资助的图书馆网络。

在西班牙,公共馆不像教堂、学校和医疗所那样成为城市生活的必要机构。导致这一现象的原因,是缺乏多层次的专业培训和积极的普通教育系统,其状况可从以下三方面看:①公共图书馆数量缺乏,除了省会外其他地方很少有公共馆。②公共图书馆组织有两种类型:一是依附各文化机构之下但保持技术上的独立,向公众开放;二是与教育机构紧密联系,追求效益,向公众开放。③读者的发展有两种情况:一是以致力于扫盲来"创造读者"制订为绝大多数人口服务的读者发展计划;二是为高层次文化水平的读者服务,使公众成为"图书馆的用户"。

1964—1975 年,中央政府的发展计划推动了图书馆的发展,对于图书馆建筑的更新、改造,设备的增加,都起着重要作用,同时也促进了阅读和公共图书馆的使用。在 25 个省府和 150 个其他市镇都加强了文化社的工作,这些机构的目的是统一地区的档案、图书馆和博物馆的服务。第一个文化社建于 1952 年。

目前,西班牙有公共图书馆 2857 所(即全部图书馆),其中 1 个国家图书馆,321 个大学和高校图书馆,683 个学校馆,371 个专业馆,1480 所公共馆(1974 年统计)。这里还不包括私人图书馆以及教堂图书馆。但是这些图书馆还没有形成系统,没有由国家支持的中心图书馆,也没有全国统一的专业水平上的联合,没有专门的专业教育机构以及关于图书馆专业活动的规章制度。

8.专业图书馆

西班牙的专业图书馆主要是服务于政府和私人研究中心的图书馆,前面提到的皇宫图书馆、科学院图书部都是著名的专业图书馆,最值得一提的是科学研究高级理事会(CSIS)图书馆,150 万册书分布在两个中心馆和 50 所各科学、技术、人文科学的研究中心图书馆。CSIS 是西班牙主要研究组织,图书馆建于 1910 年。西班牙的人文和社会科学以及应用科学的情报系统,是以 CSIS 图书馆网络为基础建立的。

9.结论

西班牙图书馆事业有几个特点:①历史悠久,图书馆发展和教会发展有很大关系,并受到政治运动的影响。②有古老的藏书,但书目工作并未现代化。③图书馆系统比较紊乱,各类型图书馆划分不清,馆与馆间缺乏合作,没有统一的图书馆法来促进图书馆事业的整体发展。④没有单独的图书馆协会,缺乏专业地位。⑤科技情报体系混乱,虽然建立了国家科技情报和文献工作中心,但缺乏统一的科技情报管理体制。⑥公共图书馆管理分散,各地公共馆发展不平衡但都缺乏馆员。⑦就大学图书馆来说,没有相应的法律、规章制度,大学图书馆的服务各行其是。

叁　比利时图书馆事业

比利时图书馆事业与该国的传统、文化、地理和人文心理有着重要联系。

在2791所国家承认和资助的公共图书馆中,800所由社区管理,12所由省管理,969所则设在私立机构里(这些机构必须由社区承认),1010所由私人建立私人管理。虽然图书馆管理表面集中而实际上是分散的。

比利时存在着明显的按语言分区的现象,可分成两个语言带。这种状况形成了比利时图书馆系统的特征。主管部门分法语文化事务部和荷兰语文化事务部,图书馆里也分法语图书馆和荷兰语图书馆。法语公共图书馆在瓦隆人区,在弗拉茫区只有少数法语公共图书馆。1967年后,德语区公共馆归两个文化事务部管。有些图书馆是多种语型的。高校图书馆则根据其所在地以及学生的成分决定法语或荷兰语文献的比重。如,列日大学和根特大学分别设瓦隆语和弗兰德语图书馆,语种单一。Louvain大学和布鲁塞尔大学是双语型,两种语言通用。皇家图书馆(国家研究中心图书馆)提供两种语言的服务,如主题目录必须用两种语言写。比利时的罗马天主教教堂有各种类型的组织,这些组织的图书馆足以与官方机构和其他教会组织的图书馆媲美。教会学校和公立学校都有学校图书馆。教会图书馆很注重宗教科学方面书籍的收藏。教会图书馆类型多样,由各种教会组织和机构举办。各级教育机构的图书馆向全社会开放,学术团体的图书馆也向全社会开放。新教徒的教堂一般不很重视图书馆建设。

图书馆的服务不够开放。专藏不向一般人开放。在比利时,所谓的"公共图书馆"有两种类型:乡村图书馆、邻里图书馆被认为是"公共"的,反映支持者的政治倾向。另一类图书馆也是"公共"的,它向读者提供的出版物不带任何政治和宗教倾向。两类图书馆在满足读者需要方面各有千秋。

影响图书馆事业发展的另一因素是地理环境。比利时是西欧的交通中枢,吸收了邻国的许多优点。在比利时的学术性图书馆和文献中心中,可以看到各种外国图书馆模式的有机结合。但是,由于它是西欧战场的兵家要地,历次大战的许多战役都在比利时国土上展开,图书馆受战火破坏也很严重。

一 比利时的研究图书馆

研究图书馆在比利时称科学图书馆。在这里"科学"指所有门类的知识包括文学和人文科学。研究图书馆的任务是采集、整理资料,使藏书平衡发展,开展文献工作,提供最新学术情报。它们提供目录和书目情报,并且为解决专门问题提供帮助,还经常举行藏书展览,编制专题目录。研究图书馆为大众提供服务。

1. 皇家图书馆

比利时皇家图书馆的历史可以追溯到 15 世纪。当时勃艮第侯国的菲利普公爵收集多达 900 册彩饰抄本是这个图书馆的第一批藏书。1559 年,统治荷兰的西班牙国王菲利普二世把所有没收的国王藏书(包括勃艮第侯爵的藏书)集中到布鲁塞尔考登贝鲁夫宫殿内的"皇家图书馆"。16世纪,皇家图书馆发展迅速,这种情况一直延到18世纪。但是18世纪的反西班牙统治的战争使该馆的藏书遭到废弃,所收藏的大量彩饰抄本和珍本两次被运往法国。1830年比利时宣告独立。1837年,政府购买了根特著名藏书家卡雷卡·范·弗鲁唐的7万册藏书,创建了比利时皇家图书馆,并于1839年向公众开放。1842年,布鲁塞尔把市馆的47500册书赠给了皇家图书馆。

1837年以来,皇家图书馆通过采购和接受赠书使藏书愈益丰富。

比利时皇家图书馆的特点是,同时具有国家图书馆和国家研究图书馆的职能。作为国家图书馆,它收集比利时以及与比利时有关的外国印刷出版物,并给予编目。根据1965年4月8日的法令,凡是1966年1月1日以后出版的国内出版物,都必须向这个图书馆交纳义务赠送本。如果作者是比利时人,并居住在比利时,即使其作品在国外出版,也必须向图书馆义务赠送其作品。在此之前,比利时是欧洲少数几个没有呈缴本法的国家,而且是在没有呈缴本情况下必须编国家书目的国家图书馆。皇家馆编有《比利时国家书目》、《比利时以及皇家图书馆购买的与比利时有关的出版物目录》,同时,它还编有比利时所有的地图、手稿、钱币等目录。

《比利时国家书目》在1874年由私人发起编写,并得到国家资助。1912年皇家图书馆接管。1920年、1926年、1945年都曾为争取呈缴本法而努力,因为没有呈缴本国家书目就不准确。只是在(原皇家馆馆长)Mr. Herman Liebaers和比利时出版商的一致努力下,才于1965年通过了呈缴本法。该法律是出版商、作者和国家相互协商的结果。它不仅要求呈缴书籍,而且还要求呈缴图画本和摄影术等。凡5页以上的非期刊性出版物和一星期内新出期刊,必须呈交。居住在国外的比利时人的出版物则视作者意愿而定。

　　馆内还设有与皇家法国文学语言研究院合办的文学博物馆。它的馆藏为比利时法语文献的历史学家所喜欢。该院的档案可借咨询用。皇家图书馆的抄本室,主要收藏历代勃艮第侯爵收集的彩饰抄本。布朗德斯特研究所(耶稣会会员创办的教会史研究机构)的藏书和范·费鲁唐的藏书,也收有1840年以后购进的宗教、文学、历史、美术方面的抄本。珍本室收藏有3.5万册印刷本,其中有3000册是15世纪的早期印刷本。由于安特卫普是16世纪世界上出版业兴旺发达的城市,因此在皇家图书馆可以看到在其他图书馆所没有的珍贵原始资料。如16世纪人文主义者伊拉兹马斯、基利安等人的著作。版画收藏方面的收藏品包括15世纪到现代的木刻、铜版画(雕刻画和蚀刻画等)、石版画和素描,总数约70万件。此外皇家图书馆还有地图、地方志收藏室,音乐文献资料室(包括乐谱和唱片),纪念章收藏室(收藏古代货币、印玺、勋章等),以及大型期刊(报纸、杂志)阅览室等。地下室还有"赠送图书资料展览室"和书籍美术馆。

　　作为国家的研究图书馆,皇家图书馆有两个重要任务:一是,收藏大量综合的外国出版物。二是,把这些资料进行最佳组织,以便最好地利用。它的目标是为研究工作者研究中心、工厂实验室提供文献服务。还有欧洲翻译中心比利时分部(专门翻译用西欧人难懂语言写的科技文本)、非洲文献中心比利时分部、美国研究中心(由国家教育部和美国学术团体理事会资助,主要是促进对美国社会科学的研究)、热带地区农业和田园开发的文献资料工作服务处。

　　最值得一提的是国家科技文献中心。它建于1964年,目的是帮助由于出版物数量增加而感到力不从心的比利时研究者开展研究工作。主要任务有:①为研究者提供所需文献。②给出他们研究领域的最新发展报告。③解决问题。④帮助他们找到其他中心,把他们的请求代为转到不为个人服务的机构。由于把皇家图书馆的文献和书目及技术资源集中到这个中心,并通过这个中心与其他图书馆和研究中心发生横向联系,科技文献中心能够把它们的服务扩大到无论是纯科学还是应用科学的各个领域。该中心的用户 55% 属于公众或私人,比利时人或外国人,另外 45% 主要是个人研究者(医生、工程咨询人员等)。该中心根据一项长期规划正在研究在情报检索服务中利用现代技术手段,以及如何把现代技术手段在比利时各图书馆中推广。除了日常工作外,该中心定期出版各种目录。

皇家图书馆的入馆者,必须年满 21 岁。大学生或持有同等学历的读者可以例外。办证需交一定费用,学生可免费申请入馆证。外国人只要出示护照和提交照片就可当场领到临时入馆证。每天平均到馆读者 300 名。有图书管理员 33 名,职员 199 名。有关皇家图书馆的统计资料表明,比利时皇家图书馆是欧洲最重要的图书馆之一。它有普通印刷书籍 250 万册,每年进书 6 万种,期刊和报纸部有 1.8 万种,而且已经把 19 世纪比利时报纸全部缩微化。珍本书包括 3 万印本书,其中包括 2300 本 15 世纪早期印刷本。舆图部有 4 万件古单页文献,图片部有图片 70 万张,3 万幅画。抄本室有 3.5 万件手抄本。比利时皇家图书馆经常举办展览,令世人目睹其珍贵收藏。

另外,在皇家图书馆中设有许多研究中心,如国立学术研究史中心、国立考古学中心等。许多学术团体设在馆里,这些团体的藏书也作为皇家图书馆藏书的一部分。

然而如此杰出的图书馆,居然得不到足够的资金和雇佣足够的工作人员。如整个科技文献中心只有 18 名工作人员。

2. 大学图书馆

比利时的大学图书馆也称为"科学图书馆"。在 1965 年以前,比利时只有 4 所大学和几所专科学校。1965 年 4 月 9 日关于扩建大学的法律才使大学数量增加。在 4 所老大学中有 2 所国立大学:法语的列日大学和荷兰语的根特大学,由威廉姆一世建于 1816 年,并经 1835 年比利时法令成为国家的正式大学。有 2 所独立的大学:一为 Louvain 天主教大学,该大学的前身是 1797 年建立的几个著名的中级研究所,1834 年组合并命名为现在的名字;另一所布鲁塞尔自由大学建于 1834 年。这 2 所大学的独立性体现在独立的行政管理,教授由自己任命,自行建立新的职位和研究中心。但是,现在它们越来越依赖于国家资助,这种资助已达到大学总支出的90%。Louvain 天主教大学有 2 万名学生,学生数是其他 3 所大学的总和。

这 4 所大学的图书馆系统有一些共同特点:如主馆(大都是艺术和社会科学馆)和系、所图书馆(各系、研究所、实验室专业等)共存;每一大学的图书馆完全由大学自行管理,学生使用书库(这些书库管理严密)需交使用费;其他方面差异较大,特别是在主馆和分馆的关系上,4 所大学很不一致。在列日大学和根特大学,大学总馆长只能负责总馆,各系、所图书馆极力保持本馆的自治,这妨碍了联合目录的编制。在 Louvain 和布鲁塞尔大学,总馆馆长对大学的大多数图书馆有管理权。布鲁塞尔大学的购书单由教授提出,但总馆长可以自行决定买一些工具书和非书单上的书来补充藏书的不足。另一个差别是,在根特、列日和 Louvain 主馆的馆员持有各种大学文凭,而在布鲁塞尔大学馆绝大部分馆员持的是专业学校发的图书馆学文凭。另外,布鲁塞尔大学用的是 U.D.C. 分类法,根据 1965 年 8 月 9 日的法令,国家新建了 2 个大学中心,一个在蒙斯,另一个在安特卫普,办法是在两个城市原有的高等教育机构中增加系,以成为大学。在蒙斯和安特卫普,利用原有的机构图书馆作为新大学图书馆的发展起点,但学生可以利用城市里的市馆。只有在 Courtrai,一切都重新开始,学生主要依赖市馆。除了上面提到的 6 所大学外,比利时的高等教育系统还包括各种各样的其他机构。

以上是比利时高校馆的基本情况,下面就各大学图书馆做一详细介绍。

(1)列日大学图书馆

1724年,列日城的行政官决定建一所公共图书馆。该馆后来得益于列日地区1775年生效的呈缴本法。不幸的是,法国军队的入侵,使图书馆毁于一旦,其藏书运到法国或就地分散。1804年,根据有关协定,列日市馆恢复,收回一部分藏书。直到1811年,列日大学建立,列日市馆才得以确立,当时大约有7千册书。根据有关法律,列日和根特城必须把本城所拥有的藏书交给在城区内新建的大学,列日大学的藏书得到威廉的捐赠(书、手稿和奖章等),而且还获得一笔捐款用以购买教学用书。到1840年,图书馆已有6.2万册书,400件手稿。根据1851年皇家法令,三个国立图书馆间须相互交换复本,这使列日大学馆收益不小。1861年,列日大学馆获得了购买列日地区有关书籍的专项采购款。由于列日大学的各系都是分散建在城市的不同地区,有必要建一个总馆。同时随着各系的独立发展,各系馆也发展成为非常重要的专业图书馆。总馆现有藏书150万册,1.2万种期刊,其中7000种是现期期刊。有大约200所研究所、系、专业等机构的专业图书馆,总共50万册书,10000种期刊。列日大学图书馆系统有三个委员会管理,①1956年建的图书馆学联合会,是一个由大学管理委员会任命的常设委员会,它由总馆长和来自不同系的5个教授组成,主要任务是组织和协调大学图书馆系统。②期刊中心服务处,由馆员负责,直接向图书馆学联合会汇报,它负责所有期刊采购、流动以及教授所需藏书,并且不断编辑期刊联合目录以保持时新。③技术组织处,由具有部主任地位的书目馆员负责。它接受图书馆学联合会的指导,并且与教授密切合作。任务之一,是为大学提供现代文献技术,促进大学图书馆系统的现代化。1817年市馆把藏书并入大学馆,在城市支持下图书馆藏书不断增加,后来得到一笔专款专门购买有关根特地区的历史书籍。1890 年—1905 年,增加了不少各系、所图书馆。1937 年扩建了主馆,建立了一个现代化模式的新书库。主馆现有藏书近 200 万,手稿 5000 多件,此外,还有大量的图画、地图等。主馆同时也是根特地区的中心馆,它以提供良好的文献服务著称。除了管理科学系的图书馆外,主馆对校内的大约一百多所图书馆没有行政权。根特大学主要讲荷兰语,因此荷兰语藏书购买的特别多。

(2)Louvain 天主教大学图书馆。该大学建于 1425 年,是欧洲最古老的大学之一。图书馆现有藏书 125 万册。

和其他大学一样,Louvain 大学除了主馆外,还有系、研究所、实验室、部门、医学院图书馆,医学院图书馆的医学期刊藏量,在欧洲颇负盛名。和布鲁塞尔大学一样,Louvain 大学图书馆系统是集中管理、统一协调各专业图书馆的活动,总馆长在大学中占有很高地位。

(3)布鲁塞尔自由大学图书馆,建于 1834 年。独立于教会和国家的布鲁塞尔大学提供排除偏见和教条的教育。1836 年,大学管理委员会考虑到应该建一个图书馆,但由于筹备匆忙和大学本身地位不稳,大学图书馆的建设陷于长期争取经费而不断斗争的动荡过程。因为大学的经费问题,而且布鲁塞尔的皇家图书馆能为教授和学生提供服务,因此布鲁塞尔大学馆在 50 年中只买了近6.2 万册书。

新藏书的增长得益于大学教学的改进,为了鼓励学生思考,需要图书馆提供更多的参考书。一次大战后,在国家的帮助下建立了总馆,书籍和期刊分散收藏在大学内 100 多所图书馆中,但由总馆馆长统一控制。只有社会学研究所、欧洲研究所,以及非常专门的研究中心图书馆不受总馆领导。总馆负责各分馆的采购,除了医学系的藏书外,所有大小图书馆的藏书都编入总馆的公共联合目录中。设有图书馆委员会,由校方负责,14个教员代表和总馆馆长以及东方研究所、"图书馆之友"协会的代表共同组成。目前布鲁塞尔大学总馆和分馆的总藏书是78万册(包括期刊),和十年前比增加了2.5倍,这是大学行政部门给图书馆增加拨款的缘故。另外,大学图书馆还得益于许多私人的捐赠。"图书馆之友"组织的会费也用于购买一些昂贵的书。

3. 研究所图书馆

除了大学图书馆,还有许多与研究有关的私人或官方研究所图书馆。著名的有:比利时美术、文学、科学皇家学院图书馆、比利时医学院、自然科学皇家研究所、历史艺术皇家博物馆、比利时皇家天文台和气象研究所、国家植物园、国家银行等单位的图书馆。这些研究所图书馆的职能是文献和研究辅助中心。著名的文献中心有:比利时情报资料中心、国际关系皇家研究所、大学间比较法研究中心、行政管理国际研究所、Reine Elisobeth 医学基金会、热带医学研究所、国家兽医医学研究所、大学间核科学研究所、核能源研究中心、比利时太平洋原子能发展协会、欧洲原子能共同体联合会、比利时—卢森堡钢铁情报中心、水资源情报研究中心、集体经济国际情报研究中心、非洲社会经济资料中心、皇家中非博物馆、军事地理研究所等。此外,下列机构对研究起了促进和协调作用:国家煤炭工业学院、国家矿产学院、促进农业和工业科学研究学院、中非科学研究所、比利时生产力增长办公室等。

工业协会在研究文献的分布中也占一席之地。重要的工业协会有:比利时工业联合会、比利时冶金制造工业企业联合会、比利时石油联合会、比利时化学工业联合会、比利时氮工业联合会。5所艺术学校的图书馆也可认为是文献中心:国家建筑和装饰艺术高等学校、皇家美术学院、布鲁塞尔高等建筑学校、布鲁塞尔皇家音乐戏剧学院以及在安特卫普的两所荷兰语学校。

4. 政府图书馆

政府图书馆要满足两种需求,一是为公务员提供工作所需的情报,二是社会上的研究者对专门文献的需要(如档案、统计资料等)。

重要的政府图书馆有经济事务部图书馆,外交部、农业部、通信部、教育部、劳工部、财政部、司法部、社会保险部、公共事务部图书馆等。经济事务部中心馆藏书有 50 万册,期刊 4800 种,它的下属机构国家统计署负责有关比利时各种数据的收集和制表。这些数据包括人口、工业、经济、农业、社会、法律、政治、文化等方面的。教育部中心图书馆有藏书 35 万册,它既是政府图书馆又是普通图书馆。作为政府图书馆,它藏有教育事务方面的资料;作为普通图书馆,它为教师开放,提供感兴趣的教学和个人需要的资料。为教师的服务有:①有关教育的综合性资料。②著作和期刊的选择性服务。③校外活动所必需的资料,如青年活动所必需的资料。布鲁塞尔之外的教师可以通过邮局获得服务。比利时的中、小学教师对教育部图书馆的依赖性很大,因为大学图书馆不允许他们使用,常常也不能从公共图书馆中获得满足。但是,如此重要的教育部图书馆,仍然处于资金不足、馆舍破旧的状况,因为邮政服务需要收费,外借量无法提高。

议会图书馆主要为议员和法官服务。它有 30 万册书,2000 种期刊,法律、政治、经济、历史方面的藏书尤为丰富,它收集的比利时及外国的报纸非常重要。此外还有外交部图书馆,藏书 35 万册,期刊 84 种,是比利时的国外研究中心。

除了政府图书馆外,有几个博物院图书馆,以其珍贵藏书而独树一帜,最重要的两个是:在 Hainaut 的 Mariemont 博物馆和 P 馆 lantin – Moreteus 博物馆。Mariemont 博物馆大约有 3 万册埃及文、希腊文、法文、印度文、中文和日文古文献。内容包括古典神学、历史和考古学的资料,此外还有 5000 件手稿,2 万件各个时代的珍本书。Plantin – Moretus 博物馆,除了丰富的各种印刷工具收藏外,还有 500 件手稿,2 万本 1800 年前出的书,收有至少一万册新近出版的关于印刷史的书籍。古籍收藏较多的还有皇家图书馆的善本部,它以编有详尽的古籍目录著名。

二 比利时的公共图书馆

比利时的公共图书馆和"科学"图书馆不一样,它面向大众而不论他们的年龄和教育程度,满足他们的信息和娱乐需求,而科学图书馆意味着其读者是受过良好教育的专业工作者,为他们提供专门的文献。

大约在 1480 年,安特卫普产生了第一个公共图书馆,当时印刷术还处于发展阶段,列日市馆于 1730 年向全体大众开放,皇家图书馆 1772 年向大众开放。1795 年的国民大会颁布法令,要求在每个行政区都要建立图书馆,收藏地方文献。当时在政府赞助下建立了促进基础教育协会,促使人们获得阅读的机会,以及为儿童提供课本。这些协会在 1830 年后大发展,它为公共馆的建设获得了民心。比利时独立后的头 20 年里,产生了应该鼓励人民阅读的观念,"公共馆"这个词也在 1831 年的官方文献中出现。1841年,Furres 建立了第一个"公共图书馆",安特卫普在 1846 年,Andenne 在 1848 年也相继建立了公共图书馆。在 1860 年代,公共图书馆的数量大量增加。1862 年内政部长写信给各省长说,"如果除学校外,每一社区有一个公众图书馆,并真正发挥效能,将是令人高兴的事"。这个建议得到热烈响应,1862 年—1866 年间,许许多多的公众图书馆以及学校图书馆相继开放。后来许多学校图书馆成为社区公共馆。1863 年列日省议会还拨专款 1000 比利时法郎用于公众图书馆,钱数虽少但意义不小。私人组织在公共馆发展中也起着一定作用,由于比利时的多文化性,各私人组织都想发展自己的文化,因此建立了不少图书馆促进不同文化的著作的阅读。如罗马天主教、自由主义者组织等。

学校图书馆的发展,也可归之于私立教育系统的存在。这些私立教育机构为了扩大影响,大力发展自己的学校图书馆。1899年在列日省出现了流动图书馆。教区图书馆则在1879年后大量出现。1879年的"初等教育法"产生了许多教会学校,最终导致众多教区图书馆的开放。1865年列日教育厅的调查表明,当时有85所公众图书馆,到1884年发展到571所,1904年达到735所。但是在1904年列日有2056个社区,735所只分布在566个社区中,公共图书馆仍需发展。1905年列日增加了43个流动图书馆为77个社区服务。

在公共图书馆发展中,国家的作用直到1890年以后才发挥出来,当时首次为公共馆发展拨款,虽然数量不多,却是比利时图书馆历史上的一个里程碑,标志着国家开始参与公共馆的发展。1914年的义务教育法,1921年的8小时工作日法等,推动着比利时公共馆在20世纪20年代进入一个新时期。1921年10月17日,科学和艺术部长 Jules Destrèe 使议会顺利地接受了关于为公共馆拨款的法案,即著名的 Destrèe 法,这立即导致了公共馆数量的增加,从1922年的1370所发展到1932年的2388所。1947年的一项法令规定,社会的财政资助每人每年图书馆费至少15比利时法郎。此外,地方政府拨款中的75%必须用于买书和图书保存上,工资不算在社区拨款中。

然而财政情况并不乐观,1965年比利时的公众阅读费每人只有2050比利时法郎。公共馆经费来源是:社区、省拨款,国家补助,借阅费以及其他一些收入,这些来源都不稳定。归根结底是 Destrèe 法规定的拨款太低,每人一年只1.5万比利时法郎。可见1921年的法律仍有许多不足,如没有提到国家办图书馆或省办图书馆。因此 Destrèe 法的修改已经酝酿了很长时间,下面是关于修改的主要意见,准备把图书馆分成如下几类:①地方非全日制图书馆,在3000居民以上的社区中建立。②地方全日制图书馆,在2

296

万居民以上的社区中组建。③地区公共图书馆,建在地区中心,除了为本地服务外,还要为小馆起到中心作用(馆际互借、技术指导)。④中心公共图书馆,在25个地区和城市中心建立,将具有地区图书馆和本地图书馆双重功能。⑤流动图书馆,为没有图书馆的社区,以及图书馆藏书不足的社区服务。⑥特种公共图书馆,为特殊群众:老年人、病人、残废人等服务。这六种图书馆系统,将按语言分为两个体系,分属于荷兰语和法语的文化部。这一计划的实施,估计每个居民需要40—50比利时法郎。值得一提的是,比利时许多城市在没有国家任何资助条件下自办市馆有很长的历史,有重要的藏书和良好的服务。

总的看,比利时公共图书馆事业历史较长,已经具有一定规模,它归文化部领导。在教育和文化部共同管辖下,设有公共图书馆服务署,主管公共馆事业。

下面是法语区公共图书馆的一些情况。

文化部每年给批准的公共馆拨款,用以买书。给哪个馆批准拨款,由公共馆服务署的咨询处提出。

为了获得国家拨款,公共馆必须具备至少1万册的综合性藏书,每年流通量要达到3万册次。有阅览室,有一名馆员,并至少有一名助理员。重要一些的图书馆还可获得额外拨款,最大拨款可达公共馆总开支的50%。这种重要图书馆至少要有2万册藏书,每年借阅量5万册次,有阅览室、参考书阅览室,有一个馆员,数名助理员。

流动图书馆可根据借出图书量和流动范围获得国家拨款,大约占日常开支的40—50%的费用可从额外拨款中获得。这些拨款主要用于更新设备,组织青年服务部,建立视听资料收藏等。如果国家拨款超过60%用以修建馆舍和购买设备,那么图书馆还必须满足一些专门的要求。

国家提出了最基本的建筑要求,如果地方政府未达到则要在十年内提供足够经费来达到国家所规定的建筑要求。图书馆建筑的原则,包括必须按功能设计馆舍,考虑当地读者的特殊要求,新的或扩建的图书馆建筑必须适应未来十年的变化,而不能只着眼于眼前需要。建筑上最重要的两个要求是:①适合于开架;②1万人以上城镇的公共图书馆要有借阅部、阅览室、儿童部、书库、办公地点、会议厅、录音录像部、胶片部、厕所等设施。关于藏书的标准规定如下:

①各类藏书比例为:成人非小说书 40—50%,成人小说 30—50%,儿童书 10—15%,参考书和期刊 5—15%。

②1万人口以上的图书馆,要有分立的儿童图书馆,并加以专门设计和规划,最好紧接成人部,所有儿童藏书要开架。

③下表是根据居民数所要求的藏书数:

人口	藏书
1000	2500—3000
10000	18000—22000
20000	30000—37000
30000	42000—54000
40000	54000—70000
50000	65000—80000
75000	97500—105000
100000	120000—135000
125000	137000—165000
150000	150000—195000

人均图书数要求如下:

2000 居民以下的地方图书馆人均图书数 2.5—3 册;

1万以上的地方图书馆,人均图书数 1—1.3 册;

2.5 万以下的地区图书馆人均图书数 1 册,藏书至少 3 万册(包括地方专藏);

10 万以上的地区图书馆,人均图书数 0.33 册,藏书至少 5 万

298

册(包括地方专藏);

人口 25 万以下的省馆,人均图书 0.8 册,藏书至少 10 万册;

人口 100 万以上的省馆,人均图书 0.4 册,藏书量至少 50 万册。

以上数字是对总馆的要求,对于分馆和小馆的藏书要求则要根据人口情况、社区文化特点以及中心馆的藏书数等情况来制定。

下表是服务于不同居民的中心图书馆在不同部门中的最少藏书数和藏书比例。

其中的期刊数可保留 10 年,在人口 2 万的图书馆中,如果原来没有期刊,要求达到 900 到 1100 册,意味着每年要订 90—110 册期刊。

人口	部门	册数从	比例	到册数	比例
20000	A	18000	60	22000	60
	B	4200	14	4500	12
	C + D	5400	18	7600	20
	E	1500	5	1800	5
	F	900	3	1100	3
50000	A	35800	55	40000	50
	B	5000	8	5000	6
	C + D	17800	27	26800	33
	E	2600	4	3000	4
	F	3800	6	5200	7
100000	A	42000	35	43200	32
	B	5000	4	5000	4
	C + D	57200	48	69300	51
	E	3800	3	4000	3
	F	12000	10	13500	9

A. 开架藏书(不包括复本)

B. 儿童藏书(不包括复本)

C. 预约书

D. 书库里的书

E. 参考书

F. 期刊

下表是阅览室的阅览面积标准：

居民数	阅览位置	面积（m²）			
		一个位置 4m²	二个位置 2.5m²	三个位置 2.25m²	平分 2.9m²
3000	8（至少）	32	25	25	25
10000	15—20	60	38	34	44
20000	30—40	120	75	68	90
50000	60（至少）	—	150	135	—
100000	未研究				

平均说来，每1000居民要有1—1.5m²的阅览空间，在外借图书馆开架情况下，一个座位要有400本书。

下面是外借图书馆的座位要求（根据一个座位400本书为标准），如果有别的阅览室，座位可以减少。

居民数	开架书 （有复本）	座位	面积 m²		
			有桌子	无桌子	平均
3000	6500	15（最少）	30	19	24
10000	18000	45 - 15 = 30	60	39	50
20000	26500	66 - 30 = 36	72	47	60
50000	45000	102 - 60 = 42	84	55	70
150000 以上	55000	125 - 60 = 65	130	82	106

对读者数的要求是这样的：15岁以上人口中的20%，15岁以下人口中的40%必须是登记读者，这要占总人口数的25%。

馆员数量：除了馆长外，要求每800个登记读者或3200个居民有一个馆员，每一专门的服务、儿童服务、声像服务，要有额外一名馆员，馆长办公室要求至少24.2m²，每一馆员要有8.2m²的办公地点。

对于每周开馆40个小时的图书馆，有下列要求：

读者平均到开架的书架距离为 $2.74m^2$，书库每一书架间的距离为 $1.36m^2$，开架图书容量加上 20% 的柜台容量为 122 册/m^2，书库容量为 30 册/m^2，阅览室每人面积为 $2.90m^2$，外借处每人面积为 $1.60m^2$。不同居民的图书馆各部门的面积，如下表。

服务部门	人 口				
	3000	10000	20000	50000	100000 以上
入门大厅和衣帽处	18	45	60	90	
外借处（成人）	57	147	272	543	
目录室	—	—	—	54	
外借处（儿童）	35	63	121	186	
书库	10	14	30	110	
阅览室	25	44	87	143	
馆员空间	24	24	24	24	
工作人员空间	8	24	56	128	
食堂[1]	16	16	22	27	
一般	20	20	40	40	
馆员	8	8	16	24	
房间（听力房）	—	45	45	45	
会议室[2]	40	80	100	150	
个人听力室	9	9	9	9	
委员会室	9	9	9	9	
房间（儿童讲故事用）	30	45	45	45	
工作间	45	45	45	45	
馆员（青年工作馆员）	8	8	8	8	
小工作间	10	10	10	10	

注：1. 在全日制图书馆

2. 按每人 $1m^2$ 计算

关于公共图书馆的改革，还包括公共馆体系的建立，这一体系包括地方、地区、省图书馆、流动图书馆、特种图书馆（如残疾人图书馆）和"公共阅读"国家中心。此外还有公共馆的现代化，公共馆网络的建设。馆员的培训尤其需要加强。

三　比利时的馆员

馆员分三种类型:目录学家、助理馆员、公共图书馆馆员。

馆员的培训,最早是由皇家图书馆开始的。根据 1878 年的皇家法令,皇家图书馆被允许招聘编目人员,这些编目人员要经过几年的锻炼才能被正式录用。根据 1847 年 12 月 24 日的法令,愿意从事皇家图书馆事业者,必须有一个试验期,并须通过考试进入试验期,只有博士或土木工程师证书持有者才可免试。1900 年,同样的法令也扩大到大学图书馆候补馆员身上。1913 年,考试被取消,但仍要求候补馆员有大学考生资格。试验期延长到 2 年,每年年底要进行一次考试,以决定是否能进入第二年。

1926 年,候补馆员入选,要求有正式承认的博士学位或相当学历,试验期改为一年,被皇家图书馆和大学图书馆招聘的馆员具有了深厚的教育基础,不再仅是行政人员,而是"科学"馆员,他们的工资待遇也得到改善。大学教育在 1929 年改革,并导致了雇佣方针的变化。根据 1939 年 12 月 16 日的皇家法令,学士学位获得者,可以允许进入候补馆员的试验期,试验期期间通过专业考试者可获得图书馆员—目录学家证书。1957 年,根据另一项法令,一些科学研究机构也可颁布图书馆员—目录学家证书。1964 年,皇家图书馆设立了专业培训项目。1953 年皇家图书馆开始有助理馆员职称,这是一个中级职称,颁发给那些在技术岗位上的工作者,他们一般在图书馆学学校受过训。现有 6 所图书馆学校,法文、荷兰文各 3 所,有人文证书者可进入图书馆学校,经过 3 年或 4 年学习获得图书馆学或目录学证书。公共图书馆馆员必须有资格证书,这一证书是由评审委员会颁发的,证书候选人必须准备考试。为此,他们可能参加由国家教育和文化部组织的短训班。

在比利时有很多图书馆协会,档案部图书馆工作人员协会是最重要的协会,建于 1907 年,现有会员 400 名,出版刊物《比利时档案学、图书馆学》，每年 2 期，用德法两种文字出版。

作为仅有 1000 万左右人口的国家，比利时的图书馆数量是比较多的，但是和邻国相比仍缺少经费、馆舍和设备。虽然拥有丰富资源和古老藏书，然而还没有充分开放。自动化和机械化正处在逐步使用阶段。图书馆事业体制因为遇到文化多样性的影响，一直未能很好规划，馆员教育也未正规化。馆员素质较好，但个人化现象严重，缺少统一的纪律和共同兴趣。

肆　荷兰图书情报事业

一　荷兰图书馆事业组织

图书馆组织或协会起着协调发展图书馆的作用，各类协会有自己的历史、目标及特点。荷兰有几个图书馆协会。

1. 国家图书馆事务咨询委员会（1922—1975 年），主要任务是就图书馆事业发展的各种问题向政府提出意见和建议，注意力集中在学术图书馆的发展。委员会成员大部分是大学图书馆、技术学院图书馆、皇家图书馆和研究机构图书馆。它组织讨论和开展大型学术馆间的交流活动。1967 年发表了一个长期决策性计划，题为《荷兰学术图书馆》，特别提到了大学图书馆和所属系、所图书馆间的关系，就学术图书馆藏书组织与建设问题，以及国家书目建设、版权问题，著录规则标准化、自动化，复制技术使用，古籍整理、建筑、立法等一系列问题提出建议。60 年代以后，该委员会对公共图书馆问题有所关心，特别是就公共图书馆立法问题进行了研究。

2. 图书馆委员会。1975 年 10 月 15 日起，图书馆委员会取代了原国家图书馆事务咨询委员会。它分为两个部门，分别负责学术图书馆和公共图书馆事务。学术图书馆部继续完成原国家图书馆事务委员会承担的任务。主席由官方委派。公共图书馆部主要职责之一是监督1975年生效的公共图书馆法的执行,并提出意见。另一个主要职责是对公共图书馆特殊补助资金的分配提出建议。委员会中由各部正副主管人员和委员会正副主席组成执委会,做出决策。

3. 荷兰图书馆员协会(NVB)。它是面向全国图书馆界的专业性组织,为图书馆界同行提供交流思想经验、讨论共同关心的问题的机会。1912年以来,NVB通过交流活动将专业人员的特长和他们所从事的职业紧密结合起来,享有NVB资格的有大学、技术学院、地方性学术图书馆、贸易及工业图书馆、国家图书馆的负责人。NVB由三个部分形成,即1941年成立的专业图书馆部,1947年成立的学术图书馆部,1975年成立的情报机构部。每一部都有独立的活动权利。有时还成立一些专门工作小组,如法律图书馆工作小组、农业图书馆工作小组等。NVB在一些省市设有分会。NVB的主要职责,是把各类图书馆的工作人员组织起来,为着图书馆事业发展的共同目标而奋斗。

4. 荷兰公共图书馆及文献中心(NBLC)。NBLC成立于1909年,原名公共图书馆中心协会。它的目标是维护公共图书馆的利益,促进公共图书馆事业的发展。该协会负责人H. E. Greve博士于1921年起草的"国家补助条例",保证了公共图书馆发展的法律保护和财政来源。协会一直以最大努力来维护公共图书馆的利益,积极扶植本领域内任何新的发展,鼓励公共图书馆内部组织及工作方法的协调一致。与别的国家不尽相同的是,荷兰公共图书馆系统包括教会图书馆。教会图书馆也是NBLC的成员,但它们有自己的组织。如60年代末成立的罗马天主教图书馆及文献中心(KBLC),基督教文献中心(CLC)等。NBLC有公共馆研究中心,以及各种专门部门,如为老年人,残废人服务的部门。NBLC

304

有期刊《图书馆与社会》。

5. FOBID（图书馆、情报与文献中心成员协会联合会）。成立于 1975 年，它由 NVB 和 NBLC 合并而成，负责统一与协调专业图书馆、公共图书馆、研究图书馆的工作，负责图书馆年会的召开。FOBID 还负责主办"开放"杂志，该杂志前身是"图书馆生活"。

6. NOBIN（荷兰情报政策组织）。其前身是 1921 年成立的 NIDER（荷兰情报、文献档案研究会），该组织多年来致力于促进情报和文献工作的发展。工作包括调查文献、分类、自动化等方面存在的问题，以及参与情报工作者教育课程的发展。同时 NIDER 也是专利和文献服务、工业档案设备的咨询服务机构，同时还负责荷兰杜威十进分类法的制定。NIDER 还是 FID 的荷兰成员。1971 年，为了促进新时期情报事业的发展，由 NOBIN 代替了 NIDER，NOBIN 变成了一个官办机构，负责发现情报领域的新方法以及这些方法的开发利用，促进情报领域的实现，还负责荷兰舆图联合目录、荷兰化学情报计划、医学情报系统，以及一体化编目自动化系统的实现等。NOBIN 参加许多国际有关组织。另外一个重要职责是促进各级情报专家的培养。总之，它的目的是通过研究来发展荷兰情报事业。

7. 大学图书馆事务中心委员会（CAVUB）。在 60 年代，图书馆在大学中的地位和作用日趋重要，人们感到有必要成立一个团体来确定图书馆及情报单位在科学及研究中所起的作用，因此于 1971 年成立了 CAVUB。该委员会不仅接纳图书馆员，同时也接纳科学研究人员（讲师、教授）、政府官员等，出版有关学术图书馆的读物，开展用户培训。

此外，还有成立于 60 年代初的大学馆长联合会、成立于 1969 年的技术图书馆学会，以及政府文献工作常设机构等。

众多的协会是各类图书馆专业化的象征，它们的存在有力地推动了图书馆事业的发展。

二　荷兰图书情报教育

荷兰的图书情报专业教育大体包括下列三种类型:阿姆斯特丹大学的研究生课程、六个图书馆情报学院开设的本科生课程、各种各样的由联合培训协会主办的业余专业教育课程。讲授从入门知识到研究生学习的内容。

1.阿姆斯特丹市立大学的研究生课程

从 1964 年开始,该大学就为艺术图书馆的馆员开设研究生课程,学习时间 2 年,兼修性质,凡学过某一专业的学生都可以入学,每星期上一天半课,其余时间学各自的专业,学习结束可获得硕士学位。学生在主课上已达到硕士水平,即通过硕士论文或考试后,可进入图书馆学研究生课程的第二年学习。一般学生从学士到硕士,需要 2—3 年时间,学完图书馆学课程需要 3—4 年。第二年的图书馆学研究生课程同样也须每星期一天半时间,还有实习和完成一些研究项目。此课程是针对学术图书馆的特点开设的,毕业生主要从事学术图书馆的工作。当然,和西欧其他国家一样,并非所有在学术图书馆工作的职员都学过图书馆学课程。

图书馆学研究生课分 A、B 两种,这两个课程在头十个星期学习中,有相同的大纲,之后两者重点各有不同,A 课重点在图书和图书馆学,B 课在图书情报、文献工作。

学生第一年考试分口试、笔试两种,第二年考试主要依赖论文评定。1975/76 学年,第一年学习有学生 60 人,第二年学习有学生 40 人,大部分学生来自文学系。现在的课程主体已改为一年的全日制学习(在经过 4—5 年学习获得硕士学位后),还有非全日制课程,分几年学完。目前还没有图书馆和情报学方面的学位课程、研究生课程,只有证书。

2.图书情报学院的专业教育

荷兰有六个图书情报学院。这些学院都是独立的,1975 年全部在校学生有 1500 人,75% 是女性。进入图书情报学院学习至少要受过 HAVO 教育,即 5 年的高中教育。大约 30% 的学生受过 VWO,即 6 年的高中教育。VWO 是荷兰各大学的入学标准。

BDA(图书情报学院的简称)的课程,需要 3 年的全日制学生。另外还有几门课程供非全日制学习。但这种业余学习的学生年龄必须超过 23 岁。BDA 课程的目的是让学生掌握方法,课程分两部分,第一部分学习 2 年,第二部分是专业化的学习。按照第一部分学习以及第二部分各专业的内容。BDA 再分专业,大体分如下七个专业。

(1)高级专业教育(培养各类型图书馆高级图书馆助理员),最后要考试,获得证书,持证书者可优先申请高级图书馆助理员职位。

(2)公共图书馆专业。

(3)儿童图书馆专业。

(4)文献学专业。

(5)音像馆员专业。

(6)学术图书馆专业。

(7)学校图书馆专业。

当然,并非所有的 BDA 都有如此齐全的专业。文献学专业只有阿姆斯特丹和海牙的图书情报学院设立。音像馆员专业和学术图书馆专业分别在阿姆斯特丹和海牙的图书情报学院设立。另外在阿姆斯特丹图书情报学院还有图书贸易和发行专业。1975 年上述各专业学生分布情况如下:(1)1179,(2)147,(3)64,(4)61,(5)15,(6)11,(7)24。

国家要求公共馆长必须有公共馆专业毕业证书,凭其他证书不能担任馆长。普通专业的课程有:图书馆和文献事业理论,图书馆和文献工作的历史、目标和结构,图书馆材料的组织和选择,知识组织,图书馆管理,哲学和当代思想,文化和社会知识,文学,科学概观,实际训练。

第一年学习结束后,学生有 6 个星期的实地培训,第二年伊始,还要再有 6 个星期培训。两段实习分别在公共馆、专业馆或学术馆进行。学院也尽力在院参考馆中为学生提供实习机会。院参考馆有很好的书目及参考书馆藏。该馆独立于学校中心图书馆。

BDA 课程总的目的不仅是要让学生胜任现代图书馆的各项工作,更重要的是要培养学生的灵活性,使他们能适应图书馆学、情报学的快速变化。

3. 联合培训基金会(GO)主办的业余课程

1950 年以来,荷兰图书馆员协会(NVB)、荷兰工业档案保管员协会(NVBA)和荷兰文献与情报工作研究院(NIDER)联合建立了 GO,目的是对学术图书馆馆员、档案保管员、情报工作者进行有组织的培训。各类培训课程,由一个咨询委员会设计、指导,课程的教学由兼职的专业人员承担。1971 年以来,根据荷兰法律,该中心变成一个基金会,经费来自由学生付出的辅导或考试费。GO 提供许多业余学习课程,课程如下:

课程 A_1 和 A_2 是为专业图书馆工作人员设置的(A_1 是技术性课程; A_2 是非技术性课程)。内容包括编目、分类法、主题标引、文献工作。

课程 A_3 是为学术图书馆的中级工作人员提供的基础课程,主要内容有编目、目录学和书史。

A 类课程的学习者,至少有 MAVO 证书(4 年中级教育证书),学生要在专业或学术图书馆至少工作一年半。每星期学一天或一个下午,一个晚上,A 类课程学习期限为 9 个月。有一定的课外作业。

B 类课程是关于工商档案学,是为在工业、贸易、政府或有关部门从事商务档案工作的人员提供的。MAVO 和在档案部门工作是入学的基本要求,课程持续 1 年,1 星期学 2—4 天。

C 类课程是研究生水平的以文献工作为内容的课程,是为在工商业研究机构工作的专业情报人员提供的。重要的内容有:调查报告写作、文摘、分类、情报检索技术和情报管理。学习者至少要有学士学位或相同水平的证书。事实上大多数学生都有硕士学位。该课程持续 1 年,1 个月讲 3 天,课外作业量需 600 学时,(包括完成三个调查报告等),最后考试的重要一项是完成给定题目的报告写作。

D 类课程是高级图书馆课程,为公共馆外的其他图书馆负责人或专业和学术图书馆的高级职员提供。内容包括图书馆管理、图书馆资料、标引、文摘、书目、数据处理(图书馆自动化)、专业文章写作(给定题目)。入学资格:①至少有 MAVO 证书,②GO 证书 1,2 或 3,③至少 5 年图书馆工作经验,④能表明学生经过学习对其工作有用,⑤至少 25 岁。D 类课程学习 10 个月,每月讲授 3—4 天,有大量课外作业。

目前,GO 提供的 A 课程,在荷兰是唯一为仅有 MAVO 证书的人提供的图书馆文献工作教育。通过这一方法弥补了政府教育机构培养人才的不足。这类课程虽短,但内容丰富,包括了图书情报学的大部分内容,教学内容又与实际紧密相联,不像 BDA 学生用 30%—40% 的时间学习"概论性的整体性理论",而这些理论与实际工作关系不大。还值得一说的是,GO 课程的考试严格,有口试、笔试,由专业的 GO 考试委员会统一命题。GO 课程完全是业余学习,教员大都来自图书情报工作第一线,但一部分 BDA 教员也参与 GO 的教学工作(大多数都是在 GO 讲授数年后成为 BDA 教员)。

4.函授教育

在图书馆学教育中,一个重要的内容是函授教育。GO 提供许多函授课程,有分类、标引、编目等。学习这些课程的学生需要 MAVO 证书(4 年中级教育证书)。课程内容的考核,由 NBLC 负责。函授课程主要是为从事图书馆工作的非专业人员提供的。

5.更新课程

这是对已受过图书馆学专业教育的人员更新知识而提供的有关现代方法、现代技术方面的课程,诸如图书馆自动化、计算机情报存贮和检索。另外,用户教育方面的课程也属更新课程,如更新大学生对图书馆的看法,获得检索技能。用户教育的课程内容有科学情报流动,文献研究的目的,文献检索工具,情报处理,文献调查报告写作方法,研究报告的组织和写作,工业和商业科学情报的流动等。

三 荷兰图书馆系统

1.研究图书馆

在荷兰,研究图书馆有"公共"性质,因为它的藏书向全社会开放。人们可以免费使用研究图书馆的藏书。

荷兰研究图书馆有着悠久的历史,其中 5 个建于 16 世纪,大多数已有 100 多年的历史,藏书质量是好的,总收藏数估计为 1100 万册,其中至少有 6000 册古版书。大多数研究图书馆是教育和研究机构的图书馆。教会、神学院图书馆也属研究图书馆范围。研究图书馆的另一重要分支是学术团体和研究组织的图书馆,许多研究图书馆同时还是地区辅助图书馆,以减轻地区中大型研究图书馆的超荷负担。

荷兰研究图书馆的特点是联系密切,相互合作,特别表现在馆际互借方面。在采购方面仿效德国的"学科专业领域计划",即确定各图书馆的采购领域(据各国现存藏书情况)。另外,海牙的皇家图书馆还负责联合目录的编制。1970 年以来,一些研究图书馆还就计算机编目系统的运转进行合作。该项目的名称叫 PICA(一体化编目自动化计划)。

2.大学图书馆

荷兰有 12 所大学图书馆,在荷兰,大学必须有 4—10 个不同的系,而所谓的高等专科学校只有 1—3 个系,后者的图书馆专业性强,藏书针对本机构的需要。它们缺乏真正大学图书馆的综合性特色,这种大的综合大学馆有莱顿大学、马德列支大学、格罗宁根大学和阿姆斯特丹市立大学图书馆。

莱顿大学图书馆是荷兰最早最大的图书馆。该馆于 1575 年开馆,藏书价值很高,可以同整个阿姆斯特丹市藏书价值相比。在16—17 世纪一些著名学者为该馆收集了许多重要文献,并加以分类、整理,在西方手稿部有公元 800 年—1500 年间的文献 7000件,此外还有许多珍品,收藏许多 17—18 世纪著名学者的手稿;东方手稿部起码有 9000 件古文献,这些文献是由一些收藏家捐赠的。其中的古地图地形图等有特殊价值。莱顿大学图书馆的总藏书约为 200 万册,期刊 6500 种。此外,莱顿大学图书馆还有一个重要的附属馆,即荷兰文学会图书馆,建于 1766 年,有 10 万藏书,2000 件手稿,以及中世纪及 18—19 世纪信件。莱顿大学图书馆设置重要藏书阅览室,这些阅览室分布在莱顿大学各系图书馆。

乌德列支大学图书馆也始于 16 世纪,1584 年该地修道院图书馆变成市图书馆。自 1636 年乌德列支大学建立始,乌德列支市馆变成了乌德列支大学馆。虽然该馆藏书不如莱顿大学丰富,但也有许多极有价值的收藏。它拥有许多 16 世纪的古印本,馆藏完整,在神学、历史方面的收藏尤为丰富。该馆古版本的藏量仅次于皇家图书馆。另外早期地图收藏也很丰富,在语言方面有凯尔特语文献收藏,现代德语文献的收藏尤为突出。和莱顿大学一样,乌德列支大学馆也有几个系馆,著名的有兽医系和神学系馆。

格罗宁根大学馆建于 1615 年,也是从修道院图书馆发展来的。藏书古老,但数量不大,只有 900 件手稿本,特藏是格罗宁根地区历史方面的文献。

阿姆斯特丹市立大学馆,也可算荷兰最大的图书馆之一,其藏书190万册,前身是建于1578年的阿姆斯特丹市馆。1632年以来,市馆就开始为当地教育机构服务。根据1876年的高等教育法,阿姆斯特丹市馆于1877年变成了大学馆。图书馆有综合性收藏,有大量的阿姆斯特丹的印刷品。它附属有医学促进学会的图书馆,Remonstrant Chureh和书商协会的图书馆,藏有世界上最精美的希伯来和犹太作品。

荷兰大学图书馆的藏书量在不断增加,特别是战后许多大学建了科研机构,这些机构绝大多数有自己的图书馆。虽然这些图书馆很小,仅仅是为本所工作人员参考使用,但有一些馆已成为专业化很强的科学图书馆。这类图书馆的管理方式有两种,一种是集中管理,即中心馆对大学各机构图书馆的财政进行统一管理,如莱顿大学、阿姆斯特丹大学等。另一种是分散管理,各机构图书馆有权自己独立决定购买原则和行政方针,中心馆的影响很小,如乌德列支大学。但不管怎样,机构馆和中心馆间的合作是很密切的,通常编有联合目录。

3.高等专科学校图书馆

重要的高等专科学校有Delft技术高等专科学校(THD),埃因候温技术高等专科学校(THE),和恩斯赫特技术高专(THT),THD图书馆建于1842年,该馆有大量的技术科学收藏。在全国已达成协议,把THD图书馆作为全国技术文献中心收藏馆,成为中心馆的地位归功于该馆负责技术文献联合目录(CTC)的编制,该目录反映了许多工业图书馆的收藏。另外该馆在Dr. L. J. Van der Walk领导下,已发展成全国图书馆机械化研究中心,如自动书目寻求系统,塑料螺形运输道(自动图书输送所需)等,都是很著名的。利用缩微平片复制原始文献的趋势也是由THD图书馆引导的。此外,欧洲翻译中心也设在该馆,这是一个国际组织,任务是编出一个罕见语言的科技文献翻译品的中心目录。

THE建于1956年,有9个系,各系有自己的图书馆。这些图书馆又与中心馆形成一个系统。各个图书馆是独立的,图书馆能自动输送图书,并且有期刊自动管理系统。THT 建于 1964 年。三个技术高等图书馆的合作良好。

技术高等学校和大学都属教育和科学部管辖,唯一不受该部管辖的是位于瓦格宁根的农业大学,它直属农村部管辖。该大学建于 1918 年,大学图书馆收藏有关农业和相邻领域的各学科文献,包括育种、农业经济、乡镇社会学、食物科学、家庭经济、农村和城镇规划、农业史等,馆藏是荷兰最大的农业方面的馆藏(至少 40 万册),期刊种数也多,有 1 万种。该馆和同在瓦格宁根的 PUDOC (农业出版和文献工作中心)有密切接触,PUDOC 是农业研究的服务性机构,与国际相应组织有密切联系。

4. 省、市图书馆

在 Lecuward 的 Friesland 省馆,在 Middelburg 的 Zeeland 省馆,以及 Arnhem,Deventer 和 Maastricht 市馆属于研究图书馆,其他市馆都有一些有地方特色的古版本和手稿,这一点和西欧许多国家市立馆的情形大体相同。

Friesland 省馆建于 1852 年,其藏书部分来自 1843 年建立而于 1852 年关闭的国家语法学校。此外,Frandcer 大学的 11000 册藏书也收入省馆。建立省馆旨在促进 Friesland 人的文化和学习,也希望 Friesian 语言得以发扬光大。该馆藏书 25 万册,绝大多数是人文科学,有很多 Friesian 语的文献。根据 Dr. L. A. Buma 的遗嘱,他的 35000 册藏书(主要是古希腊和古罗马的著作)全部赠予 Friesland 省馆。

Zeeland 省馆建于 1859 年,初衷是建成一个便于使用的图书馆以促进知识的应用。藏书偏重人文科学,同时为了照顾境内的佛拉芒人。该馆有科技外借处,作为省科学协会的一个部门。二次大战中 80% 的收藏都被毁坏,但藏在防空洞中的一些古版书保留下来,战后还收编了 Middelburg 教堂和 Zeeland 科协的藏书,有意思的藏书有 19 世纪末以来的儿童图书专藏（别人捐的），图书馆还收集 Zeeland 的特别文献，不仅有关于 Zeelend 的书，还有关于 Zeeland 的明信片、绘画、图片等。Zeeland 省馆馆长同时也是省图书馆中心的主任。该中心的主要任务是为大众服务，中心还致力于建立研究图书馆和公共图书馆之间的合作。Middelburg 的省馆与在 Ulissingen 的技术图书馆有密切接触。

Deventer 市馆是荷兰最古老的研究图书馆，建于 1560 年。1878 年以后一直发挥市馆的功能，有精美的手稿和古版书收藏，特别是 Deventer 印刷品的收藏。该馆为本地区的高校学生提供了良好的参考文献。

Maastricht 市馆有和 Deveata 市馆一样的功能，对 Maastricht 市的档案有极完整的收藏。同时，它也是地区辅助图书馆。该馆建于 1663 年，当时目的是为了"城市的荣誉"，有近 100 本古版书，近 500 件手稿。

5. 教会机构图书馆

自从宗教改革后，绝大多数基督教教士已在大学神学院中接受培训，但 19 世纪以来仍有许多教会团体建立自己的神学院，设立自己的图书馆。这些神学院的图书馆比较小，藏书多为与训练神职人员相关的主题，直到最近各类教会团体仍担负着培养神职人员的职责。这些神学院图书馆连同修道院图书馆共有藏书 250 万册，有些修道院藏书很古老，如在 Berne te Heeswijk 的修道院图书馆建于 1134 年。1947 年成立了神学院图书馆员协会，后来改名为神学图书馆学会，1959 年以来出版通讯《分析性基础目录学》。

6. 学术团体和科协图书馆

这类图书馆中最著名的是荷兰皇家科学院图书馆。该馆建于 1808 年，1811 年正常工作。由于没有足够资金，一直未得到大的发展，有时候不得不靠向其他图书馆出借一些重要藏书，以换回购

314

书资金。如从 1855 年起把一些东方原稿借给了莱顿大学图书馆，1937 年起，把一些西方手稿借给了皇家图书馆。对荷兰科学院来说，这个图书馆相当重要，因为它的科技期刊极为丰富，它通过与国外许多团体的交流获得了一些珍贵资料，有丰富的物理学、医学期刊。还藏有会议录和科学考察报告，编有医学文摘。为了防止原始文献丢失，全部馆藏已经缩微化。复印设备和现代化手段较为完善。

哈勒姆的 Van Teylor 基金会图书馆，有 1778 年 Pieter Teyler Van de Hulst 留下的专藏。现有藏书 10 万册，还有一些绘画和音乐作品。基金会下有两个协会：Teyler 神学协会，Teylor 物理、诗歌、历史、绘画、钱币学促进会，并入 Teyler 基金会。这两个协会发表自己的学术论文，这些文献由基金会图书馆收藏。它通过各种方式与外界交换资料，在 1000 种期刊中至少有 900 种是交换来的。大多数藏书是自然科学方面的，特别是地理、化学和古生物学方面收藏丰富。该馆的科技期刊极有价值。

还要提到的是阿姆斯特丹国际社会历史研究所，该所建于 1935 年，所图书馆收集有社会历史、特别是劳工运动方面的文献 36 万册。还有一些 18、19 世纪的名人手稿，以及重要的档案，马克思、恩格斯的通信等。图书馆对外开放，编有 12 卷书本目录。

此外值得一提的是海牙和平宫图书馆。它起源于 1899 年，当时召开的第一次海牙和平大会决定建立仲裁常设法庭，当时卡内基为建造法庭场地和建立图书馆捐献了 150 万美元。和平宫图书馆主要为设在宫内的组织服务，其中包括联合国国际法庭、仲裁常设法庭和海牙国际法学院。它对外开放，同时是 IFLA 和国际法律图书馆协会的会员。该馆拥有的国际法、国际组织和民法方面的资料是世界上最大的，藏书 38 万册，期刊 3300 种。还收集包括联合国组织和欧洲共同体在内的 80 多个国际组织的出版物。许多国家向该馆赠送政府公报、法律报告和议会文献。该馆藏有英国从第一个议会至今的所有英国议会文件。有"和平"藏书包括和平主义和和平运动的书刊与小册子,第一部分是1940年前的世界和平运动文献,1945年以后的藏书只限于有关荷兰和平运动材料。该馆馆藏列入皇家图书馆的联合目录,编有自己藏书的多种索引和目录。

这类图书馆总的特点是,专题收藏丰富,历史较悠久,文献工作做得较好,且为社会服务。

7. 专业图书馆

在荷兰,专业图书馆是图书馆系统中最年轻的成员。它们起源于贸易和工业界,现在还包括政府部门和一些私营的图书馆。30年代专业馆在荷兰有所发展,但突飞猛进是在战后,专业图书馆和情报办公室以及工业档案馆一起,是荷兰情报系统发展的有力促进者。现在专业图书馆和研究图书馆间的区别,已经无关重要,因为它们都遇到了相同的问题和担负着相同的职责。和其他国家一样,荷兰的各类图书馆也逐渐走向网络化,向情报系统网络化迈出第一步。荷兰专业图书馆的藏书规模从2000册到8万册不等,藏书的"年岁"检索的便当性,藏书分类得当性等,都不一样。在专业图书馆系统中,10%是商业图书馆,35%是政府图书馆(60%与大学研究机构有关系),45%是私人机构(学术团体等)的图书馆。

8. 公共图书馆

和西欧其他国家相比,荷兰第一个公共馆诞生得比较晚。在1890年以后,"公共图书馆"思想才得以发展,即认识到公共馆应该向所有机构开放,必须由国家来办。这一观念体现在1892年和1898年乌德列支和多尔德雷赫特的公共图书馆的建立(这两个馆不是国家出钱办的)。到1906年荷兰只有5个公共馆。1908年建立了公共馆中心协会之后,国家和地区才给公共馆拨经费。公共图书馆基础巩固之后进一步扩大服务。公共馆系统中逐渐有了分馆、儿童馆和音乐馆。进而为乡村地区提供阅读材料成为有史以来的现实,市镇图书馆把图书送到市镇周围的广大地区的服务点,很多图书馆联合起来形成公共图书馆乡村联合会,乡村政府给予乡村图书馆工作所需的补助,同时国家也拨了一笔和乡村政府大体相当的乡村图书馆基金。还有所谓的"寄存图书馆",这些图书馆是非国家补助的小型图书馆的补充。除了扩大图书馆服务外,服务的内容也相应起了变化,图书馆的外借职能变得越来越重要,阅读功能降到了第二位。同时,学习性的读物比消遣性读物也变得重要起来。30年代经济危机和第二次世界大战阻碍了公共馆的发展,战后公共馆的思想仍未深入到乡村社区,在那里非国家资助的小型馆仍然有市场,它们有时也获得部分国家补助。随着时间的推移,非国家资助的小型馆和教会的小型馆之间的区别就消失了。因为这些馆都或多或少地开展了同样性质的服务;而且由四个教会组织图书馆协会合并形成的NBLC,也制定了图书馆的共同服务方针。教育的变革,人们不断增长的对世界事务的兴趣,终身教育的发展,闲暇时间的增多,以及民主化浪潮的推进等,所有这些都影响了今日公共馆职能的确定。1975年国家对1921年公共馆辅助法律加以修订并通过了新的法律。以上就是荷兰公共图书馆的历史。

荷兰公共馆的发展势如潮涌,发展状况可分为两类:第一类是,105所独立的带有分馆和流动馆性质的公共馆,服务于3万居民以上的城镇及周围乡村地区。第二类是,15个县馆和187个附属馆以及分馆、流动馆,县馆为人口3万以下的城镇服务。地方公共馆订有服务协议,开展如下服务:①协调藏书建设,县馆为附属馆提供外借用书和相应的目录资料。②总体管理财政资源和进行行政指导。③维持专门部门如学校图书馆服务部、青年人、监狱犯人、音像资料服务等。④人员配备,由于都是集中管理,各附属馆的工作人员由县馆统一任命,但是集中管理不意味着小馆无独立性,它们有权便宜行事。流动馆一般为人口 5000 以下的小村镇以及没有图书馆设施的城镇服务。

很明显,公共馆无法提供满足公共需要的所有藏书,因为人们的需求是多样化的,同时又是专门化的。目前,专业资料的需求由皇家图书馆和研究图书馆提供,但是这些图书馆本身服务的人数就很多,不可能把太多的文献提供给公共馆。此外,非大学的学生(如高等专业培训学生)也需要公共馆给他们提供研究资料。1969 年国家开办了 13 个地区辅助图书馆,来分担公众专业资料方面的需求。这些馆的功能主要是:①建设科技参考书、专著、书目和科学期刊馆藏;②编地区特藏清单;③开展书目情报服务;④开展馆际互借,合作形式是把"预定"的书借出,或把"预定单"转到更大的研究图书馆如皇家图书馆或专业图书馆。具有这些功能的图书馆分别出现在阿姆斯特丹、鹿特丹、海牙等城市。

影响公众阅读模式的因素,决定着公共馆的职能,下面叙述决定荷兰公共馆目标确定的一些因素:

(1)终身教育

终身教育是学校教育的无限延长。学校课程的结束绝不是教育的终止,人们需要重新培训,继续发展人们的专业技能须不断更新,吸取多样化的知识掌握时代信息,为此需要社会提供有效的帮助,而公共馆在这方面起着重要作用。

(2)教育变革

荷兰教育的结构和内容在过去几年已经完全改变了。现在的教育比以往任何时候都注意学生独立工作能力的培养。几年前新教育法的颁布和实施引起了教学方法的革命,鼓励学生在自己的项目中或在参与项目的过程中利用情报。教育变革的另一个重要内容是,不同学科间的相关性不断增加,学习内容与现实生活更加息息相关。关于当前事务的情报不可能在教科书中找到,因此学生的独立自学显得尤为重要。教学内容和方法的改革,要求各类学习资源的品种、数量不断增加,如情报性文献(书刊杂志),当前时事材料(报纸摘要、杂志中的文章、小册子、图案),记叙文献(特别在语言和阅读练习中有用),视听资料(胶片、平片、磁带、记录等)。因而每个学校有迫切需要建立自己的学习中,加强对公共图书馆的建设和服务。

(3)闲暇时间的增加

闲暇时间和工作压力的增加,使消遣性文献的需求大大提高。很明显,传统的公共馆方法,显得力不从心,因此需要发展更有效地服务公众的方法。

(4)情报资料馆藏增加

荷兰公共图书馆的视听资料收藏越来越多。由于荷兰语文献有限,现在无论是大小公共图书馆的外语文献收藏量已在不断增加,大量的采购经费用在外文书的收藏上面。荷兰公共图书馆的藏书剔除工作做得很好,国家有公共馆藏书剔除委员会,剔除率约为15%,这也要求馆员知识面广。荷兰公共馆还利用本身图书资源进行摘要分析,编成报告、小册子,形成情报资源。NBLC对期刊文章的文献工作进行总处理,这样它的成员仍然能够获得上百种已标引过的期刊。NBLC还为各图书馆提供出借消息。许多公共馆同时建立了文献中心,如阿姆斯特丹公共馆的当代文献和情报中心。

(5)为少儿和残废人等特殊读者服务。

通过使儿童与书籍接触,提高儿童的欣赏水平、想象力和语言控制能力,让儿童熟悉图书馆,为儿童及其父母、老师提供关于书刊的情报。图书馆还为少儿开展讲故事活动以及旨在提高儿童写作、绘画和手工技巧的各种活动,辅导他们完成家庭作业(有时和教师合作)。公共馆与青年会、地方有关组织密切合作,广泛开展为少儿的服务。定期访问学校班级是公共馆的惯例,通过访问了解少年儿童的需要,同时也使学生了解图书馆。在为少年儿童方面,学校图书馆也起着重要作用,许多地区公共馆和学习馆之间有密切的合作,NBLC 还为少儿服务提供书评。为残废人等社会"弱质群体"服务是荷兰公共馆的经常性活动。公共馆在有关机构如福利院、养老院等设立图书点,或定期给它们提供流动车服务,有时还送书上门。公共馆也与盲人馆合作共同为盲人服务。

(6)图书馆法及公共馆与政府的关系

经过图书馆学界 10 年的艰苦努力,图书馆法终于在 1975 年初通过,它为公共图书馆的组织和经费提供了指南。该法的主要观点是:每个城镇必须有公共馆发展的详细规划,上报省里。省里还要制定一个全省发展规划。根据地方规划文化部长与图书馆资源委员会共同制定一个国家计划,计划要包括图书馆设施的维护和图书馆目标的发展,计划以三年为期。由图书馆委员会来决定藏书规模和内容、收藏和开放时间、订阅费(以前是免费的)、图书馆间的合作、读者的参与和馆员队伍的建设。

根据图书馆法,国家负担 100% 的人头费和 20% 的其他费用,其余非人事费由城镇议会和县补助。国家对 5000 人以下的村图书馆和 3000—5000 的镇图书馆不予补助(除非它们与县图书馆合作需要补助)。

1975 年图书馆法发表,确定公共馆的任务为,管理图书、定期出版物和视听资料以供应社会所有成员和满足个人需要。藏书要求现实性和代表性。最大限度的普及阅读,组织各种形式自学,以及传递情报等。

文化教育职能(即向中、小学、高校开放)仍需继续加强,同时加强与相关机构的协调。1976 年读者总数 3336374 人,青年占 2064468 人。

公共馆除收藏和进行文化教育之外,还努力活跃读者业余生活,在中心省馆有专场音乐会、儿童游乐场、电影放映设备等。

根据国家的要求和读者的实际需求,今后荷兰图书馆将向着体制程序化、藏书情报化、服务多样化、网络化的方向发展。

三　荷兰的情报服务

从文献中来的情报称为"文献情报"。图书馆的情报服务主要指的是文献情报服务。

荷兰是一个人口高度集中的国家,生活标准很高,虽然工业化起步晚但发展迅速快,现在已是完全工业化的国家。荷兰粮食主要靠进口,特别是奶、土豆、蔬菜等都要靠进口贸易。交通发达,铁路、水路四通八达。由于国家小、工业化程度高,荷兰很注重国际合作。这些都是荷兰情报活动的背景。荷兰情报服务体现了荷兰国际化的特点,所有情报服务都大多依赖于国际文献。英语、法语、德语文献使用率很高。荷兰研究者一般能阅读这些语种的文献。此外,还有一些其他语种的文献在荷兰传播。荷兰情报服务的特点不是集中于某个大机构,而是非常专门化。只有少数几个机构如海牙经济情报服务中心,阿姆斯特丹社会学文献和情报中心,瓦格宁根农业出版和文献工作中心,多少有一点中心的功能。NOBIN 建立之后,许多情报自动化项目上马,这些项目的讨论导致了情报网络计划的制定。有一些联合机构,如荷兰化学情报(NOCI)组织建立的荷兰情报合作是计算机化情报用户的联合体。

荷兰文献情报的产量很高,现在所有的科学出版商都有国际书单,通过这一方式(即科技期刊、书和会议录的出版),荷兰出版商在国际情报流动中起着重要作用。但二次文献情报的产量不高。阿姆斯特丹的 Excerpta Medicine 是荷兰唯一有国际声望的文献服务组织,大多数二次文献生产都是小规模的。

和国际书目出版物的生产相比,荷兰的情报使用很广,事实表明,国际文摘杂志的荷兰订户比其他发达国家都高,原因是荷兰情报服务的分散化,对国际情报文献的兴趣,教育的影响(教师鼓励学生用国际书目工具)。此外,荷兰长期以来致力于国际合作。

荷兰作为国际情报系统的最经常的用户,要求本国计算机化情报系统要有很强的兼容性,这也是荷兰情报政策的出发点。荷兰情报专家对情报系统的应用很感兴趣,但对这方面的研究兴趣不大。总之,荷兰情报系统还处于发展阶段。

和意大利一样,荷兰引进了多个国际情报系统。引进这些系统使荷兰情报保障率位于世界前列。如国际核情报系统(INIS)的引进,每年有这方面的文摘5000条,因此荷兰在核情报拥有量方面,排世界第三。荷兰引进的计算机化情报系统有 INIS, IFIS(国际粮食情报服务)SDIM(冶金文献与情报系统)、AGRIS(世界农业情报服务)、AGRFP(农业研究计划)。

情报服务专门化的结果,导致很多情报中心的存在。可以在 NOBIN 找到由国家资助的情报中心,著名的有:经济情报服务(EVD)、军事科技文献情报中心(TDCK)、专利办公室、农业出版与文献中心(PUDOC)、皇家热带研究所(KIT)、欧洲翻译中心、每个国家情报服务处等。另外,许多政府各大部有自己的情报服务机构(属专业图书馆范畴)。

除了许多大工业公司自己买计算机磁带和自己加工外,在荷兰还有一些组织致力于计算机化情报服务。这些组织提供 SDI 服务。目前,计算机化的情报系统已有 35 个。著名的提供这些系统的组织有:应用研究中心组织文献部、荷兰化学情报组织、荷兰情报联合体、农业出版和文献工作中心, Excerpta Medica, 乌德列支大学图书馆生物医学情报部等。

荷兰文献情报工作的特点是,合作发展文献联营体和情报服务体。文献联营体是在短时间内、以最少花费、由联合体各成员处理大量文献的一种组织。联营体首先发展各成员都感兴趣的共同数据库,利用这些数据库来生产目录,同时把各成员所有的文献编成目录并发给各成员。然后据各成员要求把目录中的一些文献加以处理,一般处理100到200种期刊,处理工作由各成员分担。各成员根据自己兴趣把期刊文章进行文摘处理,最后形成产品。联营体成员一般是工商业的部门、研究机构和组织(如荷兰应用科学研究组织)、政府机构,有些联营体有协议和一定的规章制度,每个成员所付费用各异。一般认为,大多数联合体成员只要仍完成本机构的工作,也能完成联合体所要求的工作,在联合体中能避免工作重复,调动积极性完成共同目标。联合体是按学科来组织的,在核技术、金属工艺、资料处理、工业管理、行政自动化、人员管理、木材、建筑业、陆上交通工程、航空工程、娱乐、土壤、水、空气污染、海水淡化等学科中,都有这种联合体。

总起来讲,荷兰图书馆事业比较发达,公共馆有图书馆法保障,学术图书馆有丰富藏书,悠久历史,各类馆间注意合作,有相应的图书馆学教育体系,情报服务普及,高质量的情报服务和高度普及的图书馆服务,满足了荷兰人的娱乐、文化、教育、情报方面的要求,推动了荷兰工业化的发达。

伍　希腊图书馆事业

希腊的公共图书馆和学校图书馆不像其它西欧国家那么普遍,国土的大部分没有公共馆,只有大都市才有公共馆服务,考虑到希腊悠久的文化史,特别是考虑到希腊对西方文化的贡献,这不能不是一件奇怪的事。不过希腊一些古老图书馆的收藏是别的国家无与伦比的。当代希腊图书馆事业也得以迅速发展。自本世纪以来的图书馆发展是和希腊国家的发展史分不开的。19世纪末,希腊图书馆随着学校、学院的建立得以复兴,当时希腊的国外侨民认为恢复希腊的民主只有通过发展文化和知识来实现,所以,在他们捐助下,当时一大批高等学府建立起来,高校图书馆也随之发展。和西欧一些古老国家不同的是,希腊古文献虽宝贵,但数量极少,因拜占庭帝国统治后,希腊就四分五裂,许多珍贵藏书毁灭了,而且长期以来受外族统治,没有形成自己特有的文化遗产。希腊的图书馆大都集中在首都,因高等学院都集中在雅典,而且雅典是希腊最大的都市。二次大战后,希腊图书馆的发展着重于大学、学院和研究图书馆,公共图书馆的发展不是重点。

一 国家图书馆

希腊国家馆历史较短,因为自1453年君士坦丁堡陷落后,在奥斯曼帝国统治下达400年,1821年才获得独立。希腊的国家图书馆建于1829年,第一个想建立国家图书馆的是瑞典的希腊独立运动支持者丁·迈耶。1824年他在麦瑟罗基的一家报纸上呼吁希腊人捐书作为国家馆的基础藏书。在土耳其统治时期,希腊无印刷能力,当时只有拥有自主权的寺院才藏有手稿式印本书。因此,图书馆成立初期,所有图书都是在国外印刷的,1832年成为一个独立机构,当时有1844册书,1833年2月颁布的法令规定:"所有从寺院、教堂或公共设施中找到的有价值的手稿都要移交给中央图书馆",并且"所有在希腊出版发行的书籍、杂志和期刊都要缴送给国家馆一册"。当时国家馆称公共馆,后来又经过接受许多捐书,藏书逐渐扩大。1842年,与当时不断扩大的雅典大学图书馆合并(当时它有15000册书)。1866年,根据国家法令,两个馆合并成希腊国家馆。19世纪,一般皇家图书馆购买的都是人文科学书籍,希腊国家图书馆也不例外。1920年国家图书馆成为一个公共机构,一直到1943年,它才成为国家保存馆之一。根据呈缴本法,国家馆储存每一种希腊出版物的两个复本,其中一本要分给雅典大学馆,但大学馆仍在国家馆之中,因此两册呈缴本均藏在国家馆中。由于希腊出版业发展慢,私人出版机构多,并且缺乏书目报道体系,国家馆未能收齐希腊出版物。另外,希腊革命期间和二次大战期间的逃亡者的著述也未能收齐。现有收藏150万册,其中 150 卷是古版书,其中有第一本希腊文印本(1476 年于米兰)。另外,还有其他 2500 种早期印本书。该馆最有价值的书籍之一是 J. 西布索普的十卷对开本《弗劳拉·格雷卡》,这是 1806—1840 年在伦敦出版的珍贵善本。此外,国家馆还拥有十分贵重的雕刻版画、平版画和木版画收藏,其核心是乔治·詹纳狄奥斯捐赠的 3000 件欧洲雕刻原版画。该馆手稿部有 3120 件抄件(大部分是关于宗教、法律的),6 件纸莎草抄本,还有大量的印章,教皇的金训令和希腊文献手稿,手稿中有 20 万件 1821 年革命的历史文献,大量的革命声明和这一时期的许多家庭档案,这是希腊现代史学家宝贵的资料。编有手稿目录。希腊国家馆一直没有充足的经费购买外文图书,至使这方面的书非常有限。

二 议会图书馆

希腊议会图书馆也是一个享受希腊呈缴本权利的图书馆。建于 1845 年。现有藏书超过 100 万册,有最完整的希腊报纸和期刊的收藏。由于其特殊的地位,该馆有较充足的经费购买外文书,因此外文书收藏比国家图书馆好。它接收了许多私人图书馆的藏书。其中著名的是 Jean Pischari 的收藏,他是居于法国巴黎的著名希腊语学者和语言改革家,这一私人收藏有 35000 册。这是通过一笔专款购买来的。现代希腊政治史上的已故人物对该馆也有捐赠。议会图书馆还藏有古版书、古代经典手稿本(希腊,罗马)、11 世纪到 15 世纪的手稿,现代希腊史方面的档案等。议会图书馆具有公共馆功能,它向公众开放。事实上,它为公众服务的方针比国家图书馆更为开放,国家馆对读者有限制,议会馆允许任何人使用。议会馆辟有专门的善本阅览室、专为学者服务的研究室,出版有许多历史书籍目录。该馆的工作人员要求具备图书馆学位,由于具有高素质的服务人员和良好的服务方针,议会馆比国家馆要先进得多。

三 大学图书馆

希腊有 13 所大学和大学级学校。希腊的大学图书馆是希腊图书馆事业的主体。

亚里士多德大学校园位于希腊第二大城市萨洛尼卡中心的 100 英亩高地上。中心图书馆是在 1974 年建成。它是唯一一个有中心图书馆的希腊大学（雅典大学虽然和国家图书馆一体，但并无大学中心馆功能）。有主楼和学生阅览楼，并且还有相联在一起的快餐店。但中心馆只有整个大学百万册书的一小部分。大学里大大小小 200 多个独立的系、所等机构，它们自己订购和保存资料。大部分藏书公布在这些大大小小的机构中。每一机构大约有 25000 册书。

藏书的分散发展在希腊并不少见。即使有中心图书馆（大部分是小型大学有中心馆），分散化模式仍然存在。导致藏书分散发展的原因，一是财力有限，二是国家教育的传统。财力缺乏是由设备的缺乏以及一个大学往往要分设几个校址的状况造成的。例如色雷斯的德谟克利特大学有三个校址。各个专业在自己所在地收集专业资料。

分散的第二个原因部分地由于在教育系统中长期遗留下来的习惯。希腊大学模式仿照 19 世纪欧洲的大学模式。由于习惯成自然，而且也由于这种模式仍然能满足需要，希腊大学在专业设置上没有太大发展。例如，在萨洛尼卡大学下属九所学校或专科系，一个哲学院里包括一个外语学院和神学院，下设十个大教学单位，每一教学单位又分成专业，代表各个学科的不同成分，这些专业相当于美国的系，所以希腊大学的结构与西欧现代大学机构不同，它是随学科细分的。每一专业通常由一教授领导。各个系负责各自的专业资料采购。换句话说，决定购买什么资料由教授而不是由图书馆控制，因为资金分配权在教授手里。因此各系图书馆的预算是各专业图书馆预算的联合。

这种情况对希腊的教授们来说是正常的。因为他们是图书资料的主要用户。学生对这些资料的使用是有限的,由于保守式的教育传统,学生很少使用课外参考书,即使有人想看一点课外书,也由于藏书分散而感到诸多不便。是否有中心图书馆并不是主要的问题,基本问题是学术界的需要是否由图书馆现有服务得到充分满足。如果已经满足,高校馆不一定非和西欧其他高校馆的标准一致,但各系对资料控制的结果是产生大量的资料和重复资料整理工作,这种情形普遍存在于希腊各大学。结果是希腊各大学或相当于大学的学校的藏书发展不协调,无用馆藏收集不少。为什么会有这种情况呢?因为希腊的这种情形颇像 19 世纪欧洲和美国图书馆的情况。Carl White 在这方面做过如下评论:

小型研究图书馆像私人图书馆一样,能有效地利用空间和方便使用,学者认为这样的图书馆好。他们习惯并喜欢这样的图书馆。但随着更好的学术图书馆模式出现,这种小型研究图书馆模式终将被取代。取消这种图书馆的"私人"性代之以面向所有学者和需求者、并且同时能满足许多共同兴趣和个人兴趣的、能以最小代价获得最大服务的新型小型研究图书馆。

希腊的高校图书馆正处在改革的开端,越来越多的学者去国外学习并且带回关于教育改革和图书馆工作的见解。随着高等学府的发展,藏书的分散带来的资源重复现象将越来越严重。现正考虑在某些大学建中心图书馆,构建集中的大学图书馆系统。另外一种解决办法是建立校际图书馆,但缺乏资源和空间,影响了这项计划的发展速度。

藏书分散的现象,现正通过建立健全良好的书目系统进行解决,事实上,萨洛尼卡大学图书馆,正在获取校园里的书目记录,以期编校内藏书联合目录,由中心馆负责把各专业图书馆送来的记录进行统一处理,然后送还给他们,打算经过几年积累建立健全联合目录记录档案。只是目前仍是手工编制。中心馆为每一本书生产带有著者、书名、索书号、索引款目等记录的适宜于各系使用的上架卡,并逐步开始使用静电复印技术加快这一过程。由于要求做中心处理的图书尽快归还系里,而且手工操作太慢,要完成所有出版物的完整中心著录已不可能。到80年代,藏书建设协调活动已经不存在。

即使在小一点的学校,收藏物的中心总体著录也是不可能的。例如在 Ioanina,为每本书作单一记录,但在中心著录时,也是按著者字顺排列的,卡片各系单独设置,因而产生一系列的内部片子而不是大学的整体目录。色雷斯的两个大学有各自公开的目录,无法享用相应的书目记录和资源。即使实现计算机化的卡片著录系统,也未能产生一套目录,而只是一套记录,印刷卡片未能排列起来,因为没有足够的人员在卡片上抄上索书号。

在著录方面缺乏著录标准,各种分类方案不统一,现在正考虑编自己的分类法。如萨洛尼卡大学使用了美国国会分类法,但效果不理想,因为希腊自身的历史、地理、宗教和现代文化方面有特殊性。另外,在外国图书处理上仍存在问题,希腊的大学馆采购的书大部分是外文书。如萨洛尼卡大学的各图书馆每年大约增加2万本书,大约有85%的书是外文书。一般情况是希腊文图书购买占1/3,外文书名的书无法按希腊文式罗马文字母排列,因为希腊字母和罗马字母常常相混。有些图书馆做两套目录(希腊字母和罗马字母排列),无疑这加大了工作量,因此,希腊大学馆在书目组织上存在几个问题:①联合目录的编制,因技术和时间的原因变得太困难。②书目著录不够完整。③目录卡片排列,特别是外文书排列问题需要解决。④分类法需要统一。如何解决藏书分散和书目组织不力的状况,是希腊高校馆工作面临的两个最大问题。

希腊高校馆的人员配备也是长期无法解决的一个问题。缺乏受过训练的图书馆员,人员任用体制不完善等现象很突出。有两个因素与此有关:一是希腊没有足够的图书馆学教育,二是该国特殊的人员使用情况。在许多情况下,图书馆的勤杂职位和管理职位是可以互换的。换句话说,一个人可以从一个机构调到另一个机构,可以"自由"提升。因为提领导职务并没要求领导者受过专门的训练。在观念上,认为图书馆工作不外乎就是采购和保存书刊,很少人认识到图书馆还有更强的功能。这样在希腊高校馆中,一方面缺乏受过训练的馆员,另一方面缺乏合理的提升制度,其结果导致馆员不得不从事他没有受过训练的工作。接受图书馆学教育太困难,工作中的培训也很有限,因为许多图书馆长是教授担任,他们不懂图书馆实践。在萨洛尼卡大学,虽有中心馆馆长,但各系馆馆长却由教员担任。而在大学里,在图书馆工作的教员数量大大超过专职的馆员数量。在萨洛尼卡大学整个图书馆系统,只有28个图书馆工作人员,其中有3个助理馆员管教科书阅览室,2个书库管理员。整个图书馆只有一个打字员还兼做馆长秘书。没有一个大学中心馆的专职工作人员超过6人,再加上书目指导工具不完备,使大学图书馆的服务质量难以提高,近年来一直努力改变这一状况,但收效甚微。

希腊高校馆状况的改变必须依赖于希腊高等教育体制的改变。

四 公共图书馆

希腊公共图书馆受不同部门的领导。有些属文化和科学部的文化事务总监领导,有些属内务部通过市政府领导,此外还有一些公共馆由文化和文学团体建立。几乎所有的公共图书馆都缺乏足够的资金、受过训练的工作人员和有吸引力的馆舍。这导致目录不完整,分类体系不灵活,藏书没有活力,对社区服务有限。大城市比小城镇的公共馆要好一些,乡村几乎没有公共图书馆服务。现在正在考虑建立流动服务系统。

所有省府都有公共馆,但它们的作用、服务和影响无人提及,据说,服务不令人满意。

公共馆发展自 70 年代后进入新纪元。根据 70 年代的一项法令,已建了 7 个中心公共图书馆。中心馆所在的城镇和地区部门共同维持这些公共图书馆。中心馆要负责地区图书馆事业的发展,并开展流动服务。中心馆的建立将有助于地区公共馆服务的合作和协调,形成一体化的地区图书馆系统。

目前,有些大城市和城镇的中心公共馆还没有分馆。雅典这样有二百万居民的大城市公共馆依然没有分馆,只是萨洛尼卡除中心馆外还有两个小分馆和流动车服务。

在希腊复兴时期(19 世纪后半期)建的公共馆,现在都划为研究图书馆。此外,外国使馆在希腊建的图书馆也称为公共馆。许多使馆图书馆为希腊人提供与本国图书馆的馆际互借服务。

五　研究图书馆

二次大战后,研究图书馆在希腊发展得最快。原因是研究机构对时新情报资料的要求越来越高,在专业图书馆中工作的大都是专业馆员,许多专业图书馆是由公共机构开办的,它们的资金来自政府,其他则是私人机构开办的。在纯科学领域,最重要的是位于雅典市郊的原子能研究中心的德漠克利特图书馆,它受希腊原子能委员会的管辖,有优秀的科学期刊 1000 种。同样杰出的是位于雅典市中心的国家研究基金会图书馆。它只储存科学期刊,共有 1400 种科学期刊。该馆现已成为国家的科学期刊中心图书馆,并且想仿照英国图书馆外借部的发展模式。在植物病理学方面,最重要的图书馆是位于雅典市郊的 Benaki 植物病理学图书馆,它藏有本专业的书、期刊和影印本。专业方面的重要收藏还有经济计划和研究中心、希腊生产力中心和国家社科研究中心的图书馆,这些中心都有 20 多年的历史,馆藏能满足研究者需要。

希腊国家银行、希腊银行、希腊商业银行和农业银行的图书馆在经济和公共财政方面的馆藏特别出色,这些图书馆都由专业馆员领导,公众可以利用它们的资料。

雅典的希腊考古研究所博物馆的研究资料也向大众开放,但开放范围有限。这些博物馆的资料由下面单位组成:希腊考古学会、德国考古研究所、雅典英国考古学校、美国古典研究学校、奥地利考古研究所、瑞典考古研究所、意大利考古学校、法国考古学校、雅典国家博物馆、Benaki 博物馆、Byzantine 图书馆、国家艺术馆。重要的研究馆藏在城市规划、建筑和艺术方面的是雅典 Ekistics 中心图书馆,在纯科学方面的是 Eugenides 基金会图书馆。相应的专业藏书还有雅典海洋和渔业研究所图书馆、希腊技术学会图书馆、地理和次表面研究所、希腊国家统计署图书馆、日报协会图书馆、雅典律师协会图书馆、国家化学实验中心图书馆。以上各馆都在雅典,这些馆资料在 1 万到 2 万左右,管理妥善,服务周到,有些资料属历史性收藏,目录体系完善,并且向社会开放。此外在萨洛尼卡的马其顿研究会图书馆也较有名。

雅典科学院,除本身藏书外,还包括许多研究中心的藏书,这些中心包括:现代希腊史研究中心、现代希腊语字典出版物研究中心、希腊民俗学研究中心、中世纪和现代希腊文化研究中心、希腊法律史研究中心、从古代到君士坦丁堡陷落时期的希腊著名出版物研究中心、天文学和应用数学研究中心、希腊哲学研究中心。

希腊现代史方面的最好馆藏在雅典的 Gennadios 图书馆。建于 1921 年,有东方问题、希腊旅游、现代希腊史的希腊学校教科书、古代希腊作家的珍本等,还有 Byroniana 的专藏。

发展缓慢的是医学研究图书馆,但近几年来医院开始雇佣专业馆员和图书馆学校毕业生来进行藏书和服务的管理,比较优秀的医院图书馆是雅典 Evangelismos 医院图书馆,它在管理和公共服务方面都有很大发展,开馆时间长,从早到晚,馆员数量最多,其资源可供公众参考咨询。其他医学馆藏是：癌症研究所图书馆、Hippocrateion 医院、雅典国立总医院、Alexandras Maternity 医院、儿童医院、红十字会医院和 Piraeus 癌症研究所。

专业方面的珍贵收藏必须提到修道院的神学图书馆，特别是在阿陀斯山、米第尔拉山、巴特摩斯山等的修道院的善本和手稿珍藏是极其宝贵的。阿陀斯山修道院图书馆可追溯到 12 世纪，其他修道院历史也很悠久，它们对拜占庭时期著作有很好的收藏，是研究拜占庭帝国的重要资源，尽管随着拜占庭帝国陷落，这些图书馆也随之衰落，并由于大火、掠夺、无人管理等原因，大量的收藏毁灭了。这些修道院图书馆总共有 11000 件古代经典手稿本。圣约翰修道院建于 1088 年，是组织最佳的神学图书馆之一，它位于巴特摩斯岛的荷拉镇上，展览长廊上展出的众多价值连城的手稿、珍本、档案、艺术品等令人目不暇接。图书馆安置在修道院深院，环境幽深清静，通常有数位学者埋头在其中工作。馆内拥有现代设备和装置，有一所胶片实验室制作胶片、照片、缩微胶卷，供各国学者使用。

六　图书馆学教育

希腊图书馆学教育起步较晚，Y. W. C. A. 图书馆学校 1961 年才开始招生。对希腊人来说，唯一获得图书馆学正规教育的途径是到美国、英国学习，在战后的年代，一些人已在国外受过训练，回国后担任了希腊许多著名图书馆的领导职务，但数量非常有限，不足以成为推动希腊图书馆事业发展的强劲力量。

早在 50 年代，随着战后各项事业的复苏，开始感到有必要对图书馆工作人员进行培训。为此，在雅典的美国图书馆组织了两个培训机构，对那些没有图书馆工作经验的图书馆雇员进行培训。

1957 年的培训班是美国图书馆与雅典学院合办的，希腊雅典学院是一个私立学校，是热心于公共事业的希腊人在美国支持下办的,相当于中学,图书馆藏书4.5万册。这个培训班培训期两星期,学员60人,来自全希腊。培训机构设在雅典学院校园里,每天都要求学生在学院图书馆中做一段实习工作。这次培训班被看作是开希腊图书馆培训发展之先河。这次培训班结束后,在联合国教科文组织帮助下出现了第一个希腊流动车图书馆。1960年,联合国教科文组织派一个美国专家考察在希腊建立图书馆学校的必要性。该专家考察后建议雅典大学哲学院下可设一个4年本科学习的图书馆学校。1962年,另一教科文专家进行了同样的考察并提出相同的建议,只不过认为图书馆学校应建在萨洛尼卡大学哲学系。尽管如此,图书馆学校一直未建起来。只有1961年成立的Y.W.C.A.图书馆学校培训图书馆助理员。

目前,希腊正式的图书馆培训是由Y.W.C.A.图书馆学校提供的,该校是青年妇女基督教协会Y.W.C.A.资助办起来的。1963年,希腊教育部正式批准它为教育机构,因此,该学校的毕业试考由官方机构监督,毕业文凭国家承认,入学者需至少有中学毕业文凭,懂一门外国语,最好是英语,并经笔试和面试。教员由雅典各图书馆专职工作人员以及在英美图书馆学院毕业的专业人员担任。

除了正式课程,学生还要在雅典的一些图书馆实习,实习由所在馆的馆员带,该校通过给社会输送毕业生,把现代图书馆组织管理方法介绍到社会上去,使英美图书馆模式得以在希腊图书馆中实践。英美编目条例、杜威十进分类法、国际十进分类法、开架藏书、图书免费使用、图书馆合作等概念已为希腊图书馆界所熟悉,同时,图书馆正式教育的存在也促进了图书馆协会的形成。

仅仅是图书馆学校的毕业生仍然满足不了图书馆发展的需要,也不能满足对许多专业技能的及时掌握,这就需要办一些短训班。雅典学院图书馆和教育部文学艺术司合作搞了几次短训,雅典学院图书馆的方针不仅要满足读者需要还要贡献于国家图书馆事业的发展。因此它拨出专款来搞培训,培训期为 2 月,学员 100 多人。到 70 年代,国家承担了对图书馆工作人员的培训责任。1970 年国家开办了第一个国立图书馆培训班。同时国家还为训练图书馆工作人员提供到国外学习的奖学金。通过图书馆学校、培训班和派人到国外进修,希腊正逐步解决图书馆人力不足问题。

希腊图书馆协会建于 1968 年,它是在 60 年代图书馆事业大发展的形势下产生的,协会的目标是:促进图书馆事业发展和图书馆学的发展,维护图书馆的法定地位,扩大图书馆的功能,让人们了解图书馆在国家文化和技术发展中的作用。凡希腊公民,在图书馆工作过六个月以上都可成为会员。但图书馆学校学生不能加入,协会有年会、出版通讯,并且广泛吸收情报界、大众传播界、公共事务界的会员。1970 年 3 月该协会成为 IFLA 会员。

图书馆协会的存在说明图书馆事业已在希腊取得专业地位,希腊的专业图书馆和学术图书馆比较发达,公共馆还有待发展。希腊的藏书历史悠久,珍贵。但图书馆事业的整体功能还未得以发挥,内部工作还有待于改善。这是希腊图书馆事业的一个简单面貌。

西欧图书馆立法综述

一 立法的必要性和意义

西欧国家图书馆立法的程度、范围及要求虽有不同,但是对立法必要性的认识是一致的。①立法能够赋权给一个合适的行政单位,以使图书馆提供必要的服务和获得必要的财政资源,并使之纳入国家行政体系。只有立法才能确定图书馆的社会功能,并赋予图书馆以实现这些功能的条件。②立法是国家对图书馆进行统一控制的手段,也是图书馆全面合作、并形成一个完善的国家图书馆系统的必要步骤;一个永久的、不断进步的国家图书馆服务系统只有通过立法才能达到。③立法使图书馆能遍布于各地,为各地人民服务,即立法赋予图书馆以存在,它还赋予图书馆生存的能力和适应未来的变化。因此,不管国家财政情况如何,国家政治体制、人民文化水平有何不同,综观现代西欧图书馆事业的形成,重视立法是发展的一个重要因素。

二 立法的形式

按照图书馆类型来分,在西欧国家中有公共图书馆法、大学图书馆法、专业图书馆法等。其中最重要的是公共图书馆法。因为公共图书馆法不仅讲到公共图书馆的服务,而且讲到公共馆与其他图书馆的关系,在公共图书馆法中,经常涉及大学馆以及其他类型图书馆。此外公共图书馆法往往描述了一个国家的图书馆系统,它规定了全国图书馆服务体系的模式,同时公共图书馆法和教育法等社会其他法律有着更为密切的关系,大学图书馆法、专业图书馆法等则往往不涉及其他类型图书馆而只就自己图书馆的业务、经费等做出规定。这些规定,没有像公共馆法那样有永久性,不能作为图书馆事业发展的里程碑。因此,讲图书馆立法,首先讲的是公共图书馆法;公共图书馆立法,是图书馆立法要研究的首要问题。

按照法律的强制性程度,可分为必要的或义务的图书馆法和非强制性的图书馆法。像英国、北欧五国都是义务图书馆法,且是全国性的;法国、比利时、荷兰、意大利、西班牙则是非强制性的图书馆法,且是地区性的,各地方政府可以自行斟酌处理。选择何种立法形式,同一个国家的地方政府和中央政府间的关系有很大关系。在西欧国家中,各国地方自治程度有很大不同,大体可分为:①法国形式。中央政府权力特别大,而且行政体制有严格的等级结构,与它相似的有荷兰、意大利等。②英国形式。分散化是其特征,实行地方自治,地方议会决定地方事务。但是地方政府权力大小在一些国家也有不同。如德国、比利时、西班牙的地方自治权就比英国和北欧五国大些。

从立法看,权力过于集中、行政结构过于等级化的国家,立法实施不力。而地方政府权力过大的国家像西德,也难以推行全国统一的图书馆法。而像英国那样,地方有一定权力,但中央政府对地方有一定控制权的国家,立法执行得最好。

三 影响立法的各种因素

除了地方政府和中央政府关系这一因素外,在立法前还要考虑国家的教育水平、文盲率、社会发展速度等。具体地说有:

1. 教育情况。图书馆发展的需求与成人文盲状况以及初级教育的发展状况有关。在西欧文盲率较低,因此它没有构成对公共图书馆发展的太大障碍。文盲率决定图书馆的数量和分布,如文盲率高就要求流动图书馆和乡村地区图书馆事业的发展。如在西班牙公共馆法规中,一再强调公共图书馆要和初级教育紧密结合,因为西班牙的文盲率比大多数西欧国家为高。

2. 语言和图书生产量。在立法时要考虑本国有多少语种,各语种的重要性以及与此相关的图书生产量。缺乏本国语言的图书出版会造成馆资源的不足。在西欧国家,图书出版量较高,语种在一个国家比较单一,图书出版多说明了人们爱读书,这是公共馆发展的一个促进力量。语种单一,减少了图书采购上的困难。语种过多对立法影响较大的是比利时,它分荷兰语和法语两个人口群和居住带,图书馆法规也要分不同语种带作出专门规定。

3. 人口密度和集中程度。人口过于分散,对公共馆的普及有影响。如挪威、芬兰等图书馆集中在城市地区,乡村地区看书问题只有依靠邮寄和送书下乡等办法解决。此外,人口密度过低,地方政权管辖的人口少,会使地方无力承担图书馆发展费用,这在立法中也要考虑。

4. 通信情况。通信系统是否发达影响着图书馆的集中化和分散化。西欧图书馆事业分散化的组织形式是和其通信系统的发达分不开的。

5. 收入和税收结构。图书馆发展的经费必须占税收收入的一部分才能保证图书馆有固定的经济来源。立法所规定的图书馆经费来源,要充分考虑到一个国家的税收结构。如在法国,地方对本地税收收入自主权很少,而由国家"统一分配",就很难责成地方政府负责本地区图书馆服务的发展。

6. 现有的有关法律。有些国家早就存在着地方图书馆法,以及历史上的有关法律。在制定新法时,要考虑原有法律的影响和作用。在大多西欧国家中,图书馆法有悠久历史,这对制定新的图书馆法提供了历史借鉴。

7.受过训练的馆员和培训设施。在立法时要考虑到,如果建立了图书馆或使图书馆得以发展,本国是否有培训图书馆员的机构,有多少熟练的图书馆员,这样才能决定图书馆的规模、可行数量和服务标准。在西欧国家中,除意大利、西班牙等南欧地区对图书馆教育不够重视外,其他西欧国家的图书馆学教育都很发达,这对于立法的实施无疑是个有利条件。

在立法中制定图书馆的目标、图书馆发展的速度、国家对图书馆的投资以及什么样的图书馆系统结构时,都要考虑到上述主要因素。上述因素协调得好,图书馆立法才能最大限度地对图书馆事业发挥促进作用。

四 立法中的几个实际问题

从西欧图书馆事业立法的实践来看,在立法过程中要考虑的实际问题有:

1.通过立法要比改变立法容易。在英国,1850年通过第一个图书馆法之后整整七十年,才对原有的法律进行修改。其他各国图书馆法的修改也都是间隔几年才稍有变动。英国1850年制订公共图书馆法,1919年修改,1964年通过《公共图书馆与博物馆法》,1972年通过《不列颠图书馆法》。1699年,苏格兰有"关于各地方图书馆的资助和维持的建议",1853年制订第一个《公共图书馆法》,1920年通过新的《图书馆法》,1955年修改原图书馆法,1967年又进行修改,1978年再次修改。1855年北爱尔兰有图书馆法,1947年通过新的图书馆法,1926、1940年先后进行修改,1961年进行了较大修改,1966年再次重申1961年修改的图书馆法。1920年丹麦通过第一个图书馆法,1931年第一次修改,1946年第二次修改,1950、1959年又进行了修改,1964年通过新图书馆法,至今未有太大变动。挪威1935年产生第一个图书馆法,1947

年通过新法,1955年制订的新法至今仍实行。瑞典1905年通过第一个图书馆法,1930年有所修改,1965年新图书馆法通过,沿用至今。芬兰1928年通过第一个图书馆法,至今未有太大变动。

以上说明,在第一个图书馆法制定后,隔几年都有所变动,但一旦确定下来,变动很小,一直沿用几十年。

目前图书馆立法较早的西欧国家,都面临着如何对过去几十年的立法经验进行评估和总结,制订新的法律,以使图书馆在新时期获得新的活力。

2. 公共馆的独立程度和立法贯彻机构。从西欧国家来看,曾想制订一个包含各类型图书馆的图书馆法,但是实践证明是不可行的,因而图书馆法往往都是某一类型图书馆法。在制订公共图书馆法时,要考虑公共馆作为独立系统发展还是作为国家图书馆服务体系的一部分而发展。现在的趋向是后者,强调公共馆与其他图书馆的合作。在制订公共图书馆法时,都确立一个中心领导机构来领导全国图书馆事业的发展。这种领导机构是文化部或是教育部的一个部门。同时还设有一个全国性的图书馆事务咨询机构。如1850年的英国公共图书馆法,确定了英国图书馆事业的管理主体——图书馆理事会。1957年地方政府改组时,在教育部下设一委员会,专门考虑公共馆服务功能的发挥。此外,关于历次修改的问题如图书馆的互借、合作、评估等问题,都成立了相应的专门委员会进行研究。1964年图书馆法确定了各地图书馆审议会由公共馆员、地方政府官员以及其他类型图书馆馆员组成,作为图书馆发展的咨询机构。丹麦在1920年第一个公共图书馆法公布后,就成立了图书馆署负责促进图书馆在各社区的发展,现在图书馆署已发展成全国编目、标引、装订的一个多功能中心领导机构。1964年的丹麦新图书馆法,要求组成县图书馆咨询委员会,由所在社区的议会代表和图书馆代表组成,就本地区图书馆发展问题提供咨询。为贯彻新图书馆法还设立了图书馆办公室,负责国家对图书馆拨款的分配,并起图书馆协调中心的作用(英国就没有这种机构)。

可以说,没有相应的强有力的领导和咨询机构,图书馆立法的作用是发挥不出来的。

3. 强制性法律与非强制性法律比较。实践证明,非强制性法律的效果不如强制性法律。前者不利于形成国家图书馆服务体系,受地方文化发展的限制太大,不利于形成统一的服务标准和协调各地图书馆的发展速度。英国和北欧五国都是强制性法,其效果就比法国和西德的非强制性为好,英国、北欧的公共图书馆事业,就比西德、法国发达。

4. 地方政府和中央政府的关系。过去立法都认为公共图书馆发展是地方的事情,即图书馆事业发展可以不在国家社会和经济发展计划中加以考虑,这已经被证明是一种错误的观念。但在图书馆立法中,如何考虑到地方政府和中央政府的关系,正确制定有关法规,一直是个棘手的问题。

5. 如果以地方政府为单位发展图书馆,就涉及图书馆的发展应该落实到哪一级地方政府、图书馆发展的规模应当怎样,各级图书馆间的关系,中心图书馆与非中心图书馆的关系等。

6. 图书馆发展需要多少财力保证。公共馆发展经费必须占税收的一定比率,但应占多少,中央政府给多少财政补助,是要实际考虑的问题。经费条文的制定将影响图书馆的发展速度,由于社会的发展和对图书馆服务需求的变化,因此制定图书馆经费的比率是一个非常困难的问题。后面我们将谈到西欧各国在图书馆立法中对此问题的解决以及不同结果。

7. 其他问题。a. 私立图书馆摆在什么地位? 在西欧国家,这个问题很突出,因为西欧图书馆事业是在私立图书馆藏书基础上发展起来的。在立法中要正确处理公共与教会图书馆、私人图书馆、捐赠图书馆的关系。b. 图书馆合作,这是西欧国家图书馆立法中一直很重视的问题。因为西欧已解决了普及图书馆服务，面临的是如何扩大图书馆功能，提高图书馆效益。图书馆合作包括公共馆间及公共馆与其他类型图书馆的合作。c.立法中是否要涉及图书馆教育和图书馆协会的作用，这一问题在西欧国家图书馆立法中还未涉及。

五　对立法中各类问题的解决方式

总的来讲，现在还没有一个西欧国家的图书馆立法制度是完善的，还存在着这样那样的问题。

1. 关于图书馆国家管理和咨询机构

前面讲过，无论是"集权"还是"联邦"国家，图书馆法的实施，都需要一个中央领导机构，这种机构或是执行机构或是咨询机构，它可以是独立的，也可以附属于政府某个部门。丹麦有图书馆理事会，由16位来自各类图书馆的成员组成，这些成员由教育大臣任命，它要就图书馆法实施过程中各种重要或次要的问题进行商讨，并有权力向政府提出动议，主席是国家图书馆总署负责人。芬兰的图书馆代表团是一个向学校总委员会负责的咨询团体，有12个代表团，分别代表教育部、地方政府、图书馆培训以及各类图书馆组织，代表团有权向学校总委员会提交提案。爱尔兰图书馆理事会的主要目的，是监察和管理爱尔兰中心图书馆，另一目的是帮助地方图书馆改进服务。其成员是通过提名后任命的。大部分成员由大学图书馆和国家图书馆提名。爱尔兰图书馆理事会的权力很大，它负责受理地方图书馆的经费申请，其功能已不限于咨询，可以说是一个权力很大的执行机构。英国图书馆咨询委员会是根据1964年图书馆法由教育大臣建立的，分英格兰分会和威尔士分会，委员数量不定，委员资格也无特定要求，由教育大臣直接提名，大多是地方机构、各类馆、各规模不等的大学和公共馆员。委员会的任务是咨询，主要工作是把工作成就和图书馆法的要求进行比较。它已成为各类图书馆的咨询机构,同时也关心图书馆的培训问题。像西德、意大利等联邦国家,教育和文化事务由地方自治,各州、省设有公共馆局,是各州图书馆法的执行机构。挪威有国家图书馆总监,负责全国图书馆的合作与协调。瑞典的教育委员会设有图书馆局,负责批准对图书馆的拨款和建筑计划等。荷兰有图书馆事务咨询委员会(现为图书馆委员会),其主要任务是就图书馆事业发展的各种问题向政府提出咨询意见。在法国,图书馆事业的中心领导机构是图书馆局,它是全国图书馆事业的总指挥,负责各项政策方针的执行和实施。总的讲,这些机构的咨询功能比执行功能要强一些,但是这些机构通过咨询手段对图书馆的发展也起着监督和控制作用。但是国家和地方各级图书馆中心机构的设置有很大不同,国家一级图书馆领导机构都附属于文化部或教育部,而地方一级并不是这样,许多地方图书馆机构没有获得应有的权力。

2. 关于合作的立法

中心图书馆领导机构的存在有利于图书馆间的合作,但是要达到有效地合作仍需要做出专门的规定。二次大战后,西欧国家的图书馆立法一般都着重于合作。各级图书馆组织或加入国家图书馆系统,或建起全国合作的框架。国家一般给图书馆间的合作拨款。

在丹麦,1920 年的图书馆法就确立了一些县馆为中心馆,它领导本县范围内的其他馆(作为分馆)。中心馆借书给分馆或帮它们采购图书以及解决分馆无力获得的资料,并且给分馆以技术指导。但在行政上分馆和中心馆是独立的。目前全国有 14 个县中心馆(丹麦全国有 14 个县,277 个社区)。1964 年的图书馆法中,图书馆合作是重点。它要求只要有条件各图书馆应努力建立分馆,并且要与工业、商业图书馆合作,把公共馆服务扩展到这些领域。县馆应给中心馆以财政援助。县中心馆的确立,由文化大

342

臣根据各馆的地理位置、设备、藏书和工作人员情况审定。

挪威没有规定中心馆像丹麦县中心馆那样大的权力,它是按地区建立图书馆系统。因为挪威人口分散,多山多森林,各个地方情况很不一样。在行政上挪威分20个县,450个社区。1935年挪威公共图书馆的中心任务是建立中心图书馆。中心馆可以获得国家的专门拨款,中心馆由文化大臣决定。在挪威选择合适的中心馆较丹麦困难,因为许多馆太小无法承担中心馆的任务。1955年新公共馆法强调了城镇馆要有分馆,并要为乡村地区图书馆服务。为乡村地区服务和建立分馆服务的城镇馆可获得额外资金,并规定中心馆应获得占原有款项20%的额外经费。从挪威立法情况看,强调地区图书馆系统和中心馆的作用是其特点。中心公共馆由专门管理委员会管理,委员会中要有一名县议会议员参加。中心馆应义务为全地区服务,开展流动借书,对本地区学校馆和其他公共馆起监督作用,负责本地区馆的协调和合作,负责每年向图书馆总监提交报告。

瑞典有25个县和1006个低一级的城乡政府机构,层次越低权力越大,瑞典的地方自治程度在北欧五国中最高。在立法中除了和丹麦和挪威一样要求建立县中心馆外,还专门规定建立馆际互借中心。馆际互借中心一般设在县馆,国家给县馆额外经费以资助它们开展馆际互借服务。1966年瑞典新图书馆法规定,县馆要对本地其他公共馆给以指导,促进本地区图书馆服务水平的提高,并且开展互借活动。县馆的互借中心由国家教育委员会监督,除县馆外还设立了四个地区借阅中心为县馆间的互借服务。由于瑞典地方自治程度高,瑞典的图书馆法是非强制性的。

英国图书馆合作是自愿组织的。图书馆法关于图书馆合作事宜规定得很少,但是关于图书馆经费问题的规定比较详细。1964年的图书馆法,考虑到了已有的地区图书馆间的合作形式,要求每个馆务必加入地区图书馆合作组织,成为合作组织的成员,并授权图书馆咨询委员会不仅可以就公共馆问题进行审议,还可就公共馆和大学馆、专业馆间的关系加以指导,这就为形成全国统一协调的图书馆网络提供了可能。1964年图书馆法第三条专门规定了图书馆合作区域的建立问题,要求加强地区内部图书馆间的合作,各地区组成专门委员会来促成这一合作,以提高整个地区图书馆服务的质量。这就使得原来在自愿基础上建立的图书馆合作具有了法律保证。立法还要求合作不仅限于馆际互借,还要考虑建立地区参考图书馆,实行采购责任分担,建立中心编目机构等。

荷兰1975年通过的图书馆法,要求省、市、地区都要有一个全面的图书馆发展规划,并要求各级政府设立专门委员会负责实现制定的规划。该法着重于图书馆经费和服务质量问题,对合作提得不多。但在荷兰1967年发布的关于荷兰学术图书馆的报告中,特别提到了大学图书馆与下属院、系图书馆的合作。

希腊在70年代初期颁布了一项法令,要求建立中心公共图书馆。中心馆由所在的城镇和地区部门共同维持。中心馆要负责地区图书馆事业的发展,促进地区的图书流通,推动图书馆服务的合作和协调。目前已有7个中心馆。中心馆的出现对于形成希腊公共馆服务体系无疑起着积极作用。

西德是一个联邦制国家,没有全国的图书馆法,各州有自己的图书馆法案,对图书馆合作问题有专门的规定。1970年,联邦提出"关于大学图书馆和研究所图书馆合作的建议"。1975年图书馆委员会提出"科学研究文献跨地区提供"的备忘录。"1973—1975年,巴登—符腾堡高校图书馆总规划对该地区高校馆间的合作做了较详细的规定。"1969年的"德国图书馆联合会"做出了关于公共馆网络建设的有关规定。在合作法规方面,最重要的是1973年的"图书馆计划",其副标题是"德意志联邦共和国建立广泛的图书馆的草案",它由德意志图书馆理事会提出,得到了各图书馆协会特别是德意志图书馆协会的支持,它把公共馆定义为传递文献和情报的社会设施,强调其传递职能。同时对各图书馆应开展什么样的服务、如何组织读者、发展读者、图书馆管理、图书馆自动化等都做了规定。它同时规定了4个专业中心图书馆作为国家专业文献的传播和收藏中心,由国家提供资金。对科学图书馆的方针政策和服务也做出了相应规定。但这些规定的出发点都是要有利于各图书馆间的合作。该计划的精髓是提出了整个国家图书馆体系的框架,它把西德各类图书馆分成四个等级。计划撰写人认为,只有相互衔接的图书馆才能提供有助于社会进步的图书馆服务。因此把各个独立的图书馆纳入整个社会图书馆结构中是十分必要的。1973年图书馆计划规定的四个等级图书馆系统结构为:

第一级图书馆,由小型的乡村和非首府的小城镇图书馆担任。在这一级图书馆中要有专业馆员,藏书至少1万册,为人民提供常用的图书和最必要的文献服务。第一级图书馆还包括流动图书馆,以及人口5000以上的地方性成人图书馆和儿童图书馆。在第一级和第二级图书馆之间是一些中级城镇的图书馆,它充当桥梁,但归入第一级图书馆体系。第一级图书馆的主要任务是与本地的学校图书馆联成一体。

第二级图书馆,是较大城镇(一般是地区首府)的图书馆,它们是地区图书馆系统的中心,不仅提供基本文献资料,还要能满足人们对各领域的特殊需要和对高级文献资料的需要,它要为第一级图书馆补充藏书,与三、四级图书馆进行馆际互借活动,它要设立必要的中心服务部门以促进地区图书馆间的合作。

第三级图书馆,主要是科学图书馆、研究图书馆和州图书馆,收藏与研究有关的各种德文专著,还要有选择地收藏一些外文资料,要提供全州范围内的服务。

第四级图书馆,是三个国家馆和四个中心专业图书馆。要采购综合性的学术藏书(包括专门研究资料和国内外有关文件),要提供跨地区的服务,是书目控制、馆际互借、情报服务的跨地区中心。

1973年计划,对各级图书馆的管理、功能、要求都规定得很清楚。同时还指出一些图书馆要成为下列中心的一个或数个:计划、组织和发展中心、藏书建设中心、藏书保护、读者服务、采购、建筑设计、联合目录、图书馆学研究中心等等。1973年计划提出后,至今虽然只实现了一部分,但其关于图书馆网络的概念、网络建设的意见,无疑地促进了各级图书馆间的合作。计划发表后,一些州也制定了相应的计划。著名的有"在州发展中的巴伐利亚图书馆","北莱茵—威斯特法伦图书馆发展计划"(1973),"巴登—符腾堡的科学图书馆发展总规划"(1973—1975),"下萨克森州图书馆计划"(1978)等。

总的讲,为了促进图书馆间的合作,西欧各国图书馆立法一般有如下几种情况:①不做专门规定,立法只着重于发展图书馆。②规定图书馆要开展互借服务或其他合作形式的服务。③从组织上保证合作的进行,要求建立中心图书馆。④规定一个全国图书馆体系框架,要求各图书馆归入此框架。

这些措施,对于图书馆合作的深入而又有计划的开展,是十分必要的。

3. 关于图书馆的经费

立法中要规定图书馆经费的来源、数量。现在新的立法很强调国家补助款应如何发放。发放补助款的目的是要让地方图书馆改进服务或参与图书馆间的合作。补助款还可起到扶持贫困地区图书馆事业的作用。一般都规定有最大补助量。但是,关于补助款的具体规定,各国有很大不同。

1850年的英国图书馆法,规定了公共馆由地方税收中抽取一定比例作为图书馆经费,每英镑税收中提取0.5便士,提取税率要有纳税人2/3以上的同意方可实施。这种规定图书馆费用具体比率的做法,会因通货膨胀而失效。1919 年图书馆法取消了 0.5 便士的限制,允许地方政府给图书馆任意投资,图书馆服务的责任落到地方议会身上。但这个责任是非强制的,因而图书馆服务往往摆在地方各项事业的后边而得不到重视。1919 年也未规定政府要发放专门补助资金。1965 年图书馆法规定了图书馆领导机关可为图书馆提供所需的额外补助,并把公共馆经费列入政府经费预算,这样图书馆经费一部分来自地方税收,一部分来自国家。国家是否补贴决定于图书馆工作的好坏,因为专门补助款并不直接拨给某馆,而由地方决定分配。1964 年图书馆法使经费更有保障。1920 年苏格兰图书馆法,把图书馆税率提高到每英镑 3 便士,而且根据 1918 年教育法公共馆可从教育经费中获得补助。1955 年新法取消了税率限制。1967 年参考英格兰和威尔士法规定了经费和服务标准,要求地方政府必须达到规定的标准。

1920 年丹麦第一个图书馆法就要求国家必须给公共馆提供补助金。1931 年的修改法规定,儿童馆由国家出资开办,不由社区资助。1964 年新图书馆法规定社区为图书馆提供经费,国家给每个地区图书馆系统提供补助金(平均每人 2 克朗),这笔资金占图书馆管理费中的 45%,但这笔费用不得用到建筑方面(建筑费由社区负担),如果有必要国家补助金可增加 30%。但管理费的具体内容没有规定,也未规定国家补助金的最大值和最小值。挪威 1935 年图书馆法规定,向中心公共馆提供专门的国家资金。1955 年新图书馆法规定了可以获得国家补助的图书馆的资格条件:城镇图书馆,免费外借书,有资格馆员,有议会批准的规章制度,有馆员宿舍等。每个市镇只允许一个图书馆获得国家资金。另外规定中心图书馆可获得原国家拨款之外的 20% 附加拨款,中心馆流动服务费用的 50% 由国家支持。国家资金的一部分应用于采购和装订,这笔钱山国家图书馆总监统一支配。

瑞典 1965 年图书馆法规定,国家不是给所有公共馆都提供补助基金,只是对地方图书馆服务提供必要补助。图书馆经费由社区全部支付,是社区福利计划的一部分。

芬兰1928年第一个图书馆法,规定了国家给予图书馆经费的常数。这一作法的缺陷是受货币贬值的影响较大。1962年新图书馆法规定,国家给乡村地区图书馆的拨款占其经费的2/3,给城镇馆的占其经费的1/3,边远落后地区可追加到10—25%。国家资金用于工资、采购、装订、运输以及设备维修与购买视听资料。芬兰图书馆法对经费规定很严,要求有资格馆员的图书馆才能享受国家补助,而这个条件在乡村图书馆是做不到的。

比利时1921年的Destreè法案规定,国家给图书馆拨款,图书馆接受资助的条件是:①有完备的馆舍;②藏有一定数量的图书,如在1万人的社区,藏书至少要有800册,5年内要增加到1500册;③向全体人民开放;④不收费;⑤要有一定开馆时间;⑥接受国家监督;⑦由馆员管理(馆员要有资格证书)。法律规定图书馆管理费由所在社区提供。1947年的法令还规定,社区给图书馆的资助每人每年的图书馆费应为15比利时法郎。地方政府的拨款75%用于买书和图书保存,25%用于服务和日常开支。馆员工资由国家统一支付。国家资助主要用在购买书刊和改进技术。国家每年给图书馆馆长提供津贴。

从以上情况看,关于图书馆经费数量:a. 规定占税收之比例;b. 不规定数量,规定要达到的服务标准,地方政府要保证本地区图书馆达到此标准,国家给予适当补助。

关于补助款:a. 一般都指明用途,用于建筑、改进技术、扩大服务的为多;b. 数量有限;c. 规定享受的资格;d. 专门的款项,如古籍保护。

4. 图书馆标准

国家拨补助金的目的,是使图书馆服务质量提高,而图书馆服务质量是根据图书馆标准来衡量的。因此,在西欧各国立法中都很重视。在立法中对图书馆服务标准只做了初步规定。标准包括建筑标准、开馆时间、馆员素质、应开展的服务项目。详细的规定都是另文发表。

5. 关于公共馆性质和收费问题

立法首先把公共馆的性质、职能讲清楚。丹麦公共馆法规定，"公共图书馆"是通过书刊和其他资料的免费提供服务促进知识、教育和方法的传播。立法中规定,任一丹麦居民利用任何图书馆都应是免费的。而在英国允许公共馆对外地的人收费,以及对唱片、录像、影片的使用收费。大部分国家对预约和过期等允许收费。收费问题随着新型服务、新型载体、服务单元文化的出现,变得越来越复杂。在立法中对公共馆有如下要求:①政治中立,不受政党、个人、宗教等因素的影响;②是人民教育和沟通世界人民相互理解、促进世界和平之有生力量,是现代民主的产物,是终身教育的必要辅助;③主要目标是为教育服务;④经费来自公共资金;⑤任何人均可使用,没有等级限制;⑥免费。

6. 关于地方图书馆管理机构

有几种类型:市区和乡村地区分开,如英国。以地区为管理单位,如丹麦、芬兰、南欧。以州、省为单位,如法国。以社区为管理单位,如比利时、瑞典、西德。

管理机构有:①图书馆费分配和监督;②人员任命;③服务质量评估。管理机构一般设在地区的教育、文化或闲暇委员会。由中心馆长、地区议员和各界代表组成,力求民主。管理机构的名义是"图书馆委员会"。

除以上几个方面外,关于公共馆与私立馆之间的关系,图书馆非书资料管理等问题,在立法中也有所规定。

目前,图书馆立法正进入一个新时期。服务类型的多样,电子计算机的应用,合作的深入,专业地位的提高,使立法从确保图书馆普及逐渐转入确保图书馆的生存。由于知识和文献市场的扩大,图书馆面临着众多伙伴的竞争,图书馆法也不能像过去那样把图书馆看作一个封闭系统,只解决本系统内的问题。图书馆法将纳入国家法律体系,要更多考虑与教育法、经济法等条文的关系,才能保证图书馆适应现代化发展的需要。

六 制定公共图书馆法的原则

由于各国地方政府与中央政府的关系,社会发展速度,公共资金的分配,现有图书馆服务水平的差异很大。找出一个统一的制定图书馆法的原则无疑是不可能的。但是,从上面的讨论,我们能够发现西欧图书馆事业立法主要有:①北欧模式。义务性法律,国家投资,公共馆作为社会文化和教育水平的象征。②英国模式。特别考虑各级图书馆的领导,注意协调合作。如比利时、荷兰等。③法国式,无图书馆法,但有许多条例、标准、报告,有强有力的中央领导机构。④其他形式。无全国统一的立法,只有地区图书馆法,如西德、意大利等。

不管什么形式,立法的目的是要保证和建立完善的全国性的公共图书馆系统,使每个人都有同等的权力获得所需书籍。根据这一目的,我们可以找到一些制订图书馆法的一些基本原则:

(1)要确定一个中心领导或咨询监督机构。

(2)地区不能太小。在较大行政区内才能保证该区内图书馆的发展。行政单位太小,无力承担图书馆费用。

(3)应从国家税收和地区税收中抽取一定比例,作为图书馆经费来源。

(4)图书馆要有资格馆员来管理和运作。

(5)公共馆完全免费,这一原则在新时期需重新考虑。

(6)制定公共馆法,应考虑现存的其他有关法律,如教育法、文化法、版权法、出借权法等。

至于哪一个原则最重要,则没有固定的答案。对图书馆法的评估是很困难的,要看实践效果。在制定新法时要总结以往立法的得失。

下面21条是立法要具体遵循的或者说要考虑到的原则:

(1)在图书馆法的序言中,要清楚地说明制定图书馆法的目的。结合立法目的阐发公共馆的目的。

(2)要确定负责实施此法的国务大臣或政府部门。最好是教育部。

(3)要有一个独立的组织,为实施该法的部或大臣提供咨询,该组织的领导要由大臣或部长认可,它要体现各图书馆组织如地方图书馆协会、全国图书馆学会的利益。该组织一般称"图书馆委员会",该组织必须就提交的所有问题做出答复,要经常发表报告,并且负责协调整个公共馆系统和整个国家图书馆系统的关系。为此,其成员要来自国家图书馆、大学图书馆和其他重要的专业图书馆。

(4)部长或大臣有监督权,并有权确定和发表服务标准。为此在政府部门下要设立机构来帮助图书馆委员会,该组织秘书长必须是高级政府官员,其成员应是资格馆员,要根据各国家具体情况,来确定部长、图书馆委员会和部图书馆秘书处间的关系。

(5)法律必须指出由哪一级地方政府负责任,即责任单位。这个单位承担对本区域公共图书馆的行政管理。它不能把此责任委托给除地方咨询委员会之外的任何单位,它们的行政部门应是地方政府中的独立部门。这一独立单位可以是地方政府中的图书馆委员会,由被任命的成员组成委员会,或是一个官方机构。该单位的权力、职责、名称,根据立法要求,由地方统一规定。确定权力单位在立法中是很困难的一件事,现在的经验是这一单位应纳入地方行政机构,并且不应小到无财政和管理能力,但这一单位太大也不可取。

(6)对于地方政府中图书馆行政单位的权力和职责必须明确

规定,并指明权力作用的职责范围。

(7)部长或大臣必须有强制性的权力来提供公共馆服务。但这一权力有一定的范围,要与地方政府协商,让它们逐渐提供法令所要求的公共馆服务(地方政府的做法要在部长或大臣监督下)。

(8)必须由中心机构决定征税的数量,这一数量应随情况的变化而变化。不必给出最大的征税量,但要有保证图书馆服务发展的最少征税率。如果责任单位除了财产税、公路税、所得税等应征税外,还有其他收入,它必须有权力把这一收入的一部分作为公共图书馆资金。

(9)中央政府必须提供财政资助,其数量要根据各责任单位的税收能力和满足法律要求的发展速率来决定拨款尺度。在最初阶段,最好中央政府的财政资助能够占图书馆总费用的75%,随着服务的建立再逐渐减少。

中央补助金体系,要根据中央政府和地方政府间的财政关系来确定。应避免根据人口数量多少决定补助金和随意不定期的发补助金。补助金的目的是"强迫"地方政府加强中央政府所鼓励的那些图书馆服务。在联邦制国家,要尽可能有中央图书馆补助金。

(10)法律必须包含关于地方图书馆系统的合作,及各责任单位承办的图书馆间的互借规定。这种合作的监督和领导权,最好交给国家图书馆,必要时要建立地区中心图书馆。馆际互借和合作的财政及管理,必须由中央政府负主要责任,地方政府以及大学图书馆或其他类型图书馆予以赞助。

(11)规定公共馆要提供什么样的藏书,什么样的服务。公共馆应有权提供附属性的服务,如讲座、展览、戏剧表演、放电影等以及其他文化活动。

(12)使用公共图书馆应免费,公共馆要向全体大众开放。如果允许对非书刊资料,如唱片、图画、影片等的外借收费,以及对预约借书或过期还书收费,要由部长或大臣批准,并做出合理的规定。

(13)应规定把各单位举办的公共馆纳入普通公共图书馆系统,此条款可据具体情况而定。至少应减少给予那些不愿加入公共馆系统的图书馆的补助金,补助金应根据图书馆吸收潜在读者的多少来决定,新的机构性图书馆不应获得补助金。

(14)法律应该灵活,能适应币值的变化、地方政府结构的变化以及教育的发展。

(15)在法律中应普遍允许公共馆为其他单位提供服务或与其他馆间的合作,这些馆包括医学院、盲人馆、残废人图书馆等,合作可以是地区性的,也可以是全国性的。

(16)根据各国的情况,图书馆法应有条款规定图书馆帮助社会教育中心,社区中心或类似组织,无论是通过借书或是建立分馆等方式。

(17)必须清楚地说明,只有为社区服务的公共图书馆才是法律条款所要求的公共馆。这样为社区中心等提供帮助的思想才能树立。除非有专门的条款,没有必要为其他机构提供帮助。有一些国家随着扫盲计划出现了为扫盲服务的公共馆(如西班牙),这些图书馆的分散资源要集中控制。

(18)法律要有权提高基本建设的贷款(包括建筑、家具、设备等),这种权力由部长或大臣批准。

(19)部长或大臣应有权根据图书馆委员会咨询,出于专门的或试验的目的,给地方政府提供补助金。

(20)根据图书委员会的咨询,部长或大臣有权提出服务标准制订的原则和为此所需的最低税收比例;对馆员工资、资格和法律所规定的所有其他问题做出规定。

(21)由法律规定的地方图书馆管理机构,要有权力就图书馆服务的管理,如开馆时间、用户指导、馆员招募、服务条件等做出规定。这些规定必须由部长批准,应委托图书馆委员会提出这些规定的模式。

　　并非所有的立法都遵循上述原则,只有丹麦的图书馆法最接近上述原则。这是因为各国情况不同。在这些原则中最重要的是,要有相应的地方责任单位负责地方图书馆事业,要有全国领导机构负责图书馆法的实施。没有中心领导机构,将形不成公共图书馆系统。

参考文献

英国

伦敦的公共图书馆概况,张祖圻,图书馆学通讯,1985. 2

英国公共图书馆人事管理,罗斯通·布朗,罗屏译,广东图书馆,1982. 2

以读者工作为中心的英国图书馆服务,陈誉,图书馆杂志,1985. 2

英国广播教育和公共图书馆,玛格丽特·沃利斯,周俭安译,图书馆学情报学参考资料第一辑

英国的公共图书馆,F. 约翰·彻格温等,丘东江译,新疆图书馆学会会刊,1980. 1

英国的知识宝库——不列颠图书馆概况,李孝枢,江苏图书馆工作,1980. 1

英国图书馆概况——成立的背景、经过、组织与规划,柏图文,图书馆工作(中科院图书馆),1976. 2—3

英国"不列颠图书馆"的现状,安德烈·G.波尔顿,图书馆学情报学参考资料第 3 辑

英国图书馆的大调整,王婷,中国图书馆学会信息,1986. 7

关于英国图书馆员、情报专家的培训问题,Heing Marloth,汤北魁,向明译校,图书馆学通讯,1985. 2

英国今后图书馆学和情报学的学习研究,P. 哈瓦德—威廉士,图书馆学情报学参考资料,1981. 2

英国图书馆学校的课程设置,郑挺整理,图书情报研究,1986.1

英国威尔士图书馆管理学院简介,吴友能,袁炳南,世界图书,1986.8

英国图书馆协作近况,韦邦编译,书刊资源利用,1982.2

英国图书馆事业,鲍振西,图书馆学通讯,1985. 2

英国图书馆事业和图书馆学现状发展趋势,陈桂馨编译,四川图书馆学报,
　　1984. 2

英国图书馆工作考察报告,关懿娴,图书馆工作(湖南)1978.7

介绍英国图书馆网络化情况,关懿娴,图书馆学通讯(山西),1979. 7

英国图书馆的现代化和网络化,北图通讯,1979. 1

英国的图书馆网络和自动化合作小组,罗素冰摘译,图书情报译丛,1984. 1

一个新的社会科学实验室—英国政治经济学图书馆,D. A. 克拉克,陈岭娥
　　译,高校图书馆工作,1985. 2

英国图书馆研究与发展部简介,罗素冰,贵图学刊,1983. 1

伯明翰图书馆协作组织简介,黄丽云编译,书刊资源利用,1983. 3

英国图书馆外借部的自动化——现状和未来计划,惠特列·迈克尔等著,现
　　代图书情报工作,1986. 1

1964 年以来英国大学图书馆建筑的比较研究,大学图书馆通讯,1984.4

British Academic Libraries/Neal, K. W. Cheshire, St. Anniś Press, 1973

University Librarianship/John F. Stirling. London, The Library Association,1981

Prospects for British Librarianship/ed. by K. C. Harrison, London, The Library
　　Association, 1976

British Librarianship Today/ed. Saunders W. L. London, The Library Associa-
　　tion 1976

British University Libraries/Neal K. W. Manchester 2nd ed Alderley Edge,Chesh-
　　ire, 1978

British Librarianship & Information work 1976 – 1980/ed. L. J. Taylor London：
　　The Library Association 1982. V. I

Libraries in the English New Universities/J. Eric Davies, International Library
　　Review, 1982, 14

British Public Library：a ten year, review Library review Spring 84

Library and Information Network in the United Kingdom/Burkett Jack 1979

Library cooperation in the United Kingdom: existing arrangement, gaps in provi-
　　sion and research which may be needed 1979

Public Library Research：a study of the development and current state of public library research in Great Britain/More Vick, 1978

Public Library Research: a review of UK Investigation between 1978 – 1982/Sterward Linds 1984

联邦德国

西德黑森州和达姆塔特高等工业学院图书馆介绍,杨友良,冶金高校图书馆,1986.2

西德大学图书馆读者服务工作简介,黄万新,吉林省高校图书馆通讯,1982.3

德意志联邦共和国的大学图书馆,彭斐章,高校图书馆工作,1981.2

中国大学图书馆代表团赴西德参观访问报告,陈仁栋,福建省图书馆通讯,1980.4

德国国家图书馆,石林,图书情报知识,1981.2

联邦德国出版发行业和图书馆,王明伦编译,赣图通讯,1986.3

联邦德国的图书情报工作,张力平,赣图通讯,1986.2

浅述联邦德国的专业情报工作,汤北魁,情报杂志,1986.4

联邦德国的汉诺威技术情报图书馆,于永源,世界图书,1985.3

记联邦德国经济科学图书馆中心,朱玲,世界图书,1985.11

德意志联邦共和国图书馆事业发展概略,彭斐章,图书情报杂志,1981.2

西德、挪威、瑞典、丹麦四国图书馆事业考察记,胡耀辉,图书馆学通讯,1984.1

波恩农业中心图书馆,郭元藏,农业图书馆,1987.2

西德医学情报系统及图书馆系统概况,高昌烈,医学情报工作,1982.2

赴西德第四专业情报中心考察,王兰芳、邱祖斌,航空情报工作,1982.2

联邦德国的专业情报政策的目的和重点,邵青还,情报科学,1987.4

Libraries in the Federal Republic of Germany/Horst Ernestus and Engelbert Plassmann tr. John S. Andrews. Otto Harrassowitze wiebsbaden, 1983

The west Germany National Library and Informational system/G. Chandler Informational Library Review (1984) 16

Denskrift über stand und Entwicklung der Ausbildung and Fortbildung in Berich

Biblitheken Information and Dokuomentation der BRD Zeitschrift für Bibliothekswesen and Bibliographic 30(6) Nov/Dec 83

Die Zukunft automatisierter Bibliotheksnetze in der BRD Verlag Documentation München, 1973

法国

法国国立图书馆,周家高编译,江苏图书馆学报,1987. 4—3

巴黎历史图书馆,刘日芳,书刊资源利用,1982. 4

法国国立图书馆现状,(日)小杉惠子著,张廷贵、崔太运译,刘崇儒校,图书馆学研究,1982. 6

法国国家图书馆概况,许婉玉、李哲民,北京图书馆通讯,1986. 1

法国大学图书馆概况,刘永焯,书刊资源利用,1983. 2

法国一所著名的公共情报图书馆,刘久焯编译,书刊资源利用,1983. 1

法国的图书馆,李南友、郭强,书刊资源利用,1982. 1

密特朗执政后的法国公共图书馆事业,刘永焯,书刊资源利用,1982. 3

法国的省外借中心图书馆,乔良兴,图书馆杂志,1985. 2

法国国家图书馆——藏书及呈缴本程度概况,金中元编译,图书馆学刊,1982. 3

访巴黎国立图书馆,(日)水野芜著,庄自荣译,山东图书馆季刊,1984. 4

巴黎十座著名图书馆,王惠庆,世界图书,1985. 6

巴黎歌剧院图书馆,福舒,世界图书,1980. 5

法国信息科学的研究,德利佩什·高布,张广平译,国外图书情报工作,1984. 2

法国巴黎公共图书馆的唱片服务,金中元编译,云南图书馆,1983. 1

北欧和法国情报与文献服务系统发展概况,M. Busowietz,于永源译,国外图书情报工作,1984. 1

欧洲四国考察见闻——计算机在图书情报档案工作中的应用,耿立大,图书情报工作,1981. 3

法国大革命时期的图书馆事业,毕品贵,四川图书馆学刊,1987. 2

Les bibliotheques Publiques en France/conte, itenri, 1977

Les bibliotheques populaires/Richter, Noë 1978

Statistiques du prêt Entre bibliotheques en 1980 Bulletin des Bibliotheques de France v. 27 No. 6. 1982

Libraries in France/John Ferguson Archon Books & Clive Bingley 1971

La formation au service des bibliotheques de 1976 a 1980 Bulletin des bibliotheques de France 26(11) Nov. 1981

Library education in France Notes of an American Education Abroad Journal of Education for Librarianship 29(4) Spring 84

Library and Information Science in France: a 1983 review journal of library history 19(1) Winter 1984

北欧国家

北欧五国的图书馆,胡烨,世界图书,1983.1

斯堪的纳维亚计划,王靖元编译,图书馆学情报学参考资源,第4辑

丹麦研究性图书馆网概况,许婉玉摘译,图书馆学研究,1984.4

丹麦公共馆的联合保存图书馆,秦明华,图书馆杂志,1982.1

丹麦图书馆运动的先驱者——斯廷柏和兰格,刘兴才,马同俨编译,图书馆学情报学参考资源,1981. 2

瑞典的科学和技术图书馆,倪晓健编译,图书馆,1985. 1

瑞典图书馆服务公司介绍,关家麟,图书馆学通讯,1983. 1

瑞典的图书情报工作,张力平,图书情报工作,1986. 1

瑞典的图书馆事业,湘图通讯,1980. 5

瑞典国家图书馆在图书馆和情报机构系统中的地位,张森岩编译,吉林省图书馆学会会刊,1982. 5

奥斯陆皇家图书馆的馆藏特色,周应美,图书馆杂志,1983. 1

芬兰公共图书馆概况,许婉玉编译,吉林省图书馆协会会刊,1981.5

芬兰的馆际互借系统,施程编译,图书馆杂志,1985.3

冰岛国立图书馆和冰岛大学图书馆,罗进摘译,云南图书馆季刊,1982.3

冰岛的研究图书馆,杨华碧,国外图书情报工作,1986. 1

丹麦新的外借中心简介,方子丽,书刊资源利用,1986. 4

丹麦的图书馆事业,郭霞译,山东图书馆季刊,1987.3

皇家奥斯陆图书馆和市立戴克曼斯凯图书馆,(日)山口卓之,山东图书馆季刊,1986.4

Libraries in Scandinavia/K. C. Harrison Andre Deutsch London 1961

Public Library in Denmark/Leif Thorsen tr. Mogens kay – Larsen 1972

Official Nordic Cultural Cooperation/Jerker Persson, Scandinavian Public Library Quarterley 16(2) 1983

Computer based library system in Scandinavian coun – tries with focus on the Danish Libraries/Elisabet Sinding and Susanne Ornager Programm 18 (4) Oct. 1984

The Automation of Library operation: Some aspects of Policy directions and changes, Tidskrift fur Documentation 40(2/3) 1984

Interlibrary loan in Sweden/ulla Dachli martins IATUL Proceedings 0 16 1984

其他国家

荷兰图书馆事业介绍,津图学刊,1987.2

荷兰公共馆概况,许婉玉编译,吉林省图书馆学会会刊,1981.5

荷兰公共图书馆的目标和任务,段启堂译,于湘华校,图书馆,1985.2

马德里的音乐图书馆,苏鸿溧,世界图书,1984.4

希腊图书馆,吴振芳译,山东图书馆季刊,1987.2

希腊专门图书馆概况,罗进译,图书馆学研究,1984.1

希腊国家图书馆,张小娴,北图通讯,1984.4

意大利院校图书馆一瞥,张海齐译,图书馆学研究,1984.2

意大利的图书情报工作,张力平,福建省图书馆协会通讯,1986.2

拉丁西欧四国行,李联明,福建省图书馆协会通讯,1985.4

Special Libraries in Holand International Library Movement 5(1) 1983

Dutch and Belgiume Library Systems/Derk law Oline (53) Apr. 1984

Proposed Changes in Library and Information science Education in the Netherlands Education for information 2 (1) Mar. 84

Libraries in Catalonia: Chang with autonomy Focus on International & Compararive Librarianship 15(2(56))1984

Academic Libraries in Greece/James, Krikelas International Library Review (1984) 16

The Present Situation of online services in Italy/M. Cristina Misti and Roberto Lovenitti Program V. 17. Nov. 1 1987

Pesaro, Fano, Urbino, Library in three small cities of central Italy/N. Finney International Library Review(1983) 5

图书馆立法

Public Library Legislation: a Comparative study/Frank M. Gardner Unesco Paris 1971

Library legislation in Iceland/Kristin, H. Petrusdottin Scandinavian Public Library Quarterly 17 (4) 1984

public Library Legislation in Denmark/Jes ·Peterson 同上

Public Library Legislation in Norwey/Brörg Heie 同上

Public Library Legislation in Finland 同上

Order Without law – the Swedish situation/Lars G. Anderson

综合参考

比较图书馆学和国际图书馆学,奈缪丁、库革西著,王贺彬译,闵莲英校,青海图书馆,1984. 2

比较图书馆学的研究方法,李正耀,图书馆学研究,1984. 2

比较图书馆学导论,钟守真、倪波,津图学刊,1986. 2

比较图书馆学研究述略,王秦若、王引娣译,陕西图书馆,1986.2—3

当前比较图书馆学研究状况,钱建国,图书馆工作与研究,1986. 4

试论比较图书馆学的目的和意义,肖永英图书馆,1986. 5

试论比较图书馆学,文南生,图书馆学研究,1987. 2

国外图书馆事业与观感,鲍振西,黑龙江图书馆,1987. 1

国外图书馆事业现状与发展浅谈,鲍振西、李哲民,图书馆学通讯,1979. 1

欧美诸国的文献传递服务,林申请节译,四川图书馆学报,1984. 2

世界主要国家图书馆协会简介,赵彬译,国外图书情报工作,1983.4

外国图书馆界团体及其出版物,贝磊,黑龙江图书馆,1986.1

国外高等院校图书馆标准概述,顾莉君摘译,贵图学刊,1985.1

西方世界图书馆的早期发展,顾卫东编译,赣图通讯,1985.1

西欧馆际互借研讨会报告,林步青编译,书刊资源利用,1984.4

国外图书馆网络组织介绍,陶涵或,书刊资源利用,1982.2

国家图书馆的历史、现状与前景,许婉玉编译,图书情报知识1984.1

若干西欧国家的情报政策,叶竹,世界图书,B辑1982.3

世界图书馆博览,(日)德永康元,学鼎等译,福建科学技术出版社,1985

国外大学图书馆概述,空军政治学院编,上海科学技术文献出版社,1987

美国及世界其他地区图书馆事业,华东师范大学图书馆学系编译,书目文献
出版社

47届国际图书馆协会联合会大学论文译文集,中国科学院图书馆,1982

外国图书馆学名著选读,袁咏秋、李家乔主编,北京大学出版社,1988

图书和图书馆史,小野泰博著,阚法箴、陈秉才译,王善校,北京大学出版
社,1988

International handbook of contemporary development in Librarianship/Jackson and
Miles. M. ed 1981

International Librarianship/Chanoller George ed 1972

Public Libraries and their Use/Taylor, John N. 1973

ALA World Encyclopedia of Library and Information service/Robert Wedgeworth
editor, Chicago, Amercan Library Association 1980

Encyclopedia of Library and Information Science/Ed. by Allen Kent & Harold
lancoun New York, Dekker

A Handbook of Compearative Librarianship/ed by S. Sinsovo & M. Mackee Archon
Book & Dive Bingley 1970

Standards for Library Service: an International Survey/ F. N. Withers the Unesco
Press Paris 1974

World Librarianship; a comparative study/Richard Krzys, Gaston Litton with the
Association of Ann Hewitt New York, Marcel Dekker, 1983

Comparative and International Librarianship, essays on themes and Problems/ed by Jackson and Miles M. Jr. 1970

World trends in Library Education/Bramley Gerald 1975

Industrial libraries throughout the world/Bakewell K. G. B. 1969

The public library in perspective: an Examination of its origin and modern role/ sykes Paul 1979

Research Universities in the Next Decade/Robert M. Rosenzweig College & Research libraries, Mar. 1982,

Requirements and Benefits for Academic Libraries, 1959—1979, College & Research Libraries Nov. 1982

Academic Libraries in an Interlibrary Loan Network/ Lauries, Linsley College & Research Libraries July 1982